Klaus Bringmann
Das Volk regiert sich selbst

1902 wurde vor dem Parlamentsgebäude in Wien diese Figur der Pallas Athena enthüllt, der Schutzgöttin der Stadt Athen, in der die erste Demokratie entstand

Klaus Bringmann

Das Volk regiert sich selbst

Eine Geschichte der Demokratie

Die Deutsche Nationalbibliothek verzeichnet diese Publikation
in der Deutschen Nationalbibliografie;
detaillierte bibliografische Daten sind im Internet über
http://dnb.dnb.de abrufbar.

Das Werk ist in allen seinen Teilen urheberrechtlich geschützt.
Jede Verwertung ist ohne Zustimmung des Verlags unzulässig.
Das gilt insbesondere für Vervielfältigungen, Übersetzungen,
Mikroverfilmungen und die Einspeicherung in und Verarbeitung
durch elektronische Systeme.

wbg Theiss ist ein Imprint der wbg
© 2019 by wbg (Wissenschaftliche Buchgesellschaft), Darmstadt
Die Herausgabe des Werkes wurde durch die
Vereinsmitglieder der wbg ermöglicht.
Lektorat: Daphne Schadewaldt, Wiesbaden
Satz: Satz & mehr, Besigheim
Umschlagabbildung: Pallas-Athena-Brunnen vor dem Parlamentsgebäude
in Wien. Foto: © akg-Images.
Umschlaggestaltung: Harald Braun, Helmstedt
Gedruckt auf säurefreiem und alterungsbeständigem Papier
Printed in Germany

Besuchen Sie uns im Internet: www.wbg-wissenverbindet.de

ISBN 978-3-8062-3872-3

Elektronisch sind folgende Ausgaben erhältlich:
eBook (PDF): 978-3-8062-3873-0
eBook (epub): 978-3-8062-3874-7

Inhalt

Vorwort 7
Einführung 11

Erster Teil. Die antike Demokratie 37

Die Entstehung der Demokratie in Athen 39
Organisation und Politik der athenischen Demokratie 56
Die Feinde der athenischen Demokratie 78
Politik, Rechtsprechung und die Kunst der Rede 97
Die Demokratie im Spiegel antiker Staatstheorie
und Publizistik 111

Zwischenbilanz 139

Zweiter Teil. Die moderne Demokratie 149

Volkssouveränität, Repräsentativsystem,
Gewaltenteilung 151
Adelsherrschaft und Parlamentarismus in England 169
Geschriebene Verfassungen im Zeitalter
der Französischen Revolution 184
Die Vereinigten Staaten von Amerika.
Republik statt Demokratie 199
Landständische Verfassungen und Repräsentativ-
verfassungen in Deutschland 213

Inhalt

Die Vereinigten Staaten von Amerika.
Von der Republik zur Demokratie 234
Die Entstehung der modernen Parteiendemokratie 246
Die Krise der Demokratie im Spiegel jüngster
Reformvorschläge 292

Rückblick und Ausblick 303

Hinweise zu Quellen und Literatur 325

Vorwort

Der erste Anlass zu diesem Buch war das Unbehagen des Verfassers über die aktuelle Flut der Bekenntnisse zur Demokratie, welche allzu häufig Sachlichkeit und Sachkenntnis vermissen lassen. Der fachlichen Zuständigkeit nach bin ich Althistoriker, und so ging der Plan dieses Buches ursprünglich dahin, der Idealisierung der athenischen Demokratie als eines Gemeinwesens, das von einem vorbildlichen Bürger-Engagement getragen war, ein realistischeres Bild gegenüberzustellen und nach den Gründen zu fragen, warum die aus der Antike stammenden Zeugnisse, auch die staatstheoretischen Werke eines Platon und eines Aristoteles, ein im Wesentlichen negatives Urteil über die erste Demokratie der Geschichte gefällt haben.

Sowohl die Kritik als auch die Idealisierung der athenischen Demokratie wirkt weiter bis in die Gegenwart, und so habe ich mich entschlossen, der Demokratie der Antike die so andersartige Demokratie unserer Tage in kritischer und vergleichender Absicht gegenüberzustellen.

Bei den Vorarbeiten zum zweiten Teil dieser Studie stieß ich zu meiner Überraschung auf eine lange Inkubationszeit und mehrere Entwicklungsstufen auf dem Weg zur Parteiendemokratie der Gegenwart. Ursprünglich war mir der Ursprung der indirekten, repräsentativen Form der modernen Demokratie, welche sie grundlegend von der direkten der Antike unterscheidet, nicht hinreichend klar. Die Augen haben mir in dieser Hinsicht mein ehemaliger Kollege an der Technischen Hochschule Darmstadt, Prof. Dr. Lothar Graf zu Dohna, und seine Frau, Dr.

Vorwort

Armgard Gräfin zu Dohna, geöffnet. Als Mediävist beziehungsweise Historikerin der Frühen Neuzeit halfen sie, die Lücke zwischen den beiden unvereinbaren Demokratiemodellen zu schließen.

Graf und Gräfin zu Dohna verdanke ich auch die Kenntnis des ertragreichen Vortrags, den der früh verstorbene Frankfurter Historiker Friedrich Hermann Schubert im Jahre 1971 gehalten und unmittelbar danach unter dem Titel „Volkssouveränität und Heiliges Römisches Reich" in der Historischen Zeitschrift publiziert hatte. Wie der einzigen Anmerkung des Textes zu entnehmen ist, stand das Buch zu dem genannten Thema kurz vor dem Abschluss. Leider war das Manuskript bei Schuberts Tod nicht auffindbar.

Mein Buch ist von einem historischen Interesse an dem langen Weg bestimmt, der von der direkten Demokratie der Antike bis zur gegenwärtigen Parteiendemokratie reicht. Der Verfasser maßt sich nicht an, die große Zahl der Therapievorschläge, mit denen die Krisenerscheinungen der gegenwärtigen Parteiendemokratie, die tatsächlichen und die vermeintlichen, geheilt werden sollen, durch einen eigenen zu vermehren. Nur beispielshalber sollen im letzten Kapitel dieses Buches drei der jüngsten Versuche dieser Art vorgestellt und einer kritischen Prüfung unterzogen werden.

Zu danken habe ich wie immer meinem Freund aus gemeinsamer Studenten- und Assistentenzeit in Marburg, Prof. Dr. Dieter Flach, emeritiertem Althistoriker der Universität Paderborn. Er hat sich der Mühe unterzogen, meinen Text mit gewohnter Sorgfalt zu lesen, und er hat wertvolle Verbesserungsvorschläge beigesteuert.

Last but not least gilt mein Dank Daniel Zimmermann, Lektor der Wissenschaftlichen Buchgesellschaft. Er hat sich um das

Konzept und die Entstehung des Buches verdient gemacht, und er hat zum Schluss die Mühe des Korrekturlesens auf sich genommen.

Bad Homburg, im Herbst 2018   Klaus Bringmann

Einführung

Als Griechenland vor einigen Jahren vor dem Staatsbankrott zu stehen schien und das Verbleiben des Landes in der Währungsunion der Eurozone strittig wurde, ist verschiedentlich geltend gemacht worden, dass Europa Griechenland nicht nur wegen seiner Verdienste um die Entstehung der europäischen Kultur, sondern auch als Wiege der Demokratie, der Regierungsform, die in der westlichen Welt als die legitime schlechthin gilt, Dank und Hilfe aus der Not schulde. Demokratie heißt übersetzt bekanntlich Herrschaft des Volkes. Aber was heißt das? In der direkten Demokratie der Antike – sie war eine Erfindung der Athener, nicht der Griechen schlechthin – bedeutete das, dass das Staatsvolk in Gestalt von Versammlungen regierte, gesetzliche Regelungen verabschiedete, Gericht hielt und eine umfassende Kontrolle über alle Amtsträger ausübte, die Aufträge des Souveräns, der Volksversammlung, erfüllten. Zu Recht sind diese Amtsträger von einem deutschen Althistoriker, Ulrich Kahrstedt (1888–1962), als „Briefträger" der Volksversammlung apostrophiert worden.

In den heutigen Bezugnahmen auf diese Form der Demokratie fehlt es nicht an obligaten Hinweisen auf ihre Mängel: Frauen, Sklaven und Fremde, auch diejenigen mit Niederlassungsrecht in Athen, die sogenannten Metöken (das heißt „Mitbewohner"), waren von allen politischen Mitwirkungsrechten ausgeschlossen. Doch immerhin: Die volljährigen männlichen Bürger genossen Gleichheit und Freiheit, das heißt diejenigen Vorzüge, die nach eigenem Selbstverständnis die Demokratie auszeichnete. Sie allein waren berechtigt, die Stadt zu regieren, indem sie an Entscheidungen der Volksversammlung und der Volksgerichte teilhatten und amtliche Funktionen in welcher Stellung auch immer ausübten. In der Versammlungsdemokratie der Antike war das Volk der Bürger der Souverän des Staates und übte es die Staatsgewalt selbst aus. Auch in den modernen repräsentativen Demokratien wird bekanntlich alle Staatsgewalt auf das Volk zurückgeführt; aber das Volk regiert nicht, sondern wählt Vertreter, denen in welcher Form auch immer Gesetzgebung und Regierung obliegen.

Nach verbreiteter heutiger Meinung war die direkte Demokratie der Antike nur in einem kleinen Gemeinwesen möglich, wo sozusagen jeder jeden kannte und die Entfernungen kurz waren, sodass jeder Berechtigte auch faktisch in der Lage war, seine politischen Rechte und Pflichten wahrzunehmen. Vorausgesetzt wird vielfach auch, dass die Bürger der antiken Demokratie wegen der Existenz der Sklaverei ohne Nahrungssorgen waren und somit hinreichend freie Zeit zu politischem Engagement hatten. Schließlich wird geltend gemacht, dass in den kleinen Gemeinwesen der Antike, auch in Athen, nur über verhältnismäßig wenige und unkomplizierte Gegenstände Entscheidungen zu treffen waren. Aber für Athen, den Stadtstaat, in dem die Demokratie entstand, sind die zitierten Meinungen allesamt anfechtbar. Athen war nach antiken Maßstäben alles andere als ein Kleinstaat. Mit einer Fläche von ungefähr 2500 Quadratkilometern und einer Bürgerzahl, die im 5. Jahrhundert v. Chr. 30 000 bis 50 000 Personen umfasste, war die Stadt die größte Gemeinde in Griechenland. Schon wegen der zurückzulegenden Entfernungen war es der auf dem Land lebenden Bevölkerung meist nicht möglich, regelmäßig an den Sitzungen der Volksversammlung teilzunehmen. Man bedenke: Im 4. Jahrhundert gab es im Jahr vierzig reguläre und weitere zusätzliche Sitzungen bei Bedarf. Die Masse der Bürger und ihre Familien lebten auch nicht von der Arbeit, die Sklaven leisteten, sondern von eigener Erwerbsarbeit als Kleinbauern, Ruderer, Fischer, Handwerker oder Tagelöhner. Nicht zuletzt war Athen alles andere als eine Gemeinde ohne politischen und administrativen Regelungsbedarf.

Gemessen an antiken Verhältnissen war das genaue Gegenteil der Fall. Die Stadt war im 5. Jahrhundert eine maritime Großmacht, deren außenpolitischer Aktionsradius von Zypern und Ägypten im Osten bis Sizilien und Unteritalien im Westen reichte. Athen verfügte über das kostspielige Machtmittel einer großen Kriegsflotte und stellte mit den Langen Mauern, die Athen mit seinen Häfen verbanden, die größte Landfestung der damaligen Zeit dar. Athen war nicht nur in militärischer Hinsicht eine bedeutende Macht, die Stadt spielte auch eine Schlüsselrolle in der aufkommenden Münzgeldwirtschaft. Athens Silbergeld wurde das Hauptzahlungsmittel im Raum der Ägäis und darüber hinaus. Athen als führende Seemacht und als Gemeinwesen der direkten Demokratie war ohne die Rolle, die das Silbergeld im Wirtschaftsleben und im Staatshaushalt spielte, nicht denkbar.

Dies gilt gerade auch für das politische System der Demokratie. Athen hätte für die Bewältigung seiner politischen und administrativen Aufgaben ein ausgebildetes Personal gebrauchen können, wie es ein moderner Staat in Gestalt eines vielgliedrigen Berufsbeamtentums und zahlreicher Angestellter entwickelt hat. Aber dafür fehlten alle Voraussetzungen. Athen behalf sich damit, dass es jedes Jahr einen beträchtlichen Teil seiner Bürgerschaft für die Wahrnehmung öffentlicher Aufgaben auslosen ließ – Wahlämter gab es nur wenige – und für die Rotation

Einführung

der Belastung sorgte, indem die betreffenden Funktionen nur einmal oder selten ausgeübt werden mussten. Ob diese Regelung als schwer erträglicher Eingriff in die Freiheit individueller Lebensgestaltung oder als Bereicherung an gesellschaftlicher Bedeutung erfahren wurde, mag einstweilen auf sich beruhen. Aber es gab ohnehin keine Alternative. So viel ist jedenfalls sicher: Unter heutigen Bedingungen wäre eine solche Organisation des öffentlichen Dienstes undenkbar und ginge, wenn sie denn eingeführt würde, wahrscheinlich in einem Verwaltungschaos und einem Proteststurm der Betroffenen unter.

Trotz zunehmender Bedeutung der Geldwirtschaft wäre Athen gar nicht in der Lage gewesen, sich ein Berufsbeamtentum modernen Zuschnitts zu leisten. Aber auch das System der rotierenden Heranziehung der Bürgerschaft zu öffentlichen Dienstleistungen auf Zeit wäre ohne Geld nicht möglich gewesen. Tagegelder mussten gezahlt werden, nicht alle auf einen Schlag, sondern mit allmählicher Ausweitung der Bezahlung auf einen größeren Personenkreis. Die Höhe der Zahlungen war gering. Sie orientierten sich am Tagesverdienst eines ungelernten Arbeiters beziehungsweise eines gelernten Handwerkers. Mit den üppigen Diäten heutiger Parlamentsabgeordneter oder den Verdienstspannen des heutigen Berufsbeamtentums waren die Ausgleichzahlungen für entgangenen Mindestverdienst nicht im Entferntesten vergleichbar.

Die regulären Einnahmen der Stadt reichten für die genannten Unterstützungszahlungen aus, aber nicht für den Finanzierungsbedarf der kostspieligen Kriegsflotte. Hierzu mussten die Bundesgenossen der Athener Beiträge leisten (soweit sie nicht in der Lage waren, Kriegsschiffe zu stellen), und auch die Wohlhabenden in Athen wurden in der Weise zur Finanzierung des Gemeinwesens herangezogen, dass ihnen die Ausrüstung und

Unterhaltung von Kriegsschiffen oder die Einstudierung von Chorliedern, Theateraufführungen, Tänzen und sonstigen Wettbewerben der Festkultur kostenpflichtig aufgebürdet wurden. Dieses System der Leiturgien, wie im Griechischen die betreffenden Leistungsverpflichtungen genannt wurden, stellte eine Belastung dar, die in Kriegszeiten – und wann gab es keinen Krieg? – eine schwere Bürde war, die unter Umständen im Verlust großer Vermögen enden konnte. Dies war einer der Gründe, aus denen die besitzende Klasse der Bürgerschaft der Demokratie entfremdet wurde.

Der andere Grund war die aristokratische Verachtung der breiten Masse, die in der Demokratie die Regierungsmehrheit bildete. Vom Standpunkt der alten adligen Elite aus betrachtet, bedeutete Demokratie Herrschaft des Pöbels, also die Herrschaft der sachlich und moralisch zum Regieren Unqualifizierten. Es war dieser demokratiefeindliche Standpunkt, der in den Schriftzeugnissen der damaligen Literatur vielfach zum Ausdruck kommt. Das Lob der demokratischen Ordnung, das Thukydides, der Historiker des Peloponnesischen Krieges (431–404 v. Chr.), Perikles, dem führenden Staatsmann Athens, in den Mund legt, stellt eine Ausnahme dar. Verwunderlich ist das nicht. Die überwältigende Mehrheit der Schriftkundigen waren Gegner, wenn nicht Feinde der Demokratie, und sie nutzten die Möglichkeit, ihr Urteil einem Medium anzuvertrauen, das die beste Chance zu seiner Verbreitung und langfristigen Erhaltung bot. Als frühestes Beispiel mag die knappe Verurteilung der Demokratie gelten, die Herodot, der erste griechische Historiker, im dritten Viertel des 5. Jahrhunderts in die sogenannte Verfassungsdebatte des dritten Buches seiner Historien aufgenommen hat: „Es gibt nichts Unverständigeres und Gewalttätigeres", heißt es dort, „als die unnütze Masse. Wie sollte sie auch

Einführung

vernünftig sein? Sie hat weder etwas gelernt, noch weiß sie von sich aus, was gut und edel ist. Ohne Verstand stürzt sie sich auf das Regieren, einem Strom im Tauwetter des Frühlings vergleichbar" (Hdt. III, 81).

Gewiss, auch die führenden Politiker stammten im 5. Jahrhundert noch zu einem bedeutenden Teil aus der alten adligen Elite, so beispielsweise der erwähnte Perikles oder sein jüngerer Verwandter Alkibiades. Aber sie galten der Mehrheit ihrer Standesgenossen als Verräter.

Das negative Urteil über die Demokratie wurde im 4. Jahrhundert von den großen Staatstheoretikern Platon und Aristoteles aufgegriffen und vertieft. Generell bestimmte letztlich Ablehnung das Bild der Demokratie. So wies im 2. Jahrhundert der Historiker Polybios (ca. 200–118 v. Chr.) es kategorisch von sich, die Frage nach der besten Verfassung unter Einbeziehung von Athen und Theben, wo das Volk regierte, auch nur zu erörtern: „Daher erübrigt sich jedes weitere Wort über Athen und Theben. Denn dort regierte die Masse nach ihrem Belieben, in der einen Stadt mit ungewöhnlicher Heftigkeit und Härte, in der anderen aufgewachsen in einer Atmosphäre von Gewaltsamkeit und Leidenschaft" (Plb. VI, 44,9).

Dies war das Bild der Demokratie, das die Antike der Nachwelt überliefert, und dieses Bild war der Grund, dass sowohl in der Theorie als auch in den praktischen Überlegungen, die in der Zeit der Amerikanischen und Französischen Revolution über schriftlich fixierte Verfassungen angestellt wurden, der Demokratie eine Absage erteilt wurde – Erfahrungen mit der antiken direkten Demokratie besaß ja niemand. Die bedeutendste Ausnahme war Jean-Jacques Rousseau. In seinem 1762 erschienenen Werk *Du contrat social ou Principes du droit politique* (deutsche Übersetzung: Vom Gesellschaftsvertrag oder Grundsätze des Staatsrechts) erkannte er der direkten Demokratie den Rang der einzigen Form zu, in der die Souveränität des Volkes Gestalt annehmen könne. Aber er scheiterte mit der Suche nach Realisierungsmöglichkeiten.

Die antike und die moderne Form der Demokratie beruhen der Staatstheorie zufolge wie alle Staatsgewalt auf dem Konzept der Volkssouveränität. Dieses Konzept reicht bis in die Antike zurück. Auf die Dispositionsgewalt des Volkes wurden die drei klassischen Regierungsformen zurückgeführt: Demokratie, Aristokratie und Monarchie. In der Version, die John Locke (1632–1704) in seinem *Second Treatise on Government* aus dem Jahr 1691 dieser Lehre gegeben hat, wird dargelegt, dass zu Beginn der Staatsbildung die Mehrheit des Volkes die Regierungsgewalt entweder selbst ausübte oder auf einen Einzelnen beziehungsweise auf eine bestimmte Gruppe übertrug. Für den Fall, dass diese erste Übertragung der Regierungsgewalt durch das Volk hinfällig geworden war, fiel die Dispositionsgewalt an das Volk zurück: „Wenn die Mehrheit", so heißt es, „die legislative Gewalt (die Verfügung über die öffentlichen Angelegenheiten) zuerst nur auf Lebenszeiten oder für eine begrenzte Zeit einer einzigen oder mehreren Personen überträgt, so kann die Gemeinschaft danach wieder über sie verfügen und sie in beliebige Hände legen und so eine neue Regierung schaffen."

Im römischen Juristenrecht wurde die Herrschaftsgewalt der römischen Kaiser auf die Übertragung durch das Volk in Gestalt eines ‚Ermächtigungsgesetzes', einer *lex regia*, zurückgeführt. In den *Digesten* und den *Institutionen* des *Corpus Iuris* wird den kaiserlichen Verfügungen aus diesem Grund Gesetzeskraft zugeschrieben: „Was der Kaiser bestimmt, hat Gesetzeskraft, weil ja das Volk durch das ‚Königsgesetz', das über die Herrschaft des Kaisers ergangen ist, diesem und auf diesen seine gesamte

Herrschaftsgewalt übertragen hat (Ulpian in Dig. I, 4,1; Inst. I, 2,6).

Rom kannte die direkte Gesetzgebung des Volkes und die abgeleitete des Kaisers. Aber in den europäischen Monarchien des Mittelalters und der Frühen Neuzeit stand es anders. Sie waren durch ihre germanischen Wurzeln auf eine genossenschaftliche Struktur festgelegt. Kaiser und Könige übten ihre Herrschaft mithilfe von Vasallen und adligen Gefolgsleuten aus, auf höchster Ebene in Gestalt allgemeiner Versammlungen, die das Volk vertraten. Ursprünglich wurden derartige Versammlungen nur unregelmäßig aus besonderen Anlässen zusammengerufen, doch spätestens in der Frühen Neuzeit wurden sie zu einer Dauereinrichtung: im Heiligen Römischen Reich Deutscher Nation zum Ewigen Reichstag in Regensburg, in Polen-Litauen zur Adelsvertretung des Sejms, in dem jedes einzelne Mitglied durch sein *liberum veto* jeden Beschluss der Körperschaft verhindern konnte, in England zum Parlament, von dem noch ausführlicher die Rede sein wird. Doch es gab auch gegenläufige Entwicklungen unter dem Einfluss des monarchischen Absolutismus. Die allgemeinen Versammlungen in Frankreich, die sogenannten Generalstände, bestehend aus Vertretern des Adels, der (hohen) Geistlichkeit und des Stadtbürgertums, wurden seit dem frühen 17. Jahrhundert überhaupt nicht mehr einberufen. Als es endlich zur Abwendung des drohenden Staatsbankrotts 1789 wieder geschah, begann mit der Französischen Revolution ein neuer Abschnitt der Weltgeschichte.

Entsprechend der genossenschaftlichen Struktur der Monarchien Alteuropas stammten die Vertreter des Volkes aus den privilegierten Minderheiten des Adels, der Kirchenfürsten und der städtischen Obrigkeiten. Zu ihren Aufgaben gehörte im Falle einer Wahlmonarchie beziehungsweise des Wechsels zu einer

Einführung

neuen Dynastie die Vertretung des Volkes bei der Zeremonie der Herrschaftsübertragung auf den erwählten Monarchen. Dabei konnte, wie im Heiligen Römischen Reich, das Volk von einer winzigen Minderheit repräsentiert werden, seit der Wahlordnung der Goldenen Bulle von 1356 von dem herausgehobenen Gremium der sieben Kurfürsten. Damit der Erwähnung eines uralten Herkommens das Satyrspiel nicht fehle, sei die Karikatur, die ein Augenzeuge der symbolischen Herrschaftsübertragung durch das Volk anlässlich der Kaiserkrönung Leopolds II. im Frankfurter Dom (1790) seinen Lebenserinnerungen beigefügt hat, wörtlich zitiert: „Am possierlichsten war es, als eine Bischofsmütze im lieblichsten Nasentone und lateinisch zur Orgel hinauf intonierte, ob sie da oben nun wirklich den Serenissimum Dominum, Dominum Leopoldum wollten in regem suum habere, worauf der bejahende Chorregent gewaltig mit dem Kopfe schüttelte, seinen Fiedelbogen getreulich auf und nieder schwenkte, die Chorjungfern und Chorknaben aber im höchsten Diskant herunterriefen: fiat, fiat, fiat!" (er soll es werden, er soll es werden, er soll es werden).

Die Übertragung der Herrschergewalt auf ein neues Königspaar konnte auch zu einer Neubestimmung des Machtverhältnisses zwischen Krone und Vertretung des Volkes führen. Dies geschah nach der Glorious Revolution von 1689 in England. Bei dem Krönungszeremoniell nahmen die Mitglieder des Unterhauses zum ersten Mal in der Geschichte Englands einen prominenten Platz in der Kirche ein, und beide neuen Herrscher, Wilhelm III. und Königin Mary, leisteten den zwischen ihnen und dem Parlament neu ausgehandelten Eid, mit dem sich die Inhaber der Krone an den legislatorischen Willen des Parlaments banden. König und Königin gelobten, „to govern the people of this kingdom of England ... according to the statutes in parliament agreed on, and the laws and customs of the same." Das war der Anfang einer Entwicklung, die dazu führte, dass in England die königliche Gewalt von der parlamentarischen Vertretung des Volkes gewissermaßen eingehegt wurde – *king in parliament* war die Formel, die der entstehenden parlamentarischen Monarchie Englands beigelegt wurde. Von Demokratie war diese parlamentarische Adelsherrschaft noch denkbar weit entfernt. Es sollte bis zum Jahr 1920 dauern, bis Stanley Baldwin, in der Zwischenkriegszeit mehrfach konservativer Premierminister, in einem Privatbrief schrieb: „Die Demokratie hat England im Galopp erreicht, und ich werde den Eindruck nicht los, dass es ein Rennen um unser Leben (das der alten aristokratischen Klassengesellschaft) ist: Können wir sie (die Mehrheit der neuen Wähler) erziehen, bevor es zum großen Krach kommt?"

Zurück zum 18. Jahrhundert. Im Heiligen Römischen Reich standen dem Kaiser als Vertreter des Volkes die Inhaber der Landesherrschaften gegenüber, während die Masse der Reichsritter ausgeschlossen blieb; in Polen-Litauen vertraten die Abgeordneten des überaus zahlreichen Schwertadels, der Szlachta, die Nation. Beide Gebilde – der Staatsrechtslehrer Samuel Pufendorf (1632–1694) hatte das Heilige Reich nicht als Staat, sondern als *monstro simile*, einer Missgeburt ähnlich, bezeichnet – gingen im Zeitalter der Französischen Revolution gegen Ende des 18. beziehungsweise zu Beginn des 19. Jahrhunderts zugrunde.

Allein Polen-Litauen hatte zur Abwendung des drohenden Endes durch die Verfassung vom Mai 1791 unter Rückgriff auf die Lehre von der Gewaltenteilung versucht, das Doppelreich vor dem Zugriff der Nachbarn, Russland, Preußen und Österreich, zu retten. Diese Lehre stammt von dem bedeutenden französischen Philosophen und Staatsrechtslehrer Charles de

Einführung

Montesquieu (1669–1755). Er hatte längere Zeit in England verbracht und zog in seinem 1748 erschienen Werk *De l'esprit des lois* (deutsch: Vom Geist der Gesetze) aus der Betrachtung der politischen Verhältnisse dieses Landes die Einsicht, dass in der Gewaltenteilung zwischen der Exekutive der Krone, der Legislative des Parlaments und der Judikative unabhängiger Richter die Garantie der viel gerühmten englischen Freiheit liege. Heute gilt Gewaltenteilung als eine der wichtigsten Grundlagen der Demokratie. Im 18. Jahrhundert war das ganz anders. Demokratie war nach verbreitetem Urteil ungeteilte Mehrheitsherrschaft und als solche die schlimmste Form der Despotie. Kein Geringerer als der größte philosophische Kopf des 18. Jahrhunderts, Immanuel Kant (1724–1804), hat dies in seiner Schrift *Zum ewigen Frieden. Ein philosophischer Entwurf* aus dem Jahr 1795 in aller Schärfe zum Ausdruck gebracht. Nicht zur Begründung einer Demokratie, sondern zur Erhaltung der inneren Freiheit des Staates waren die revolutionären Verfassungen der Vereinigten Staaten aus dem Jahr 1787/88 und Frankreichs vom September 1791 nach dem Prinzip der Gewaltenteilung konstruiert.

Bei der polnischen Verfassung vom Mai 1791 kam zum Motiv der Erhaltung der Freiheit noch die Absicht ins Spiel, dem Land eine funktionierende Exekutivgewalt mit einem erblichen Königtum an der Spitze zu geben. Gerade die Institution der Königswahl hatte dem korrumpierenden Einfluss der Nachbarn, insbesondere Russlands, Tür und Tor geöffnet, und in die gleiche Richtung wirkte das Zusammenspiel adliger Partikularinteressen mit der Einflussnahme der benachbarten Großmächte. Zwar blieb auch unter der neuen Verfassung die privilegierte Stellung des Schwertadels, der Szlachta, als Repräsentant der Nation erhalten. Aber zur Eindämmung der Bestechlichkeit, die unter den vielen armen Angehörigen des Adels verbreitet war, wurde ein Zensus eingeführt, der einen Großteil der Szlachta, angeblich rund vierzig Prozent der Mitglieder, von dem Recht ausschloss, Abgeordnete zum Sejm zu wählen. Hinzu kamen zwei weitere flankierende Maßnahmen: Das *liberum veto*, das jedem Repräsentanten des Adels ermöglicht hatte, durch sein Veto Beschlüsse des Reichstags zunichtezumachen, wurde abgeschafft, und die Koalitionen mächtiger Magnaten, die im Zusammenspiel mit den Nachbarn ihre partikularen Interessen gegen die des Gesamtstaates durchzusetzen unternahmen, wurden verboten – zum Schaden der unglücklichen Nation leider vergeblich.

Während im Königreich Polen-Litauen der Adel verfassungsgemäß weiterhin die Nation repräsentierte und es um die Erhaltung von Staat und Gesellschaft ging, brachten die Amerikanische und die Französische Revolution grundlegende Veränderungen: In Frankreich waren Staat und Gesellschaft betroffen, in Amerika wurde das Band zwischen dem englischen Mutterland und den dreizehn nordamerikanischen Kolonien zerschnitten und ein neuer souveräner Bundesstaat gegründet – die Vereinigten Staaten von Amerika. Dort war der eigentlich revolutionäre Akt die Erklärung der Unabhängigkeit von England am 4. Juli 1776. Der Kern des Konflikts war, dass es das englische Parlament war, das die Kolonien besteuerte, um die Schuldenlast zu mindern, die während des französisch-englischen Krieges um die Herrschaft in Nordamerika (1756–1762) entstanden war. Damit hatte es nach amerikanischer Auffassung gegen das im englischen Staatsrecht geheiligte Prinzip „No taxation without representation" verstoßen; der Konflikt eskalierte, und die Vertreter der dreizehn Kolonien sagten sich schließlich vom Mutterland los. Mit französischer Hilfe gewannen sie ihre Unabhängigkeit und gründeten einen Bundesstaat neuen Typs, der auf einer schriftlich fixierten, im Wesentlichen noch heute gültigen Verfassung fußte. An der gesellschaftlichen Ordnung der Vereinigten Staaten brauchte nichts geändert zu werden. In den Kolonien gab es keinen Adel als besonderen Stand, sondern schlicht und einfach Bürger mit gleichen Rechten und Pflichten.

In Frankreich war dies anders. Dort hatte im Schicksalsjahr 1789 der dritte Stand, der das Leistungszentrum des Landes, das Bürgertum, vertrat, sich zum alleinigen Repräsentanten der Nation erklärt und die privilegierten Stände, Adel und hohe Geistlichkeit, abgeschafft. Bereits in den wenigen Jahren bis zum Ende der Monarchie (1792) war die Nationalversammlung der eigentliche Souverän des Staates. Nirgends kommt dies klarer zum Ausdruck als in der kurzlebigen ersten geschriebenen Verfassung der konstitutionellen Monarchie vom September 1791. In Frankreich war anstelle der ständischen Ordnung die Gesellschaft der Staatsbürger entstanden, und dies war der Grund, warum der Verfassung ein Katalog der Bürger- und Menschenrechte vorausgeschickt wurde. Darin waren die Vereinigten Staaten Frankreich insoweit vorausgegangen, als die Unabhängigkeitserklärung in hochfliegenden Formulierungen den Staat auf den Zweck festlegte, das individuelle Streben nach Glück, *pursuit of happiness*, zu fördern. Eine Ergänzung fand die Verfassung durch einen Katalog von Bürger- und Menschenrechten in den ersten zehn Zusatzartikeln von 1791. Diese gelten noch immer als grundlegender Teil einer demokratischen Ordnung, ja, sofern das gegenwärtige Demokratieverständnis auf die humanitären Ideale der Menschenrechte fixiert ist, für das eigentliche Kernstück einer Demokratie. Dieses Demokratieverständnis hat seine eigene Geschichte, die sich längst von den revolutionären Ursprüngen, das heißt von einer der Aufklärung verpflichte-

Einführung

ten Grundlegung eines neuen Staats- und Gesellschaftsideals, emanzipiert hat. Als Fundament einer Demokratie waren die Bürger- und Menschenrechte ursprünglich keineswegs gedacht, sondern zur Abgrenzung von dem Totalitätsanspruch eingeführt, der im 18. Jahrhundert der aus der Antike überlieferten direkten Demokratie zugeschrieben wurde.

Wie wenig es damals um den Aufbau einer wie immer definierten Demokratie ging, zeigt die Suche nach einer Elite, die dazu bestimmt war, anstelle der alten Stände die öffentlichen Angelegenheiten beurteilen zu können und den Staat zu lenken und zu leiten. Die Lösung wurde überall durch die Einführung eines Zensus angestrebt, der das aktive und passive Wahlrecht an ein Mindestvermögen oder an die Höhe der Steuerleistung band. Die zugrunde liegende Begründung ging dahin, dass Vermögen und Bildung die notwendigen Voraussetzungen für Unabhängigkeit und Urteilsfähigkeit in öffentlichen Angelegenheiten waren. Selbst in Polen-Litauen, wo der Adel die Nation repräsentierte, wurde der Maßstab des Zensus in der Absicht angewendet, diejenigen vom Wahlrecht auszuschließen, deren finanzielle Situation ihre Unabhängigkeit infrage stellte und sie für Bestechung empfänglich machte.

Die Verfassungen des späten 18. Jahrhunderts waren im Selbstverständnis der neuen Eliten nicht demokratisch, und in den Vereinigten Staaten legten die Gründerväter den größten Wert darauf, dass der neue Staat eine Republik und keinesfalls eine Demokratie sei. Aber es gab auch überall eine radikale Unterströmung, die politische Gleichheit und nicht nur diese forderte. In Frankreich postulierte François „Gracchus" Babeuf (1760–1797) nach dem scheinbaren Vorbild der beiden römischen Agrarreformer Tiberius und Gaius Gracchus eine Neuverteilung des Grund und Bodens, ohne eine nennenswerte Anhängerschaft zu gewinnen. Die Bourgeoisie, die neue herrschende Klasse, hielt an den bestehenden Eigentumsverhältnissen fest. Im frühen 19. Jahrhundert gewann jene demokratische Unterströmung Auftrieb. In England wurde Jeremy Bentham (1748–1832), der Mitbegründer der einflussreichen reformorientierten Zeitschrift *Westminster Review*, nach Heinrich von Treitschkes Urteil im vierten Band seiner *Deutschen Geschichte im Neunzehnten Jahrhundert* (1889, 22 f.) einer der Hauptverfechter der wissenschaftlichen Formeln für die Weltanschauung des herannahenden demokratischen Zeitalters. „Wird der Staat erst demokratisiert", so lautete die Erwartung, „muss schließlich die Macht der Arbeit, der Bildung, der freien Rede den künstlichen, nur durch äußere Umstände bedingten Unterschied zwischen den Personen, den Rassen, den Geschlechtern völlig vernichten."

In England, dem Land der Frühindustrialisierung, wurde damals im Interesse der malträtierten Arbeiterklasse von den Chartisten – der Name, abgeleitet von lateinisch *charta*, bezeichnet eine Bewegung, die für eine geschriebene Verfassung eintrat – die Forderung nach politischer und sozialer Gleichheit erhoben. Doch der durch die Parlamentsreform von 1832 leicht modifizierten parlamentarischen Adelsherrschaft gelang es, durch eine Mischung von Repression und Entgegenkommen in Detailfragen der Bewegung der Chartisten Herr zu werden. Das Gelobte Land einer Demokratisierung aber wurden seit der Zeit um 1830 die Vereinigten Staaten von Amerika. Die Symbolfigur dieser Entwicklung war Andrew Jackson, zweimal Präsident des Landes in der Zeit von 1828 bis 1836. Dieser stammte nicht aus der alten Elite der Ostküstenstaaten, sondern repräsentierte die Schicht der kleinen Leute, welche die Territorien und neuen Staaten jenseits der Alleghanies besiedelten. In seine Zeit fällt

Einführung

in den meisten Staaten die Beseitigung des Zensuswahlrechts (Schlusslicht war 1856 North Carolina). Jeder männliche weiße Amerikaner besaß nun das Wahlrecht, und die Wahlversammlungen gerieten zum Schrecken der alten Elite zu gewalttätigen Auseinandersetzungen, die auch Eingang in die Karikaturen der Zeit fanden.

Die Demokratisierung vollzog sich nicht nur im politischen Raum durch die Einführung des allgemeinen und gleichen Wahlrechts weißer Männer und die Berücksichtigung von Anliegen kleiner Leute. Sie betraf auch die gesellschaftlichen Verhältnisse, den freien Umgang der Angehörigen aller Schichten und vieles mehr. Die erste wissenschaftlich anspruchsvolle Analyse dieses Demokratisierungsprozesses stammt von Alexis de Tocqueville (1805–1859). Die beiden von ihm verfassten Bände *De la démocratie en Amérique* (Erstveröffentlichung 1835/1840) sind der literarische Niederschlag seiner Amerikareise, die er 1831 im Auftrag der französischen Regierung zum Studium des Rechtssystems und des Strafvollzugs in den Vereinigten Staaten antrat und zu einem umfassenden Studium von Staat und Gesellschaft einer entstehenden Demokratie nutzte. Er sagte voraus, dass die Demokratisierung, wie sie sich in Amerika vollzog, das Schicksal der Welt sein werde.

Deutschland war damals von diesem Schicksal noch denkbar weit entfernt. Zwar hatte Napoleon für eine radikale Vereinfachung der buntscheckigen Landkarte des untergegangenen Heiligen Römischen Reiches gesorgt. Aber in Hinblick auf die verfassungsmäßige Ordnung der Staaten des Deutschen Bundes herrschte weiter die größte Verschiedenheit. Der Deutsche Bund hatte in Artikel 13 der Wiener Schlussakte seine Staaten auf „landständische Verfassungen" festgelegt und damit auf jenen rückständigen Typus, in dem der Adel unverhältnismäßig stark vertreten war. Eine Reihe von Staaten, zumal die größten, Preußen und Österreich, blieben ohne Verfassung, andere verharrten bei ihrem „altständischen Stilleben in Norddeutschland" (so die Überschrift des einschlägigen Kapitels in Treitschkes *Deutscher Geschichte im Neunzehnten Jahrhundert*), während wieder andere, die süddeutschen Staaten Bayern, Württemberg, Baden und Hessen-Darmstadt, sich in der Absicht, alle Teile ihres Staatsgebietes einer einheitlichen Ordnung zu unterwerfen, neue Verfassungen gaben. Strittig war, ob diese dem Artikel 13 der Wiener Schlussakte entsprachen oder als Repräsentativverfassungen aufzufassen seien, in denen nicht Stände, sondern das Staatsvolk als Ganzes in den Landtagen vertreten war.

Wegen der vermeintlichen Nähe von Volkssouveränität und Repräsentativsystem schlugen stockkonservative Staatsrechtslehrer und Publizisten Alarm; denn wo das Prinzip der Volkssouveränität ins Spiel kam, war, so schien es, die Demokratie nicht mehr weit; mit diesen Warnungen trafen sie die Ängste der reaktionären Mächte, indessen keineswegs immer zu Recht. Selbst die 1831 in Kraft getretene kurhessische Verfassung, die gewisse, sonst in Deutschland nicht vorhandene Elemente von Fortschrittlichkeit enthielt, war auf dem monarchischen Prinzip der Staatsgewalt gegründet und hielt an der ständischen Struktur des Landtags fest – und doch rügte der österreichische Staatskanzler Fürst Metternich ein Jahr vor Ausbruch der Märzrevolution von 1848 die kurhessische Verfassung als „sehr demokratisch". Überhaupt fühlten sich die Vormächte der Reaktion, vor allem Russland unter Zar Nikolaus I., von den „Fluten der ständig wachsenden Demokratie" herausgefordert – so der russische Staatsmann Graf Nesselrode an Zar Nikolaus zu dessen 25. Jubiläum der Thronbesteigung. Die Rede war von einem „Schutzwall gegen die Wogen der ständig anwachsenden Demokratie"

Einführung

(une digue aux flots de la démocratie toujours croissante), der mit Erfolg gegen die polnische Unabhängigkeitsbewegung errichtet worden war. Tatsächlich waren im Interesse der Wiedergewinnung der Unabhängigkeit Polens die militärische und die politische Mobilisierung der bäuerlichen Mehrheit des Landes notwendig, und genau dies war das Ziel des von Frankreich aus gesteuerten polnischen „Demokratischen Vereins".

In Deutschland war die Märzrevolution von 1848 Erfolg und Misserfolg zugleich. Das eine Ziel demokratischer Bestrebungen, die Einheit der politisch gespaltenen Nation zu erlangen, wurde bekanntlich verfehlt, das andere, das dahin ging, Standesprivilegien des Adels abzubauen, die Befreiung der Bauern von den teilweise noch immer nicht abgelösten Feudallasten zu vollenden, Gewerbefreiheit und bürgerliche Rechtsgleichheit zu schaffen, wurde im Wesentlichen, wenn auch nicht bereits durch die Paulskirchenverfassung von 1849, die ja keine Gültigkeit erlangte, so doch in der unmittelbaren Folgezeit erreicht. Die Standesprivilegien wichen der bürgerlichen Gleichheit – mit der Ausnahme der politischen Mitwirkungsrechte in den Parlamenten. Diese wurden der Elite der Wohlhabenden und Gebildeten vorbehalten. Der Zensus war das Mittel der Wahl, die Zugehörigkeit zu dieser Elite festzustellen oder auszuschließen. Das später umkämpfte preußische Dreiklassenwahlrecht entsprach zunächst der Regel.

Einer der damals führenden Staatsrechtslehrer in Heidelberg, der zugleich ein führender Parlamentarier zuerst in der Ersten, dann in der Zweiten Kammer des Großherzogtums Baden war, Johann Caspar Bluntschli (1808–1881), schrieb dazu in dem zwischen 1857 und 1870 veröffentlichten mehrbändigen Staatshandbuch: „Da die heutigen Staaten fast alle auf einem weiten Land ruhen und die großen Massen auch der Arbeiter persönliche Freiheit und Staatsbürgerrecht erwerben, aber nicht die Muße und nicht die Bildung haben, um den Staat verwalten zu können, so ist diese Staatsform (gemeint ist die direkte Demokratie der Antike) nicht möglich, und die veredelte Form der repräsentativen Demokratie an ihre Stelle getreten als die moderne Art der Demokratie. Das Prinzip der repräsentativen Demokratie ist: Das Volk beherrscht sich selbst, aber indem es die gesamte Staatsverwaltung an seine Repräsentanten überträgt, die es zu diesem Zweck als die Besten und Tauglichsten auswählt."

Was die Gründerväter der Vereinigten Staaten, die von direkter Demokratie nichts wissen wollten, als Republik bezeichnet hatten, erhielt nun, nachdem der Begriff der Demokratie seinen Schrecken eingebüßt hatte und als Repräsentativsystem in Erscheinung trat, den Ehrennamen einer „veredelten Demokratie".

Doch seit der zweiten Hälfte des 19. Jahrhunderts kam eine lang andauernde Entwicklung in Gang, in der alle Beschränkungen des Wahlrechts zurückgenommen wurden und das Prinzip des „one man one vote" auch die Frauen einschloss. In Europa war der erste Bundesstaat, der für die Wahl der Repräsentanten des Volkes keinen Zensus vorsah, der nach dem Krieg Preußens gegen Österreich und den Deutschen Bund 1867 gegründete Norddeutsche Bund. Übernommen wurde das allgemeine und gleiche Wahlrecht in die Verfassung des 1871 gegründeten Deutschen Reichs, in dem auch das demokratische Programm der deutschen Einheit Erfüllung fand – freilich unter Ausschluss der österreichischen Teile des aufgelösten Deutschen Bundes. Trotzdem lässt sich im Falle des deutschen Kaiserreichs nicht von Demokratie sprechen. Die Regierungsform war im Unterschied zu der Englands nicht parlamentarisch, sondern monarchisch-konstitutionell. Die Ernennung des Reichskanzlers war das Vorrecht des Kaisers, und diesem, nicht dem Reichstag, war der Chef der Regierung verantwortlich. Das änderte sich erst kurz vor dem Ende des Ersten Weltkriegs, als das Deutsche Reich im Oktober 1918 zur parlamentarischen Regierungsform überging.

Damals nahm auch das längst für Frauen geforderte Wahlrecht seinen Anfang, aber es dauerte lange, bis es sich überall in Westeuropa durchgesetzt hatte. In Deutschland führte die Verfassung der Weimarer Republik das Frauenwahlrecht ein, in Frankreich dauerte es bis zum Ende des Zweiten Weltkriegs, in der Schweiz und ihren Kantonen noch länger. In England fielen die Beseitigung des Zensuswahlrechts und der Beginn des Frauenwahlrechts auf das Ende des Ersten Weltkriegs. Damals wurde den Frauen über dreißig Jahren in Anerkennung ihres Beitrags zur Erringung des Sieges das Wahlrecht zuerkannt; die jüngeren Frauen gingen noch leer aus, damit der männliche Teil der Bevölkerung, der im Krieg hohe Verluste erlitten hatte, nicht auf die Minderheit an der Wahlurne reduziert wurde. Erst 1928 wurde auch den jüngeren Frauen das Wahlrecht zuerkannt.

Mit dem allgemeinen und gleichen Wahlrecht aller Bürger änderten sich der Staatszweck und die Führungselite der vollendeten Demokratie. Es entstanden miteinander verbunden Parteiendemokratie und sozialstaatliche Orientierung im Interesse einer Daseinsfürsorge für die Masse des Volkes. Auf Einzelheiten kann erst im zweiten Hauptteil eingegangen werden. An dieser Stelle sei nur daran erinnert, dass in England bereits in den vierziger Jahren des 19. Jahrhunderts von der Bewegung der Chartisten die aufeinander bezogenen Forderungen nach politischer und sozialer Gleichheit erhoben worden waren und im deutschen Kaiserreich die Gründung einer sozialistischen Arbeiterpartei die Anfänge und den Ausbau der sozialstaatlichen Orientierung des Staatszweckes vorantrieb. Andere gesellschaftliche und wirtschaftliche Interessen beförderten den weiteren Ausbau der Parteiendemokratie. Im Zeitalter des sogenannten Kulturkampfes entstand mit dem Ziel der Selbstbehauptung des Katholizismus die Zentrumspartei; die älteren konservativen und liberalen Parteien mutierten zu ökonomischen Interessenvertretungen, etwa der Landwirtschaft oder der Industrie, von Freihandel oder Schutzzöllen. Anderes kommt neuerdings hinzu: die Erhaltung der natürlichen Umweltbedingungen oder die Eindämmung von Flüchtlingsströmen, die politischer Verfolgung, Krieg oder Armut entgehen wollen, die Bewältigung der Finanzkrise in der Eurozone oder die Stärkung des inneren Zusammenhalts in der Europäischen Union.

Die Parteien bewerben sich darum, die größtmögliche Zahl von Wählern zu gewinnen und, wenn irgend möglich, die Regierung zu stellen. Sie sind das Verbindungsglied zwischen dem Souverän, dem Volk, und der Staatsgewalt, die von diesem „in Wahlen und Abstimmungen und durch besondere Organe der Gesetzgebung, der vollziehenden Gewalt und der Rechtsprechung" ausgeübt wird (Artikel 20 Absatz 2 Grundgesetz). Zur Rolle der Parteien heißt es in Artikel 21 Absatz 1 Grundgesetz: „Die Parteien wirken bei der politischen Willensbildung des Volkes mit." Wahlen und Abstimmungen sowie die Ausübung der Staatsgewalt werden durch Vermittlung von Parteien vollzogen. Das aber heißt: Der Eintritt in die Elite der Parteiendemokratie ist nach dem sogenannten „ehernen Gesetz der Oligarchie" nur über die Mitgliedschaft und die prominente Stellung in einer Partei möglich. Insofern kann gesagt werden: Die moderne repräsentative Demokratie ist eine Parteiendemokratie. Abgesehen von Wahlen und Abstimmungen geschieht alles

Einführung

Weitere, was aus dem Ergebnis folgt – Koalitionsabsprachen, Vereinbarung des Regierungsprogramms, Gesetzgebung und Regierungstätigkeit –, ohne direkte Beteiligung des Wahlvolkes. Aber wenngleich der Souverän von direkter Mitsprache ausgeschlossen ist, so sind doch die Absprachen und Beschlüsse der Parteien gewiss nicht unbeeinflusst von der Debatte über öffentliche Angelegenheiten in Presse und Rundfunk, den Initiativen von Interessenvertretungen und öffentlichen Demonstrationen.

Die Parteien selbst haben ein ureigenes Interesse daran, jeweils zu berücksichtigen, was den Wähler umtreibt, und dazu gehört auch die Einbindung von Parteimitgliedern und Wahlvolk in den Prozess der demokratischen Willensbildung. Dies geschah und geschieht getreu der von Willy Brandt stammenden Losung „Mehr Demokratie wagen" in Gestalt einer Ausweitung der demokratischen Forderung nach Gleichheit und Gerechtigkeit auf den gesamtgesellschaftlichen Bereich. Erwähnt seien einige prominente Beispiele – ohne Anspruch auf Vollständigkeit oder Chronologie – auf so verschiedenen Feldern wie: gesellschaftliche Gleichberechtigung der Frauen und ihre Berücksichtigung auf allen Führungsebenen in Politik und Wirtschaft, Abbau traditioneller Hierarchien in Universitäten und Hochschulen, Aufnahme von Arbeitnehmervertretern in die Vorstände großer Unternehmen, Beseitigung der geringeren Bezahlung weiblicher Arbeitnehmer im Vergleich zu Männern, Sicherung von Mindestverdienst und Alters-, Gesundheits- und Pflegeversicherung, Beseitigung der sogenannten Zweiklassenmedizin durch eine wie immer geartete Bürgerversicherung, als „Ehe für alle" plakatierte Gleichstellung von Menschen unterschiedlicher sexueller Orientierung im Ehe- und Adoptionsrecht, um hier nur diese Themen ‚demokratischer' Politik zu nennen, die eine Berücksichtigung elementarer Interessen großer und kleiner Wählerschichten enthalten.

Konterkariert werden diese Zielsetzungen demokratischer Politik durch die Komplexität der zur Lösung anstehenden Probleme, etwa bei den Fragen der Finanzierung, der Steuergesetzgebung, des Rentenalters oder der Sanierung des Gesundheitswesens und der Pflegeversicherung im Alter. Was die antike Demokratie anbelangt, so konnte Perikles in der von Thukydides verfassten Grabrede mit einigem Recht sagen, dass jeder Bürger Athens über eine gewisse Kenntnis der öffentlichen Angelegenheiten verfüge. Heutzutage lässt sich das nicht mehr behaupten. Wer könnte schon von sich behaupten, dass er angesichts der konkurrierenden Gesetzgebung der Länder, des nationalen Bundesstaates und der Europäischen Union die Übersicht, die Sachkenntnis und das Interesse aufbrächte, um den Wegen und Umwegen des politischen Betriebs folgen zu können.

Die Folgen dieses Zustandes sind offenkundig: Neigung zu Wahlenthaltung oder Fundamentalopposition gegen den Konsens der politischen Wortführer in Politik und Presse. Zu den umstrittenen Themen gehören gegenwärtig bekanntlich die Asyl- und Flüchtlingspolitik oder die Pläne, die auf eine Zurückdrängung der nationalen Selbstbestimmung zugunsten einer Weiterentwicklung der Europäischen Union zu einem Bundesstaat mit einheitlicher Währung und Staatshaushalt hinauslaufen.

Diese Konstellation hat zur Gründung einer neuen Partei am rechten Rand des politischen Spektrums geführt, der sogenannten „Alternative für Deutschland". Abgesehen von der Kinderkrankheit innerparteilicher Flügelkämpfe versucht die neue Partei oft genug, sich mit einer die Grenze zum Skandal überschreitenden Verbalradikalität zu profilieren. Dies hat dazu geführt, dass die unbequemen Neuankömmlinge von den etablierten Parteien und dem größten Teil der Presse unter dem Stichwort „(Rechts-)Populismus" abgewertet und aus dem Kreis der honorigen Demokraten ausgegrenzt werden. Am linken Rand des Parteienspektrums wird auch die aus der Erbmasse der untergegangenen DDR hervorgegangene Partei „Die Linke", so gut oder so schlecht es gehen mag, von der Möglichkeit politischer Mitwirkung ferngehalten. Obwohl beide Parteien sich an demokratischen Wahlen beteiligt und zusammen etwa ein Viertel der Wähler zum Deutschen Bundestag gewonnen haben, gelten sie als Störfaktor im Kreis derjenigen Parteien, die sich als die wahren Demokraten verstehen und die anderen als rechts- oder linksradikale Populisten ausgrenzen. Das wirft die Frage nach der Stichhaltigkeit der als Kampfbegriffe gebrauchten Schlagworte „Demokratie" und „Populismus" auf. Immerhin haben beide Worte eine gemeinsame Wurzel: In beiden steckt das Wort Volk, griechisch *demos*, lateinisch *populus*.

Am Schluss des Buches soll aus der Flut der Vorschläge, die Gebrechen der modernen Demokratie zu heilen, auf drei Bücher jüngsten Datums eingegangen werden. Im Jahr 2016 erschien die deutsche Übersetzung des Buches von David Van Reybrouck mit dem Titel *Gegen Wahlen. Warum Abstimmen nicht demokratisch ist*, und auf der Rückseite des Umschlags ist zu lesen: „Wahlen sind heutzutage primitiv. Eine Demokratie, die sich darauf reduziert, ist dem Untergang geweiht." Als Heilmittel wird das Losverfahren gepriesen, mit dem in der athenischen Demokratie abwechselnd jeweils ein Teil der Bürgerschaft zu Hilfskräften des regierenden Souveräns auf Zeit bestimmt wurde. Fast zur gleichen Zeit erschien das Buch des amerikanischen

Politikwissenschaftlers Jason Brennan. Der Titel lautet *Gegen Demokratie. Warum wir die Politik nicht den Unvernünftigen überlassen dürfen*. Darin plädiert der Autor für eine Beschränkung des Wahlrechts auf die Minderheit politisch gebildeter Staatsbürger. Die Richtgröße wird auf rund 25 Prozent der Bürger des Landes festgelegt. Vielleicht war das Entsetzen über die Wahl von Donald Trump zum Präsidenten der Vereinigten Staaten der Grund für die Verklärung eines Systems, dem im Zeitalter der Amerikanischen und Französischen Revolution die Bindung des Wahlrechts an Besitz und Bildung diente. Der jüngste Vorschlag erschien im Jahr 2017 im englischen Original unter dem Titel *Demopolis: Democracy before Liberalism in Theory and Practice* (Titel der deutschen Übersetzung: *Demopolis oder was ist Demokratie?*). Josiah Ober, sein als Althistoriker und politischer Theoretiker renommierter Verfasser, verfolgt das Ziel, den eigentlichen Kern der Demokratie zu retten, wie sie sich vor ihrer modernen Verbindung mit Werten wie Menschenrechten, öffentlicher Daseins- und Gesundheitsvorsorge oder globaler Solidarität präsentierte. Er ist kein Gegner einer liberalen beziehungsweise sozialstaatlich orientierten Demokratie, aber er reagiert auf Krisenerscheinungen wie den sogenannten Populismus und Nationalismus, welche die moderne Demokratie infrage stellen. Er reduziert deshalb Demokratie nach antikem Verständnis auf den inneren Wert der Teilhabe an der Gestaltung des öffentlichen Lebens und behauptet, dass eine solche Kerndemokratie zugleich für ein angemessenes Sicherheits- und Wohlstandsniveau zu sorgen in der Lage sei. Wie dies unter modernen Bedingungen geschehen kann, bleibt allerdings ein Rätsel.

Erster Teil
Die antike Demokratie

Die Entstehung der Demokratie in Athen

Die athenische Demokratie entstand gegen Ende des 6. Jahrhunderts v. Chr. und erreichte um die Mitte des 5. Jahrhunderts v. Chr. unter Führung des Perikles ihre klassische Gestalt. In dieser Zeit gab es in Griechenland rund 700 Stadtstaaten. Die meisten hatten eine Fläche von 50 bis 100 Quadratkilometern und eine durchschnittliche Bürgerzahl von 400 bis 800 erwachsenen Männern. Athen war eine der großen Ausnahmen. Sein Territorium entsprach mit rund 2500 Quadratkilometern ungefähr dem des heutigen Saarlandes, und die Zahl seiner Bürger belief sich um 500 v. Chr. nach Angabe Herodots, des frühesten griechischen Historikers, auf 30 000 Personen. Die meisten Gemeinden besaßen eine städtische Siedlung als politisches Zentrum – das griechische Wort *polis* oszilliert zwischen den beiden Bedeutungen „Stadtstaat" und „Stadt". Alle Gemeinden verstanden sich als Personalverbände ihrer Bürger. Frauen, Sklaven und Fremde gehörten nicht dazu. Der offizielle Name der Polis Athen war schlicht und einfach „die Athener", und die offizielle Anrede der versammelten Bürger lautete: „athenische Männer". Das Volk war also der Staat, und es ließe sich behaupten, dass alle Staatsgewalt vom Volke ausging. Aber das Volk regierte nicht, und vor der athenischen gab es keine Demokratie. Das Volk hatte seine Regierungsgewalt nach herrschender Vorstellung einem König und einer adligen Ratsversammlung übertragen. Wenigstens ist dies die Sicht, in der die politischen Verhältnisse in einer kleinen Szene der Odyssee begegnen, in der

Erster Teil. Die antike Demokratie

Begegnung des Alkinoos, des Königs der Phaiaken, mit seiner Tochter Nausikaa, als er im Begriff steht, das Haus zu verlassen (Hom. Od. VI, 53-55):

„... und jener (der König)
Kam an der Pfort' ihr entgegen, er ging zu der glänzenden Herren
Ratsversammlung, wohin die edlen Phaiaken ihn berufen hatten."

Zu den Institutionen griechischer Gemeinden zählte neben dem König beziehungsweise dem leitenden Magistrat und dem aus Adligen bestehenden Rat eine Versammlung des Volkes, griechisch: *ekklesia*, was so viel bedeutet wie die durch einen Herold zusammengerufenen Bürger. Dies geschah bei Bedarf: etwa bei der Gefahr feindlicher Übergriffe oder bei Angelegenheiten, die die persönlichen und dinglichen Leistungen der Bürger für die Gemeinde erforderten, beispielsweise für den Fall, dass öffentliche Bauten zu errichten oder auszubessern waren. Es versteht sich von selbst, dass zu den genannten Zwecken das Volk zu Versammlungen zusammengerufen werden musste, damit es dem jeweiligen Begehren der Regierenden mehr oder weniger informell seine Zustimmung erteilte.

Formelle Abstimmungen gab es erst verhältnismäßig spät. In kleinen Gemeinden fiel wahrscheinlich nicht oft etwas vor, was die Einberufung des Volkes notwendig gemacht hätte. In der literarischen Vorstellungswelt der Odyssee begegnet die Situation, dass in der Inselgemeinde Ithaka viele Jahre, seitdem Odysseus, ihr König, in den Troianischen Krieg gezogen war, keine Volksversammlung mehr einberufen worden war. Als es dann doch geschieht, herrscht unter den Einberufenen Unkenntnis darüber, wer denn die Versammlung einberufen habe und welches der Grund der Einberufung sei (Hom. Od. II, 25-32):

„Höret mich jetzt, ihr Männer von Ithaka, was ich euch sage!
Keine Versammlung ward und keine Sitzung gehalten,
Seit der edle Odysseus die Schiffe gen Troia geführt hat.
Wer hat uns denn heute versammelt? Welcher der Alten
Oder der Jünglinge hier? Und welche Sache bewog ihn?
Höret er etwa Botschaft von einem nahenden Kriegsheer,
Dass er uns allen verkünde, was er am ersten vernommen?
Oder weiß er ein andres zum Wohl der Gemeinde zu sagen?"

In Sparta, wahrscheinlich im 7. Jahrhundert, hatte zwar das Delphische Orakel angeordnet, dass die Versammlung der Spartaner, wie es hieß, „von Zeit zu Zeit" zusammenzurufen sei, und, wie der Dichter Tyrtaios (F 3a Diehl) bezeugt, war die Vorschrift ergangen, dass Anträge der Regierung, das heißt der beiden Könige und des adligen Ältestenrats, erst durch Mehrheitsbeschluss der Apella, der Volksversammlung, bindende Kraft erlangten:

„Aber der Mehrheit des Volkes sollen Sieg und Bekräftigung folgen."

Die Regierung behielt indes die Kontrolle. Sie konnte die Versammlung auflösen, wenn die Versammlung einen unliebsamen Beschluss zu fassen im Begriff war. So war es noch zu der Zeit, als in Athen die Regierungsgewalt ohne Beschränkung vom Volk ausgeübt wurde. Verhältnisse wie in Sparta überlebten auch auf Kreta, wie Aristoteles in seiner *Politik*, den Vorlesungsmanuskripten, die er der Analyse der politischen Verhältnisse in Griechenland widmete, zu berichten weiß (Aristot. Pol. II, 1272a, 8–12):

„Die Königswürde gab es dort zwar früher; aber später haben die Kreter sie abgeschafft; den Oberbefehl im Krieg haben die *kosmoi* (gewählte Jahresbeamte) inne. Alle Bürger haben das Recht zur Teilnahme an der Volksversammlung; diese besitzt aber nur die Befugnis, die Beschlussvorlagen der Geronten (des adligen Rates) und der *kosmoi* in einer Abstimmung zu bestätigen."

Auch in Athen war die Stellung der Volksversammlung in vordemokratischer Zeit nach allen Indizien, die sich ermitteln lassen, eher schwach. Zunächst ist zu bedenken, dass Athens Staatsgebiet mit ungefähr 2500 Quadratkilometern viel zu groß war, als dass die Masse der zerstreut im Lande lebenden Bevölkerung die Zeit und Muße gefunden hätte, sich regelmäßig in Athen zu versammeln. Die vielen kleinen Leute, aus denen sich die Bürgerschaft zusammensetzte, die Bauern, Handwerker, Tagelöhner, Fischer und Seeleute, hatten andere Sorgen, etwa die Sorge um das Überleben – wie sie sich und ihre Familien ernähren sollten. Gegen Ende des 7. Jahrhunderts war zudem eine verheerende Schuldenkrise eingetreten, welche die bäuerlichen Grundlagen der Gesellschaft zu vernichten drohte.

Die Reformen, die Abhilfe schaffen sollten, betrafen die Einführung des Gerichtszwangs, einen Schuldenerlass und eine Rechtskodifizierung, die, vereinfacht ausgedrückt, das Streitpotenzial, das die Gesellschaft belastete, zu minimieren bestimmt war. Dies alles war im späten 7. und frühen 6. Jahrhundert das Werk von gewählten Beauftragten, den Aisymneten, die Aristoteles in seiner *Politik* mit gutem Grund „Tyrannen auf Zeit" nennt. Anders konnte man sich damals in Griechenland nicht helfen. Griechenland durchlief gerade die Phase seiner Geschichte, in der Adlige nach der Tyrannis strebten, entweder zur Rettung der als legitim geltenden Adelsherrschaft oder zur Begründung einer auf Usurpation beruhenden Alleinherrschaft auf Dauer. In Athen war der Adlige Solon der große Reformer, der mit seinem Werk die Machtergreifung eines Gewaltherrschers zu verhindern beabsichtigte, aber er musste erleben, dass seine Selbstlosigkeit von Standesgenossen nicht verstanden wurde. Er schrieb in einem seiner politischen Gedichte (F 23,1-7 Diehl):

„Solon ist kein tiefverständ'ger und kein wohlberatener Mensch:
Als ihm Gott das Beste anbot, nahm er es selber nicht an.
Seine Beute war gefangen, doch betroffen zog er nicht
Zu das große Netz; es fehlte ihm an Herz wie an Verstand.
Könnte ich die Macht gewinnen und des Reichtums volles Maß
Und Tyrann sein der Athener nur für einen einz'gen Tag,
Dann mag man zum Schlauch mich schinden und austilgen meinen Stamm."

Drei mächtige adlige Clans kämpften, gestützt auf ihre lokale Anhängerschaft, noch im 6. Jahrhundert um den Besitz der Tyrannis. In der historiographischen Überlieferung heißt es dazu laut der von Aristoteles wiedergegebenen Zusammenfassung (*Verfassung der Athener* 13,4):

„Es gab drei Parteiungen, als erste die Bewohner der Küstenebene, die Megakles, der Sohn des Alkmeon, anführte ...; als zweite die Bewohner der (zentralen) Ebene; ihr Führer war Lykurgos ...; als dritte die Bewohner des Hügellandes, die Peisistratos folgten."

In der Zeit zwischen 561/60 und 529/28 behauptete sich Peisistratos, von zwei Unterbrechungen abgesehen, als Stadtherr Athens, und er vererbte seine Stellung in der Stadt an seine Söhne Hippias und Hipparchos. Vierzehn Jahre später fiel dieser, der jüngere von beiden, dem Attentat zweier Adliger namens Harmodios und Aristogeiton zum Opfer, während der ältere dem Anschlag entging. Die Motive der Täter sind unklar. Die Überlieferung ist gespalten zwischen einer reinen Privataffäre und der Absicht einer Befreiung von der Tyrannenherrschaft. Wie dem auch sei: Die letztere Version begründete nach der Vertreibung des Hippias im Jahre 511/10 ihre Verherrlichung als Befreier ihrer Vaterstadt. Statuen zu Ehren der Tyrannenmörder wurden auf der Agora, dem zentralen Versammlungsplatz, aufgestellt, und bei den Gastmählern des Adels wurde der Ruhm der Befreier in Trinkliedern besungen, von denen eines folgenden Wortlaut hatte (Athen. Deipn. XV, 695):

„Für immer lebe auf Erden euer Ruhm,
Harmodios und Aristogeiton, ihr Lieben,
Denn ihr habt den Tyrannen getötet
Und Athen machtet ihr zu einer Stadt der Gleichheit."

Vielleicht war mit diesem Lied ursprünglich gemeint, dass mit der Beseitigung der Tyrannis die Gleichheit des Adels wiederhergestellt worden sei, aber nach Einführung der Demokratie schob sich eine neue Sinngebung in den Vordergrund: Die Ty-

Die Entstehung der Demokratie in Athen

rannenmörder hatten die Athener zu einem Volk der Gleichen gemacht.

Im Jahre 511/10 gelang es einer Koalition athenischer Adliger mit Sparta, den Tyrannen Hippias zu vertreiben. Aber was folgte, war ein neuer Kampf um die Stadtherrschaft. Die Protagonisten waren Kleisthenes aus der Familie der Alkmeoniden und ein Adliger namens Isagoras, von dem Herodot nicht einmal den Namen seiner Familie nennen konnte. Ihn hatte das Schicksal der Verlierer im Bürgerkrieg getroffen: Der Name seiner Familie war für immer aus der Erinnerung getilgt worden. Dass er den mehrjährigen Bürgerkrieg verlieren würde, war eigentlich nicht vorauszusehen gewesen. Der spartanische König Kleomenes I. war sein Gastfreund und unterstützte seinen Verbündeten auch ohne Autorisierung durch Sparta mit den Gefolgsleuten, die er aus den Städten der Peloponnes aufbieten konnte. Kleisthenes geriet in die Gefahr, unterzugehen, und Isagoras wurde zum Archonten für das Jahr 508/7 gewählt. Dann kam der Umschwung. Dem Unterliegenden gelang es, das Volk militärisch und politisch zu mobilisieren, und Sparta setzte dem Privatfeldzug seines Königs ein Ende. Dieser hatte noch zwei Nachbarn Athens, Boiotien und Chalkis auf Euboia, zum Krieg gegen Athen anstiften können. Aber Athen siegte. Kleisthenes' Bündnis mit dem Volk hatte in dem mehrere Jahre dauernden Krieg gegen innere und äußere Feinde zu einer bis dahin unbekannten Mobilisierung des Volkes geführt, die den Grund zur direkten Demokratie und zu einer enormen Steigerung der militärischen Leistungsfähigkeit Athens legte.

Mit der sogenannten Phylenreform schuf Kleisthenes eine organisatorische Struktur des athenischen Staatsgebiets, die dem Regionalismus als Voraussetzung zu Usurpationen adliger Clans ein Ende bereitete. Grundlage der territorialen Neuordnung bildeten die drei Großregionen: die Küstenebene, die zentrale Ebene und das Hügel- und Bergland, das die Machtbasis der Peisistratiden gebildet hatte. Jede dieser Großregionen wurde in zehn Teile gegliedert, und die so geschaffenen 30 Teilstücke wurden nach dem Losverfahren zu zehn neuen Bezirken vergleichbarer Größe und Bevölkerungszahl zusammengefügt. Phyle bedeutet im Griechischen so viel wie Stamm und bezieht sich ursprünglich auf genetische Abstammung. Mit der Reform wandelte sich ihre Bedeutung. Eine Phyle wurde die Bezeichnung für einen aus drei geographischen Teilen zusammengesetzten Bezirk. Auf die Phylen wurden die rund 130 Siedlungen so verteilt, dass jede Phyle ungefähr die gleiche Bevölkerungszahl umfasste. Jede stellte jeweils für ein Jahr 50 ausgeloste Mitglieder zu dem neu geschaffenen Rat der Fünfhundert. Dieser fungierte als der geschäftsführende Ausschuss der Volksversammlung: Er legte die Termine und die Tagesordnungspunkte fest, führte Vorberatungen über die Gegenstände, die das Volk zu entscheiden hatte, und beaufsichtigte die Ausführung der Beschlüsse. Die zehn Phylen bildeten nicht nur die organisatorische Grundstruktur des Staates, sie waren auch die Rekrutierungsbezirke für das militärische Aufgebot.

Die Mobilisierung der potenziellen militärischen Stärke Athens gelang, weil der Krieg im Inneren und nach außen um die Existenz der Stadt geführt werden musste und die Gefahr, in der Athen schwebte, einen Mentalitätswandel schuf, auf dem die antike Demokratie beruhte: Die Masse der Bürger begriff, dass die Rettung der Stadt in ihrem ureigenen Interesse lag und die Freiheit der Gemeinschaft dank Kleisthenes' Reformen auf der Gleichheit der Bürger beruhte. Wie Herodot schreibt, war Athen schon wegen seiner schieren Größe potenziell mächtig, aber es war die Befreiung von der Tyrannis, die zeigte, was in der Stadt für Möglichkeiten steckten (Hdt. V, 66,1):

„Athen war schon vorher eine mächtige Stadt, aber nach der Befreiung von den Tyrannen wurde es noch mächtiger."

An anderer Stelle beschreibt Herodot den Mentalitätswandel der Athener in einer Weise, dass der Zusammenhang von Freiheit und bürgerlicher Gleichheit, von militärischer Selbstbehauptung und demokratischer Selbstbestimmung begreifbar wird (Hdt. V, 78):

„Athen also wuchs. Die Gleichheit ist eben in jeder Hinsicht etwas Wertvolles und Schönes; denn als die Athener Untertanen von Tyrannen waren, waren sie keinem einzigen ihrer Nachbarn überlegen. Jetzt aber, da sie von den Tyrannen befreit waren, standen sie weithin als die Ersten da. Man sieht daraus, dass sie, als sie als Untertanen für einen Herrn zu kämpfen hatten, vorsätzlich schlecht kämpften, während dann, als sie die Freiheit errungen hatten, jeder bereitwillig für die eigene Sache eintrat."

Der erzwungene Rückzug des spartanischen Königs Kleomenes I. hatte noch ein Nachspiel, das Athen in die Gefahr brachte, dem Herrschaftsanspruch des persischen Großkönigs anheimzufallen, der damals in Begriff stand, sein Reich nach Westen auszudehnen. Die Athener fürchteten, dass König Kleomenes seine Niederlage nicht hinnehmen, sondern mit verstärkten Kräften Athen angreifen würde, und so beschlossen sie, zu ihrem Schutz ein Bündnis mit den Persern einzugehen. Doch der Satrap, der im Auftrag des Großkönigs Dareios I. von Sardes aus den Westen des Reiches regierte, gab den Athenern den Bescheid: Wenn sie dem König als Zeichen der Unterwerfung Erde und Wasser geben wollten, werde der König mit ihnen einen Bündnisvertrag schließen; anderenfalls sollten sie gehen. Daraufhin erklärten die Gesandten, ohne dazu ermächtigt zu sein, Athens Bereitwilligkeit und mussten sich deshalb, nach Hause zurückgekehrt, schwere Vorwürfe anhören. Die Folgen dieser eigenmächtigen Zusage zeigten sich nach einigen Jahren, als die Athener zusammen mit der auf Euboia gelegenen Gemeinde Eretria den Aufstand der an der Westküste gelegenen griechischen Städte Kleinasiens gegen die Perser mit kleinen Schiffskontingenten unterstützten.

Seitdem stand Athen unter persischer Bedrohung und der Forderung, sich zu unterwerfen oder die Vernichtung zu riskieren. Der erste persische Angriff auf Athen scheiterte bekanntlich im Jahr 490 in der berühmten Schlacht bei Marathon. Dann folgte zehn Jahre später die große persische Invasion unter König Xerxes. In Athen war es die ganze Zeit hochumstritten, ob man der persischen Forderung nach Unterwerfung folgen oder Widerstand auf die Gefahr der Zerstörung der Stadt hin leisten sollte. Dieser Streit bestimmte die politische Auseinandersetzung in Athen beinahe über zwei Jahrzehnte und zog zwei Verfassungsneuerungen nach sich, die einer weiteren Demokratisierung zugute kamen. Der *archon eponymos*, der oberste gewählte Magistrat der Stadt und als Vorsitzender der Volksversammlung mit Möglichkeiten ausgestattet, deren Abstimmungsverhalten zu steuern, verlor diese Position dadurch, dass er künftig nicht mehr gewählt, sondern aus den Personen der betreffenden Vermögensklasse ausgelost werden sollte. Damit war so gut wie ausgeschlossen, dass der Amtsträger weiterhin zu der Elite der politisch Ehrgeizigen und Erfahrenen gehörte. Jeden Beliebigen, auch den politisch Desinteressierten, konnte das Losverfahren in das höchste Amt befördern.

Die zweite Neuerung, die wie die erstgenannte aller Wahrscheinlichkeit nach in das Jahrzehnt zwischen den beiden persischen Invasionen, 490 und 480/79, fällt, war dazu bestimmt, eine Vorentscheidung zugunsten einer Seite der Alternative Widerstand oder Unterwerfung zu treffen, vor welche die Perser Athen gestellt hatten. Das Verfahren eröffnete dem Volk die Möglichkeit, einen prominenten Politiker durch Abgabe von Tontafeln, die mit dessen Namen beschriftet waren, mit qualifizierter Mehrheit für bestimmte Zeit aus Athen zu entfernen, damit er nicht Einfluss im Sinne des von ihm vertretenen Standpunktes in der strittigen Frage vor der Volksversammlung nehmen konnte. Das gut dokumentierte Verfahren fiel zugunsten der Verfechter des Widerstandes aus. Athen nahm es unter Führung des Themistokles auf sich, dass die Bewohner zweimal über das Meer evakuiert werden mussten, und ihre Stadt zweimal der Zerstörung durch die Perser anheimfiel; aber Athen trug auch Entscheidendes zu dem Seesieg bei Salamis bei, der Xerxes zur Rückkehr nach Asien bestimmte.

Es müssen aufregende Auseinandersetzungen gewesen sein, bis durch das Scherbengericht und die Abstimmungen in der Volksversammlung der Weg frei wurde, der in der Abwehr der Perser endete. Die wichtigste Grundlage dazu hatte Themistokles, der prominenteste Verfechter des Widerstandes gegen die Perser, bereitet. Er hatte mit seinem Flottenbauprogramm die Voraussetzungen zu dem entscheidenden Sieg der Griechen in der Seeschlacht bei Salamis geschaffen; denn er hatte die Volksversammlung dazu gebracht, auf die Verteilung des Ertrags der neu erschlossenen Silberbergwerke von Laureion an die Bürger der Stadt zu verzichten und stattdessen ihre Zustimmung zur

Erster Teil. Die antike Demokratie

Verwendung des Geldes – Silber war ja der Stoff, aus dem Geld gemacht wurde – für den Flottenbau zu geben. Für die Einübung einer aus Bürgern bestehenden Rudermannschaft – Kriegsschiffe mussten, um ihren Zweck zu erfüllen, durch Ruder manövrierfähig gemacht werden – hatten die Athener einen hohen zusätzlichen Preis zahlen müssen: In der Zwischenkriegsphase zwischen der ersten und zweiten persischen Invasion hatte sich Athen im Seekrieg gegen die bedeutende, im benachbarten Saronischen Golf gelegene See- und Handelsstadt Aigina noch keineswegs überlegen gezeigt. Aber die Athener waren engagiert und lernten hinzu, sodass sie es waren, die den entscheidenden Anteil an dem Sieg über die Perser in der Seeschlacht bei Salamis hatten. Die große Kriegsflotte versetzte Athen in die Lage, die Griechen der Ägäisinseln und der Städte an der kleinasiatischen Westküste zu befreien und zu schützen. In dieser Rolle wurde das demokratische Athen als Vormacht des Delisch-Attischen Seebundes eine imperiale Großmacht. Das war nur möglich, weil die Umstände die Mobilisierung des politischen und militärischen Engagements aufrechterhielten, dessen Grundlagen Kleisthenes gelegt hatte. Das viel beschworene Bürger-Engagement der athenischen Demokratie hatte nach meiner Überzeugung hier seinen Ursprung.

Dieser Herleitung der athenischen Demokratie aus den beschriebenen Zusammenhängen steht eine andere gegenüber, die der renommierte Althistoriker Christian Meier mit Rückgriff auf eine These des ebenfalls renommierten französischen Althistorikers Paul Veyne vertritt. Paul Veyne veröffentliche im Jahr 1983 einen Aufsatz unter dem Titel *Les Grecs ont-ils connu la démocratie?* (deutsch: Kannten die Griechen die Demokratie?). Der Grund seiner Frage ist die Feststellung, dass die Athener unter Demokratie etwas anderes verstanden haben als die Heutigen: Während diese nach dem Verhältnis von Bürgern und Staatszweck in der modernen Demokratie fragen, bleibt die antike eine Antwort auf solche Fragen schuldig. Sie kannte, so Paul Veyne, als Staatsziele weder die Garantie von Freiheit und individuellem Glücksstreben wie im Zeitalter des Liberalismus noch die Vorsorge gegen die Risiken des Lebens wie die sozialstaatlich ausgerichtete Demokratie der Gegenwart, sondern nur die totale Inanspruchnahme der Bürger durch Pflichten gegenüber der Gemeinschaft. In diesem Sinne heißt es bei Veyne (ich zitiere aus der deutschen Übersetzung seines Aufsatzes):

„Könnten wir uns in das alte Athen begeben, so würden wir dort keineswegs das demokratische Beinahe-Ideal der westlichen Welt, sondern vielmehr das geistige Klima aktivistischer politischer Parteien antreffen."

Denn – so fährt der Verfasser fort – es sind die Bürger, die den Staat ausmachen, und von ihnen wird verlangt, „sich militant in einer Institution einzusetzen, die in ihrer Mitte besteht und Polis heißt". Der Bürger einer Polis hat nach Veynes Urteil Pflichten, aber keine Rechte, weder Menschen- noch Bürgerrechte, wie sie in den Verfassungen moderner Demokratien niedergelegt sind, und auch keine Freiheiten, sondern er ist wie ein Soldat in die Anforderungen eingespannt, die die politische Gemeinschaft an ihn stellt. Dementsprechend ist bei Veyne von „berufssoldatischem Eifer" die Rede. In der französischen Originalfassung steht das kaum übersetzbare Kunstwort *militantisme*. Diese Haltung wird freilich nicht nur für die athenische Demokratie in Anspruch genommen, sondern für das antike Polisbürgertum schlechthin. „Es steht fest", urteilt Veyne, „dass die Antike ihre Politik genauso selbstverständlich im Sinne der

Militanz auffasste, wie wir es heutzutage in dem der Demokratie (sic) tun." Darunter verstand er natürlich moderne Demokratien mit ihrer Ausrichtung an den Werten des Liberalismus oder des Sozialstaates.

In Deutschland hat Christian Meier die Wesensbestimmung, die Paul Veyne von der antiken Demokratie als spezieller Ausprägung des Staatsverständnisses der griechischen Polis gegeben hat, sich vollständig zu eigen gemacht und nach den Gründen der von Veyne diagnostizierten Einstellung gefragt. Christian Meier hat sich seit einem halben Jahrhundert wie kein zweiter Gelehrter in Deutschland darum bemüht, Entstehung und Ausgestaltung der athenischen Demokratie mit größtmöglicher theoretischer Reflexion zu analysieren. Dies geschieht in therapeutischer Absicht, gewissen Mängeln der modernen Demokratie die athenische als Spiegel vorzuhalten: als Vorbild eines bürgerschaftlichen Engagements mitsamt den ihm zugrunde liegenden anthropologischen Wurzeln und als Gegenmittel gegen Politikverdrossenheit und Wahlenthaltung. Dies hat Meier unter anderem gemeinsam mit Paul Veyne in einem Büchlein formuliert, das zuerst 1988/89 erschien und neuerdings im Jahr 2015 wiederaufgelegt wurde. Sein Titel lautet: *Kannten die Griechen die Demokratie? Zwei Studien.*

Als letzten anthropologischen Grund für den von Veyne diagnostizierten bürgerschaftlichen *militantisme* begreift Meier das elementare „Bedürfnis breiter Schichten" (diese Formulierung begegnet mehrfach), gegenüber dem traditionellen Vorrang des Adels in gesellschaftlicher, ökonomischer und politischer Hinsicht durch Teilhabe am öffentlichen Leben einen Status auf Augenhöhe zu gewinnen. Diesem Argumentationsziel nähert sich Meier – anderes lassen die Quellen nicht zu – auf dem Weg spekulativer Deduktion, mit der er die Tiefenschicht einer „anthropologischen Disposition der Griechen zum politischen Engagement breiter Schichten" als Quelle jener „Kraft der Bürger-Identität" freizulegen versucht, die Meier wahlweise den Athenern oder den Griechen zuschreibt. Abgesehen von dieser Unschärfe der Zuschreibung sieht er so gut wie vollständig von den oben geschilderten historischen Voraussetzungen ab, die seit dem Ende des 6. Jahrhunderts das Volk von Athen dazu brachten, sich politisch zu engagieren.

Meiers These ist nicht nur unbeweisbar, sie widerspricht auch allen Indizien, die sich der Überlieferung entnehmen lassen. Die Nöte der Verschuldung in der Zeit Solons bewirkten, dass die Masse der Bevölkerung, die Bauern, um ihr und ihrer Familien Überleben zu kämpfen hatte: Wie sollte da das Bedürfnis eine Rolle gespielt haben, dem Adel politisch auf Augenhöhe begegnen zu können? Und was über die militärische Unzulänglichkeit der Athener in der Zeit der Tyrannis und über den Gesinnungswandel in der Zeit der Entfaltung aller Kräfte zur Rettung der Stadt berichtet wird, spricht ebenfalls gegen die Ableitung der Demokratie aus einer „psychologischen Grunddisposition der Griechen zum politischen Engagement breiter Schichten". Vielmehr waren die Selbstbehauptung der Stadt und ihr Aufstieg zu einer maritimen Großmacht sowie die Entstehung und der Ausbau der Demokratie als Mobilisierung des Volkes in doppelter Hinsicht zwei Seiten einer Medaille.

Meier beruft sich zur Untermauerung seiner These auf einen Text, der von dem großen Naturphilosophen Demokrit, dem Erfinder der antiken Atomtheorie, stammt. Dieser hatte sich noch zur Zeit des Perikles, wahrscheinlich in dem Jahrzehnt zwischen 440 und 430 v. Chr., in Athen aufgehalten. In einer der erhaltenen Notizen über den Druck, dem die Angehörigen der Oberschicht dort ausgesetzt waren, sich für die Polis zu engagieren,

Erster Teil. Die antike Demokratie

heißt es in den *Fragmenten der Vorsokratiker* (Demokrit, F 253 Diels-Kranz):

„Den Männern aus besseren Kreisen ist es nicht zuträglich, ihre eigenen Angelegenheiten zu vernachlässigen und fremde zu betreiben. Denn dann pflegt es um die eigenen schlecht zu stehen. Wenn man aber die öffentlichen vernachlässigen wollte, so bildet sich ein übler Ruf, auch wenn man weder etwas stiehlt oder sonst unrecht tut. Besteht doch selbst für den, der nicht nachlässig ist, Gefahr, in üblen Ruf, ja sogar in körperliches Leid zu kommen (so der Wortlaut der Übersetzung von Hermann Diels in den *Fragmenten der Vorsokratiker*). Es ist ja unvermeidlich, Fehler zu begehen, aber die Verzeihung der Leute dafür zu erhalten ist nicht leicht."

Die im Deutschen gegebene Übersetzung „in körperliches Leid kommen" hat Meier so verstanden, dass mit körperlichem Leid ein psychosomatisches Leiden gemeint sei. Meiers Worte lauten: „Wenn schon Demokrit von möglichen psychosomatischen Konsequenzen für den Fall spricht, dass man sich den Erwartungen (eines Engagements für die Allgemeinheit) entzog: wie viel bedrohlicher müssen sie dann in Athen gewesen sein!" Abgesehen davon, dass Demokrits Bemerkung anders, als Meier meint, auf die Verhältnisse in der athenischen Demokratie gemünzt sein wird: Worauf Demokrit hinauswill, ist, die Misslichkeit zu demonstrieren, in die Angehörige der Elite unweigerlich durch den Erwartungsdruck der Öffentlichkeit gerieten, ob sie sich nun diesem Druck entzogen oder ihm nachgaben. Verweigerten sie sich, handelten sie sich einen schlechten Ruf ein; gaben sie hingegen dem Erwartungsdruck nach, konnte es noch schlimmer ausgehen, wenn ihnen bei der Ausführung der übernommenen Aufgabe Fehler unterliefen, auch wenn diese schwer vermeidbar waren. Dafür geriet man nicht nur in einen schlechten Ruf, sondern musste, wenn Verzeihung zu erhalten sich als schwierig erwies, befürchten, vor Gericht gestellt und verurteilt zu werden. Dies ist in der Sprache des Rechts die gut belegte Bedeutung des fraglichen sprachlichen Ausdrucks, der wörtlich so viel heißt wie „etwas erleiden".

Von dieser Kehrseite des erwarteten und geforderten politischen Engagements war vermutlich Thukydides, der Historiker des Peloponnesischen Krieges, betroffen. In dem Amt eines Strategen zur See war er um Haaresbreite zu spät gekommen, um den strategisch bedeutenden Platz Amphipolis am Strymon vor dem Zugriff des spartanischen Flottenbefehlshabers zu retten. Ob nun zu Recht oder zu Unrecht: Er wurde in Athen vor Gericht gestellt und mit Verbannung bestraft.

Das Zeugnis, das Christian Meier als vermeintlichen Beleg einer Einstellung, die in der Demokratie Leistungen für die Gemeinschaft generierte, positiv bewertet, dokumentiert in Wahrheit den kritischen Vorbehalt der wohlhabenden Elite gegen die Zumutungen, denen sie in perikleischer Zeit ausgesetzt war. Diese Zumutungen leisteten einer gefährlichen Spaltung der Gesellschaft in Leistungsträger und Leistungsempfänger des Volkes Vorschub. Die gemeinsame Motivation der gesamten Bürgerschaft, für die Selbstbehauptung der Gemeinschaft einzutreten, löste sich auf. Davon wird noch ausführlich in dem Kapitel die Rede sein, das den Feinden der Demokratie gewidmet ist.

Organisation und Politik der athenischen Demokratie

Die athenische Demokratie war nach Ausweis von vielen Hunderten erhaltener Inschriften das Musterbild einer sich vorbildlich selbst verwaltenden Gemeinschaft. Die Regierung erfolgte durch Beschlüsse des Volkes und war durch Vorberatungen im Rat der Fünfhundert sorgfältig vorbereitet; das Abstimmungsverfahren wurde im Präskript jedes Volksbeschlusses auf eine Weise dokumentiert, die von der Generation des Perikles, etwa 460 bis 430 v. Chr., bis zur römischen Kaiserzeit keinen Änderungen unterlag. In den Massenversammlungen des Volkes, auf denen Regierungsbeschlüsse gefasst wurden, ging es streng diszipliniert zu. Es will bedacht sein, dass die einzige Polizeitruppe, die der athenische Staat seit Mitte des 5. Jahrhunderts unterhielt, ein Korps skythischer Bogenschützen war. Die in der Überlieferung festgehaltene Aufgabe dieser Polizeitruppe war es, Ruhe und Ordnung in den Versammlungen des Volkes aufrechtzuerhalten. Im 4. Jahrhundert gab es 40 reguläre Sitzungen der Volksversammlung; hinzu kamen bei Bedarf, besonders in Kriegszeiten, außerordentliche Sitzungen. Der Rat der Fünfhundert beziehungsweise sein geschäftsführender Ausschuss, die 50 Prytanen einer Phyle, traf sich täglich mit Ausnahme bedeutender Feiertage. Für bestimmte Beschlüsse war ein Quorum von 6000 Teilnehmern an der betreffenden Volksversammlung vorgeschrieben; für alle übrigen war die Zahl der Abstimmenden nicht festgelegt. Die 6000 Stimmberechtigten des Quorums repräsentierten das Volk als Ganzes, und wenn es nach einschlägiger Vorschrift erforderlich war, dass das Volk unter Beachtung des Quorums einen Beschluss fasste, wurde geheim per Stimmstein abgestimmt (bei mindestens 6000 Beteiligten eine umständliche Prozedur), sonst im vereinfachten Verfahren durch Handaufheben. Die Vorstellung, dass die 6000 des Quorums die Gesamtheit des Volkes repräsentierten, lag wohl auch der jährlich durch Auslosung revidierten Liste der 6000 Geschworenen zugrunde, aus der von Fall zu Fall für die einzelnen Verfahren 500 bis 1500 Richter ausgelost wurden.

Dieser Befund demonstriert, dass die symbolische Gesamtheit des Volkes nur ein Bruchteil der realen war. Athen hatte im 5. Jahrhundert, bis der Peloponnesische Krieg (431–404 v. Chr.) die Zahl der Einwohner erheblich reduzierte, 30 000 bis 50 000 Bürger. Wenn alle, wozu sie berechtigt waren, an den Sitzungen der Volksversammlung teilgenommen hätten, wäre das Regierungssystem vermutlich zusammengebrochen. Eine Debatte zu führen, Änderungs- oder Ergänzungsvorschläge zu machen und über geänderte Beschlussvorlagen abstimmen zu lassen hätte vermutlich schon wegen des Fehlens moderner Tonverstärker zu einem Chaos geführt, dem auch der Ordnungsdienst der skythischen Bogenschützen machtlos gegenübergestanden hätte. Nicht nur die schieren Zahlen der zur Teilnahme an den Volksversammlungen Berechtigten warfen Probleme auf, sondern auch die Entfernungen zwischen dem zentralen Versammlungsort Athen und den Wohnorten der über ein Territorium von 2500 Quadratkilometern verstreuten Bürger. Man bedenke nur, dass der Abstand zwischen Marathon (wo die berühmte Schlacht stattgefunden hatte) und Athen ungefähr 40 Kilometer beträgt. Selbst ein geübter Marathonläufer hätte fast jede Woche drei Tage von zuhause abwesend sein müssen, wenn er an den regulären 40 Sitzungen der Volksversammlung hätte teilnehmen wollen. Wer hätte das auf sich nehmen können, Haus und Hof zu verlassen, ständig auf Reisen zu sein und die anfallenden Kosten trotz Unterbrechung der eigenen Erwerbsarbeit zu tragen?

Zu Recht ist deshalb gesagt worden, dass „infolge der Größe des Areals ... alle Bürger, die nicht im Umkreis von vielleicht zehn Kilometern von Athen wohnten, praktisch von der Teilnahme an der Volksversammlung ausgeschlossen" waren (so der verstorbene Frankfurter Althistoriker Eberhard Ruschenbusch). Aus diesem Grund hat er die athenische Demokratie mit provokativer Zuspitzung, aber sachlich keineswegs verkehrt eine Oligarchie der in der Nähe Athens Wohnenden genannt: „Man könnte also die Verfassung Athens als eine Oligarchie der Bürger der etwa 300 Quadratkilometer der Stadtregion bezeichnen."

Abgesehen von der eingeschränkten Beteiligung an den Sitzungen der Volksversammlung muss das Zentrum des Staates, Athen und sein Haupthafen Piräus, auf Besucher, wirkliche und fiktive aus unserer Zeit, den Eindruck einer übermäßig politisierten Gemeinschaft gemacht haben. Meisterhaft ist es Alfred Heuß im dritten Band der Propyläen-Weltgeschichte gelungen, diesen Eindruck plastisch wiederzugeben. Seine Schilderung verdient, hier wörtlich zitiert zu werden:

„Wenn man in der Stadt Athen oder im Piräus spazierenging, dann war es schwierig, unter den vielen einfachen Bürgern jemanden ausfindig zu machen, der nicht gerade einem öffentlichen Geschäft nachging oder dessen Gesichtskreis nicht mit solchen Dingen ausgefüllt gewesen wäre, auch wenn er im Moment damit nicht befasst war. Dass er sich auf dem Weg zur Volksversammlung befand oder eine öffentliche Ansprache hörte, war beinahe noch das wenigste. Aber schon die Wahrnehmung des Richtergeschäftes hielt jährlich eine Schar von sechstausend Leuten in Gang. Wir sehen sie, wie sie in den ‚Wespen' des Aristophanes (einer Komödie aus dem Jahr 422) am frühen Morgen, noch in der Dämmerung, sich mit ihren Lämpchen auf den Weg zu ihrem Gerichtslokal machen ... Wer nicht zu ihren Sphären gehörte, hatte bestimmt in den unzähligen anderen Ämtern etwas zu tun. Und selbst wenn diese Funktion ausfiel, dann lag für jeden Interessierten der öffentliche Auftrag gewissermaßen auf der Straße. Die öffentlichen Strafverfahren kannten keinen bestallten Staatsanwalt. Die Anklage konnte nicht nur, sondern musste von irgendwem vertreten werden. Die staatsbürgerliche Moral ... gebot die Übernahme dieser Pflicht und damit zugleich die Aufgabe, das Belastungsmaterial zu beschaffen ... Schließlich forderten die vielen Prozesse ein gewaltiges Aufgebot von Zeugen. Im Stadtgebiet Athens und in der näheren Umgebung mag es etwa vierzigtausend zur Bürgerschaft gehörige Personen gegeben haben, ein Viertel davon als der erwachsene männliche Teil – meistens von dreißig Jahren an; dieses Alter war für die Übernahme öffentlicher Ämter vorgeschrieben – kam für die öffentlichen Funktionen in Betracht, also zehntausend Mann; der Bedarf wird sich ungefähr zwischen sechs- und achttausend bewegt haben. Der Eindruck, die männliche Bürgerschaft Athens sei ein Volk von Politikern und Funktionären, wäre also nicht unberechtigt gewesen."

Die athenische Demokratie konnte weder auf einen studierten Richterstand noch auf ein fachlich differenziertes Berufsbeamtentum zurückgreifen. Schlimmer noch: Es gab keine Untersuchungs- und Anklagebehörde wie die moderne Staatsanwaltschaft mit ihrem sogenannten Erzwingungsstab, der Polizei. Die athenische Demokratie war in einer unterentwickelten Staatlichkeit entstanden; ihr fehlten die Vorprägungen und Institutionen, die der monarchische Absolutismus den entstehenden modernen Demokratien als Erbe einer geordneten staatlichen Verwaltung und Rechtspflege hinterlassen hat. Was Letztere anbelangt, blieb es bei dem Prinzip, dass jeder selbst dafür sorgen musste, dass Rechtsverletzungen, die er oder die Seinen erlitten hatten, von Gerichts wegen geahndet wurden, gleichgültig ob es um privat- oder strafrechtliche Fälle ging. Auch Schädigungen der Gemeinschaft, beispielsweise durch Entziehung vom Kriegsdienst, Landes- und Hochverrat wie beispielsweise Verschwörungen zur Errichtung einer Tyrannis oder Aneignung und Unterschlagung öffentlichen Eigentums, konnten nur verfolgt werden, wenn ein Privatmann die umständliche Aufgabe übernahm, die notwendigen Beweismittel und Zeugen zusammenzubringen und dann Klage vor dem Volksgericht zu erheben. Selbstverständlich wurde dies als bürgerliche Ehrenpflicht für alle diejenigen betrachtet, die dazu die notwendigen Mittel besaßen. Aber die Erfahrung lehrte, dass auch rein persönliche Beweggründe für die Erhebung falscher Anklagen verantwortlich sein konnten, sodass es sich als notwendig erwies, Privatklagen wegen falscher Anschuldigungen zuzulassen. Doch davon soll im übernächsten Kapitel, das den Problemen der athenischen Demokratie mit Gerichten und Rechtspflege gewidmet ist, ausführlicher die Rede sein. Hier mag es genügen, darauf hinzuweisen, dass die ungeheure Zahl von 6000 Geschworenen, immerhin ein Fünftel bis ein Neuntel der Bürgerschaft, als Reservoir für den Richterdienst zur Bewältigung der anfallenden Flut von Prozessen vorgesehen war.

Der Volksversammlung als der Regierung eines für antike Verhältnisse großen Staates, der eine umfangreiche Agenda zu bewältigen hatte, blieb wie bei der Rekrutierung von Laienrichtern nur die Möglichkeit eines Rückgriffs auf das Potenzial, das in der Bürgerschaft steckte. Ungefähr 750 Personen, die überwältigende Mehrheit auf dem Weg der Auslosung, mussten für Verwaltungs- und andere öffentliche Dienstleistungen mobilisiert werden. Das System sah eine Rotation zwischen Belastung und Freistellung vor. Dabei wurde auch die unterschiedliche Arbeitslast berücksichtigt, die mit den verschiedenen Aufgaben verbunden war. Für die Geschworenenliste konnte (und musste) einen das Los im Laufe der Jahre mehrfach treffen; die Ratsherren, die in dem Jahr ihrer Amtszeit stark beansprucht waren, wurden allenfalls zweimal im Leben herangezogen. Das System sah vor, dass fast alle Posten kollegial besetzt wurden. Unerfahrene lernten von den Erfahrenen, und so geschah es, dass in Athen jeder Bürger über eine gewisse allgemeine Orientierung, wenn auch nicht über eine fachlich spezielle Kenntnis einzelner Bereiche verfügte. Auch besaß das Rekrutierungssystem, wie oben bereits angedeutet, den Vorteil, dass es den Wechsel zwischen der Heranziehung zu öffentlichen Dienstleistungen und einer Befreiung von ihnen zugunsten privater Lebensführung erlaubte.

In der Totenrede, die der Historiker Thukydides seinem Idol, dem führenden Staatsmann Perikles, in den Mund legt, wird die Rotation zwischen privater und öffentlicher Rolle der Bürger geradezu zu einem Alleinstellungsmerkmal der athenischen Demokratie erklärt:

„Frei leben wir miteinander im Staat und im gegenseitigen Geltenlassen des alltäglichen Tuns, ohne den Nachbarn misstrauisch und mit Zorn zu beobachten, wenn er nach Lust und Laune handelt ... (Thuk. II, 37,2) ... Wir vereinigen in uns die Sorge um den eigenen Hausstand *und* unsere Stadt, und den verschiedenen Tätigkeiten zugewandt, ist doch auch in öffentlichen Angelegenheiten keiner ohne Urteil. Denn einzig bei uns heißt einer, der daran gar keinen Anteil nimmt, nicht ein (politisch) untätiger Bürger, sondern ein schlechter, und nur wir entscheiden in Staatsgeschäften selber oder denken sie doch (bei Beratungen) richtig durch" (II, 40,2).

Was hier von Thukydides zum Ausdruck gebracht wird, ist mit der demokratischen Selbstauffassung, wie sie Aristoteles in seiner *Politik* 1317a 40 – 1317b wiedergibt, eng verwandt. Auch dieser Text, ein Kernstück der demokratischen Ideologie von Freiheit und Gleichheit, soll an dieser Stelle zu Wort kommen:

„Freiheit ist das Grundprinzip der demokratischen Verfassung; diese Auffassung vertritt man (das heißt die Anhänger der Demokratie) dauernd, so als könnte man nur in dieser Verfassung an der Freiheit teilhaben."

Diesen demokratischen Freiheitsbegriff entfaltet Aristoteles nach zwei Seiten, zuerst nach seiner politischen, dann nach seiner privaten Bedeutung. Den politischen Freiheitsbegriff bringt er mit dem Gegensatz, der Gleichheit, in Verbindung: Jeder Bürger wird nach dem Prinzip der Rotation für eine öffentliche Tätigkeit herangezogen und danach wieder in die Freiheit persönlicher Lebensgestaltung entlassen. Aristoteles leitet diese Regelung von der Gleichberechtigung aller her, die dem in der Demokratie herrschenden Mehrheitsprinzip entspricht:

„Ein Aspekt der Freiheit ist, abwechselnd Amtsträgern des Staates zu unterstehen und selbst als Amtsträger zu fungieren; denn demokratisches Recht bedeutet, dass (die Bürger) der Zahl nach und nicht den Fähigkeiten und dem Verdienst nach Gleichheit besitzen. Wenn aber von diesem Begriff von Gerechtigkeit ausgegangen wird, dann muss notwendig die Mehrheit die Entscheidungsgewalt besitzen; und was immer die Mehrheit beschließt, das besitzt höchste Verbindlichkeit und Rechtskraft. Denn sie (die Anhänger der Demokratie) sagen, dass jeder einzelne Bürger Gleichberechtigung genießen muss."

Das Mehrheitsprinzip aber hat, so Aristoteles, zur Folge, dass die Leute ohne Besitz, welche die Mehrheit innehaben, den Vorrang vor der Minderheit der Besitzenden genießen:

„Daraus ergibt sich, dass in Demokratien die Besitzlosen mächtiger sind als die Wohlhabenden; denn jene bilden die Mehrheit, was aber die Mehrheit beschließt, besitzt höchste Verbindlichkeit."

Was den zweiten Aspekt der Freiheit anbelangt, die Freiheit der privaten Lebensgestaltung, steht sie Aristoteles zufolge in engem Zusammenhang mit dem im Vorangehenden vorgestellten Aspekt der politischen Freiheit:

„Ein weiteres Merkmal (der Freiheit) aber ist, zu leben, wie man will. Denn dies sei, so sagen sie (die Anhänger der Demokratie), eine Wirkung der Freiheit, wenn es denn zutrifft, dass es einen Sklaven kennzeichnet, dass er lebt, wie er nicht will. Dies also ist das zweite Merkmal der Demokratie."

Eine entscheidende Voraussetzung für die Realisierung privater Freiheit war die politische Freiheit insofern, als die Demokratie die Pflichten und Lasten, die sie ihren Bürgern im öffentlichen Interesse auferlegt, unter Beachtung des Prinzips der Gleichheit begrenzt. Dies geschah in der Weise, dass jeweils ein Teil der Bürgerschaft nach dem Prinzip der Rotation für ein Jahr amtliche Funktionen auszuüben hatte, um dann in die Freiheit privater Lebensgestaltung entlassen zu werden. Auf diese Weise wurden, wie Aristoteles abschließend hervorhebt, die Grundsätze verwirklicht, auf denen die Demokratie beruht, nämlich Freiheit und Gleichheit:

„Hieraus entspringt das Prinzip, dass man sich keiner Amtsgewalt unterstellt, am besten keiner, wenn aber doch, dann nur im Wechsel, und so bewirkt auch dieser Aspekt die Freiheit, welche die Verwirklichung der Gleichheit zur Folge hat."

Dies war die Rechtfertigung des in Athen praktizierten Wechsels einer Heranziehung der Bürger zu öffentlichen Diensten und ihrer Freistellung von öffentlicher Tätigkeit nach Maßgabe der Gleichbehandlung.

Was die Regierungstätigkeit der Volksversammlung anbelangt, erzwang die Fülle der entscheidungsbedürftigen Gegenstände, dass die Versammlung im 4. Jahrhundert mindestens vierzigmal im Jahr zu festgelegten Routinesitzungen zusammentreten musste. Unterschieden wurden nach der Wichtigkeit der Traktandenliste zehn Haupt- und dreißig reguläre Sitzungen. Hinzu kamen bei Bedarf, besonders in Kriegszeiten, außerordentliche Tagungen.

Wir besitzen aus der Zeit um 330 v. Chr. in Gestalt des in der Schule des Aristoteles entstandenen *Staates der Athener*, der gegen Ende des 19. Jahrhunderts als Papyrusfund in Ägypten zutage kam, eine genaue Beschreibung der Arbeit, welche die Volksversammlung im Jahr zu leisten hatte. Zum leichteren Verständnis sei vorausgeschickt, dass das Amtsjahr nach unserem Kalender im Juli begann und im Juli des nachfolgenden Jahres in der Regel nach 364 Tagen endete. Eingeteilt wurde das Jahr in zehn Abschnitte von viermal 36 und sechsmal 35 Tagen. In diesen zehn Jahresabschnitten, die als Prytanien bezeichnet wurden, führten die jeweils 50 Mitglieder einer der zehn Phylen nach ausgeloster Reihenfolge die laufenden Geschäfte des Rates der Fünfhundert. Dazu gehörten die Festlegung der Termine und die Bestimmung der Gegenstände, die der Volksversammlung zur Entscheidung vorgelegt werden sollten. Das Wort „Prytane" bedeutet im Singular so viel wie Herrscher, oberster Magistrat, im Plural, die Prytanen, die Mitglieder des für 36 beziehungsweise 35 Tage bestellten Führungsgremiums des Rates der Fünfhundert, das abgeleitete Nomen „Prytanie" den Zeitraum der Amtszeit. Diese möglicherweise etwas umständlich erscheinende Erläuterung erklärt, warum die einzelnen Politikbereiche, aus denen der Regierung, das heißt der Volksversammlung, im Laufe eines Amtsjahres Beschlussvorlagen zu präsentieren waren, unter die Tätigkeit der Prytanen subsumiert werden. Weil auf diese Weise auch eine authentische Unterrichtung über die Politikfelder der damaligen Zeit gegeben werden und der Unterschied zu den heutigen Verhältnissen verdeutlicht werden kann, soll der bestreffende Abschnitt im *Staat der Athener* (43,36) im Wortlaut angeführt werden:

„Die Prytanen berufen sowohl den Rat als auch das Volk ein, den Rat täglich außer an den sitzungsfreien Tagen, das Volk viermal in jeder Prytanie. Sie legen im Voraus fest, womit sich der Rat befassen muss, welches die jeweilige Tagesordnung ist und wo die Sitzung stattfindet."

„Ebenso legen sie die Volksversammlungen fest: eine Hauptversammlung, in der man die Amtsträger durch Abstimmung in ihrem Amt bestätigt, sofern ihre Amtsführung gebilligt wird; befassen muss sich diese Versammlung auch mit der Getreideversorgung sowie mit der Sicherheit des Landes; auch kann an diesem Tag jeder, der will, eine politische Anklage erheben, (griechisch) eine *eisangelia* (die Straftatbestände waren Hochverrat, Sturz der Demokratie und Bestechlichkeit im Amt); außerdem müssen die Verzeichnisse der Güter, die von Staats wegen konfisziert werden, sowie die eingereichten Ansprüche auf Erbschaften und Erbtöchter verlesen werden, damit verwaistes Eigentum niemandem verborgen bleibe."

„In der (Hauptsitzung der) sechsten Prytanie (das heißt zu Beginn der zweiten Jahreshälfte: Dezember/Januar) lassen die Prytanen zusätzlich zu den genannten Tagesordnungspunkten noch darüber abstimmen, ob das Scherbengericht stattfinden soll oder nicht; außerdem lassen sie Anklagen gegen Sykophanten (das heißt gegen solche Personen, die falsche Anklagen erhoben haben) zu, und zwar gegen Athener und gegen Metöken jeweils höchstens drei, und ebensolche Prozesse, die gegen jemanden angestrengt werden, der dem Volk gegebene Versprechungen nicht eingehalten hat."

„Die zweite Volksversammlung widmen sie den Bittgesuchen; in ihr darf jeder, der will, ein Bittgesuch für ein beliebiges Anliegen stellen, sei es privat oder öffentlich, und es dem Volk erläutern."

Organisation und Politik der athenischen Demokratie

„Die verbleibenden Versammlungen (also jeweils die dritte und vierte einer Prytanie) befassen sich mit den übrigen Angelegenheiten: In ihnen, so schreiben es die Gesetze vor, soll man drei kultische, drei Herolde und Gesandtschaften betreffende und drei profane Angelegenheiten behandeln."

„Man verhandelt (in der Volksversammlung) verschiedentlich auch ohne Vorbeschluss des Rates. Die Herolde und Gesandten wenden sich aber zuerst an die Prytanen, und ihnen übergeben sie die Briefe, wenn sie welche mit sich führen."

Diese Themenliste lag der Tätigkeit der Prytanen und der Volksversammlung zehnmal im Jahr zugrunde – nur in der Hauptsitzung der sechsten Prytanie gab es einige zusätzliche Punkte. Sachlich ging es also, von der sechsten Prytanie abgesehen, viermal im Jahre um die Kontrolle der aus dem Volk mobilisierten Amtsträger, die je nach Ergebnis in ihrem Amt bestätigt oder abgesetzt und zur Rechenschaft gezogen wurden; weiterhin um die Einleitung von Prozessen wegen politischer Vergehen verschiedener Art. Auch in diesen Fällen war das Volk darauf angewiesen, dass sich ein privater Ankläger fand. Für die Problemfälle falscher Anklagen, die sogenannte Sykophanten vertreten hatten, beschloss das Volk auf der sechsten Hauptsitzung die Einleitung von Prozessen. So war dafür gesorgt, dass Athen ein Dorado der politischen Strafgerichtsbarkeit wurde. Der Verfolgung einer politischen Verfehlung diente auch die Einleitung von Prozessen gegen diejenigen, die ihre dem Staat gegebenen Leistungsversprechen nicht eingehalten hatten (siehe den sechsten Hauptteil im *Staat der Athener*).

Aber es gab auf der anderen Seite auch die Berücksichtigung der Interessen von Bürgern. So diente die Vorschrift, dass angemeldete Ansprüche auf Erbschaften und Erbtöchter öffentlich verlesen werden mussten, der Berücksichtigung konkurrierender Ansprüche. In beiden Fällen ging es darum, dass das Familiengut in der Hand der Erbberechtigten blieb; im Falle von Erbtöchtern war vorgesehen, dass der nächste nicht verheiratete männliche Verwandte die betreffende Erbin heiratete. Hinzu kam das Petitionsrecht: Zehn Sitzungen im Jahr waren dazu bestimmt, dass jeder, der wollte, dem Volk ein Bittgesuch vorlegen und es mündlich erläutern konnte.

Die übrigen Themen betrafen Anliegen des Staates. Die wichtigsten Punkte, die auf den Hauptsitzungen verhandelt wurden, galten der Getreideversorgung und dem Schutz des Landes gegen Angriffe und Überfälle von außen. Letzteres gehört zu der ureigenen Aufgabe der Selbstverteidigung und bedarf keiner Erläuterung, während die Getreideversorgung deshalb ein besonderes Problem darstellte, weil die beiden bevölkerungsreichen Zentren des Staates, Athen und der Haupthafen Piräus, nicht aus dem Umland mit den damaligen Grundnahrungsmitteln, Gerste und Weizen, versorgt werden konnten. Viele Kleinbauern betrieben Subsistenzwirtschaft, produzierten also nur, was sie selbst mit ihren Familien verbrauchten. Und abgesehen davon stellte unter antiken Bedingungen der Landtransport von Massengütern über weite Strecken einen Kostenfaktor dar, der mit jedem Kilometer anstieg. Athen war auf Zufuhr aus Übersee angewiesen, vornehmlich aus den fruchtbaren Schwarzerdegebieten nördlich des Schwarzen Meeres. Als die Spartaner und ihre Bundesgenossen während des Peloponnesischen Krieges Attika zur Erntezeit oder ganzjährig besetzt hielten, war Athen ganz auf die Zufuhr von Übersee angewiesen. Anderenfalls musste es kapitulieren (wie es im Jahre 404 v. Chr. tatsächlich geschah).

Insgesamt zwanzig Versammlungen waren der Routine der Regierungstätigkeit gewidmet, den inneren Angelegenheiten und dem diplomatischen Verkehr (und damit der Außenpolitik). Die inneren Angelegenheiten betrafen den kultischen und den profanen Bereich. Die besondere Berücksichtigung des kultischen Bereichs erklärt sich aus der Existenz einer Staatsreligion und der daraus folgenden Verpflichtung der Gemeinschaft, für den Bau und die Erhaltung der heiligen Stätten einschließlich der religiösen Festkultur zu sorgen. Eine besondere Kategorie stellt der Verkehr mit auswärtigen Mächten dar (bei dem es sowohl um weltliche wie um religiöse Angelegenheiten gehen konnte). Der Form nach kommunizierte die Volksversammlung mit Herolden und Gesandten fremder Staaten in Audienzen, auf denen diese ihrem Auftrag in Form von Verbalnoten oder der Übergabe von Briefen nachkamen. In dringenden Angelegenheiten musste eine schnelle Antwort erteilt werden, ohne dass eine Vorberatung des Rates der Fünfhundert mit Vorlage einer Beschlussvorlage stattgefunden hätte. Gesandte und Herolde hatten sich in jedem Fall zunächst an die Prytanen zu wenden, die den Tag und Nacht erreichbaren geschäftsführenden Ausschuss des Rates der Fünfhundert bildeten.

Die zitierte Liste, die einen authentischen Einblick in die Organisation und die Fülle der Themen gibt, die die Volksversammlung dazu zwang, fast jede Woche zusammenzutreten, ist die schlagende Widerlegung des modernen Vorurteils, dass die direkte Demokratie der Antike nur in einem kleinen Staat mit einem geringen Regelungsbedarf möglich gewesen wäre. Die athenische Demokratie ist der Beweis des Gegenteils.

Es liegt auf der Hand, dass die Regierung durch den Souverän, das Volk, einen Verwaltungsstab zur Vorbereitung, Ausführung und Kontrolle seiner Beschlüsse brauchte. Da ein modernes Berufsbeamtentum ebenso fehlte wie ein juristisch geschulter Richterstand, war die athenische Demokratie, wie oben dargelegt wurde, auf die Mitwirkung eines Teils der Bürgerschaft angewiesen. Wie zu Recht gesagt worden ist, waren der Rat der Fünfhundert und seine geschäftsführenden Ausschüsse, die Prytanien, der administrative Angelpunkt in der politischen Verfassung der athenischen Demokratie. Die Prytanen bildeten in ihrer Amtszeit die Stallwache des Staates, an die man sich jederzeit wenden konnte, und ihr täglich wechselnder Vorsitzender fungierte für einen Tag als eine Art Staatspräsident Athens. Während der sechsten Prytanie, nach unserem Kalender im Dezember/Januar, der es vorbehalten war, die militärischen Operationen des folgenden Sommerhalbjahres vorzubereiten, hatten die amtierenden Prytanen die zusätzliche Aufgabe, die von der Volksversammlung vorzunehmenden Wahlen militärischer Amtsträger und der Beauftragten für den Bau und die Einsatzbereitschaft der Kriegsschiffe zu leiten. In diesem Fall passte die Methode der Auslosung nicht; denn Militärbefehlshaber und die Beauftragten mussten sich durch entsprechende Erfahrung und Kompetenz empfehlen.

Dem Rat der Fünfhundert war aufgegeben, die Tagesordnungen der Volksversammlung zu beraten und nach Möglichkeit einen Vorbeschluss (griechisch: ein *probuleuma*) vorzulegen, an den sich das Volk bei seinem Beschluss halten konnte, den es aber auch modifizieren oder zurückweisen durfte. Im 4. Jahrhundert war die Funktion des Rates bei den von der Volksversammlung angeordneten Verfahren zur Verurteilung und Bestrafung von Unrechtstätern durch ein spezielles Gesetz geregelt (*Staat der Athener* 45,1):

„Wenn der Rat jemanden wegen eines Unrechts verurteilt oder bestraft, sollen die Thesmotheten (die sechs Mitglieder des Archontenkollegiums mit jurisdiktionellen Aufgaben) die (vom Rat vorgeschlagene) Verurteilung und Bestrafung dem Gericht vorlegen, und wofür die Richter stimmen, das soll rechtskräftig sein."

Damit fiel dem Rat die Funktion einer Strafverfolgungsbehörde zu – das war eine Neuerung im Vergleich zur rein privaten Anklageerhebung. Der Rat beantragte in diesem Fall wie die moderne Staatsanwaltschaft eine Verurteilung und Bestrafung; aber eine rechtskräftige Entscheidung fällte ein Gericht. Diese Teilung der Zuständigkeit zwischen Rat und Volksgericht wurde auch für andere Bereiche der Rechtspflege übernommen, so bei Verfahren, die der Rechenschaftslegung von Amtsträgern galten, oder für Anklagen wegen gesetzwidriger Handlungen, die von Privatleuten erhoben wurden. Der Rat wurde ein Hilfsorgan der Rechtspflege, aber kein Gericht. Alle Amtsträger mussten vor dem Rat Rechenschaft über die Verwendung von Geldern ablegen, die ihnen zu treuen Händen anvertraut worden waren. Der Rat fasste das Ergebnis seiner Überprüfung in die Form eines vorläufigen Urteils und leitete es dem Volksgericht zu, dem es vorbehalten war, das rechtskräftige Urteil zu fällen.

Diese Regelung galt nicht zuletzt für diejenigen, durch deren Hände große Geldmittel des Staates gingen: die zehn Schatzmeister der Stadtgöttin Athene, in deren Tempel der Reserveschatz des Staates verwahrt wurde, oder die zehn Verpächter (griechisch: *poletai*) des profanen Staatseigentums wie beispielsweise der Silbergruben im Laureiongebirge sowie den König (griechisch: *basileus*), das Mitglied des Archontenkollegiums, zu dessen Zuständigkeit für Angelegenheiten des Kultes die Verpachtung des Landeigentums der Heiligtümer gehörte. Betroffen waren auch die zehn Einnehmer (griechisch: *apodektai*), die dem Staat geschuldete Beträge entgegenzunehmen hatten. Weiterhin hatte der Rat aus seinen Reihen zehn Rechnungsprüfer (griechisch: *logistai*) auszulosen, deren Aufgabe es war, zehnmal im Jahr, also in jeder Prytanie, die Rechnungsführung der Amtsträger zu überprüfen. Schließlich wurden noch zehn Untersuchungsführer mit zwei Beisitzern ausgelost, die allen Amtsträgern nach Ablauf ihrer Amtszeit die Erklärung korrekter Amtsführung abnahmen und gegebenenfalls Anklagen wegen Vergehen im Amt veranlassten. Der Bericht im *Staat der Athener* über die Aufgaben des Rates der Fünfhundert endet mit folgender Generalklausel (49,5):

„Der Rat arbeitet außerdem, allgemein gesprochen, bei der Verwaltung der meisten Staatsangelegenheiten mit den anderen Amtsträgern zusammen."

Über die Tätigkeit der verschiedenen Amtsträger soll im letzten Teil dieser Übersicht nur das Wichtigste gesagt werden. Dies mag zur Begründung des Urteils genügen, dass die athenische Demokratie ein hochdifferenzierter Staat war und sich eines aus der Bürgerschaft rekrutierten hochkomplexen Verwaltungssystems bediente, um ihre Aufgaben erfüllen zu können.

Die meisten Amtsträger waren in Kollegialorganen organisiert. Dies empfahl sich schon deshalb, weil es gegenseitige Kontrolle begünstigte und die Sachkenntnis erfahrener Mitglieder die mangelnde Erfahrung anderer kompensieren konnte. Von den mehrköpfigen Behörden seien genannt: die Zehnerkommission, die für die Instandhaltung der Tempel zuständig war; die zehn Stadtaufseher (griechisch: *astynomoi*), jeweils fünf für Athen und fünf für den Piräus, die die Aufsicht über die Straßen führten und für die Einhaltung von Bauvorschriften zu sorgen hatten. Hinzu kamen die zehn Marktaufseher (griechisch: *agoranomoi*), wiederum jeweils fünf für Athen und den Piräus, desgleichen die zehn Aufseher über Maße und Gewichte (griechisch: *metronomoi*). Von besonderer Wichtigkeit war die große Kommission der Aufseher des Getreidemarktes (griechisch: *sitophylakes*). Zur Entstehungszeit des aristotelischen *Staates der Athener*, um das Jahr 330, bestand das Kollegium aus 35 Mitgliedern, 20 für Athen und 15 für den Piräus, den Hafen, in dem überseeische Getreidelieferungen gelöscht wurden. Für die ordnungsgemäße Verteilung des Getreides gab es noch eine weitere Kommission, die zehn Kontrolleure des Handelshafens. Sie hatten unter anderem dafür zu sorgen, dass zwei Drittel des im Piräus gelöschten Getreides nach Athen weitergeleitet wurden. Erwähnt sei zum Schluss dieser freilich unvollständigen Übersicht noch ein Gremium, das seine Entstehung einer bedeutenden Reform der Strafrechtspflege verdankt. Die fragliche Neuerung markiert den Übergang vom reinen Privatstrafrecht zu einem öffentlich-rechtlichen Strafrecht (wir können sie nicht genau datieren; wahrscheinlich fällt sie in die Zeit nach Entstehung der Demokratie). Der Vollzug der Todesstrafe war seitdem Sache des Staates (man denke an die Hinrichtung des Sokrates), und darum hatte sich eine aus elf Mitgliedern bestehende Kommission zu kümmern, deren offizieller Name „die Elf", ohne weiteren Zusatz, lautete.

Nicht ausgelost, sondern gewählt worden war in vordemokratischer Zeit das Kollegium der neun Archonten mit seinem Sekretär, das die Funktion einer Regierung ausübte. Sie alle gehörten zum Kreis adliger Familien mit herausgehobener Vermögensqualifikation. Insbesondere der eponyme Archont, nach dem das jeweilige Amtsjahr benannt war, hatte einst die Funktion des Vorstehers der Volksversammlung ausgeübt, die ihm bedeutenden Einfluss auf die Gestaltung der Politik bot. Damit hatte die Demokratie Schluss gemacht: Das Zehnerkollegium der Archonten wurde ausgelost, die Forderung nach Zugehörigkeit zu einer besonderen Vermögensklasse aufgehoben. Nachdem die Wahl durch Auslosung ersetzt war, blieben dem Kollegium nur noch Routineaufgaben in Rechtsprechung und kultischen Angelegenheiten. Dem eponymen Archonten war es vorbehalten, drei der reichsten Bürger als Beauftragte für die Tragödien- und Komödienaufführungen an den beiden Festen des Gottes Dionysos zu ernennen, ebenso fünf weitere für die Chorwettbewerbe an den Thargelien, dem Fest des Apollon. Die acht, die er ernannte, hatten die nicht unerheblichen Kosten für die Gestaltung der Wettbewerbe aus eigenen Mitteln zu tragen.

Das Wahlverfahren bei der Bestellung von Amtsträgern blieb nur bestehen, wenn die Bekleidung des Amtes besondere persönliche Qualifikationen erforderte. Dies galt für drei Bereiche: neben Reichtum als Voraussetzung der Erfordernis, gegebenenfalls Schadenersatz zu leisten, militärische Erfahrung und Bewährung für die höheren Befehlshaber mit den zehn Strategen an der Spitze sowie Fachwissen in bestimmten technischen Disziplinen als Aufseher der Brunnen und der Wasserversorgung.

Dieses System der Ämter ersparte der athenischen Demokratie die enormen Kosten, die das moderne Berufsbeamtentum einschließlich der Angestellten des öffentlichen Dienstes dem Staat auferlegt. Aber ganz ohne Geld war auch die Tätigkeit von Administration und Geschworenenrichtern nicht zu haben. Voraussetzung war die Entwicklung der Münzgeldwirtschaft, die Athen einen finanziellen Spielraum verschaffte, den andere Staaten nicht besaßen. Seit der Mitte des 5. Jahrhunderts zahlte der athenische einem im Laufe der Zeit erweiterten Empfängerkreis Tagegelder, um sie für den Verdienstausfall zu entschädigen, wenn sie für den Staatsdienst ausgelost worden waren. Die Höhe dieser Tagegelder bemaß sich am Verdienst von Arbeitern und Handwerkern (zu denen auch Steinmetze – Sokrates gehörte bekanntlich zu dieser Berufssparte – und bildende Künstler gerechnet wurden) und war mit den Diäten und Aufwandsentschädigungen, die heutige Abgeordnete der Parlamente oder Angehörige der nach Besoldungsgruppen und Altersstufen differenzierten modernen Verwaltung und Rechtspflege erhalten, nicht im Entferntesten zu vergleichen.

Teilweise lagen die gezahlten Tagegelder sogar unterhalb des Verdienstes von Arbeitern und gelernten Handwerkern. Im letzten Drittel des 5. Jahrhunderts, also in der Zeit des Peloponnesischen Krieges, wurden ungelernte Bauarbeiter mit drei Obolen pro Tag, das ist eine halbe Drachme, entlohnt, ein gelernter Handwerker erhielt das Doppelte, also eine Drachme am Tag. Um 330, zur Entstehungszeit des aristotelischen *Staates der Athener*, war die Kaufkraft des Geldes durch Vermehrung des ausgeprägten Silbers erheblich gesunken, und infolge der eingetretenen Inflation wurden höhere Nominalwerte gezahlt. Ein ungelernter Arbeiter erhielt nun anderthalb Drachmen, das heißt neun anstelle von drei Obolen; ein gelernter Maurer zwei bis zweieinhalb Drachmen, also zwölf bis fünfzehn Obolen anstelle von sechs.

Staatliche Tagegelder erhielten seit der Mitte des 5. Jahrhunderts zuerst die Richter der Geschworenengerichte. Ihnen wurde der bescheidene Betrag von zwei Obolen gezahlt, ein Obol weniger, als ein ungelernter Arbeiter am Tag verdiente. Dieser Betrag wurde im Jahr 425 mitten in den Nöten des Peloponnesischen Krieges, als die Spartaner das flache Land besetzt hielten und die geflüchtete Landbevölkerung zwischen den Langen Mauern der Landfestung Athen Zuflucht fand, auf drei Obolen, eine halbe Drachme, erhöht. Das war in der gegebenen Situation für viele ein starker Anreiz, sich um eine der Richterstellen zu bemühen. Als dann nach dem verlorenen Krieg die eingetretenen starken Menschenverluste und die wirtschaftliche Notlage sich dahingehend auswirkten, dass der Besuch der Volksversammlung das für bestimmte Themen vorgeschriebene Quorum von 6000 Besuchern nicht erreichte, erhielten seit 395 die ersten 6000, die registriert wurden, pro Sitzung eine kleine Unterstützung in Höhe von einem Obol. Dieser geringe Betrag musste mehrfach erhöht werden, damit das Tagegeld seinen Zweck erfüllte, zuerst auf zwei und dann auf drei Obolen.

Später wurden die Zahlungen weiter erhöht. Für die Teilnahme an den zehn Hauptversammlungen des Jahres erhielten die betreffenden 6000 pro Kopf anderthalb Drachmen, also neun Obolen, für die Teilnahme an den übrigen Sitzungen wurde eine Drachme pro Person gezahlt. Was die Amtsträger des öffentlichen Dienstes anbelangt, so erhielten die Mitglieder des Archontenkollegiums vier Obolen am Tag, die Mitglieder des Rates der Fünfhundert fünf und die 50 Prytanen, die während ihrer Amtszeit Tag und Nacht erreichbar sein und selbst die Mahlzeiten gemeinsam einnehmen mussten, einen Obol zusätzlich als Verpflegungsgeld. Diese und die übrigen Gelder konnte Athen trotz der Finanznöte nach dem verlorenen Krieg und dem Verlust der Einnahmen aus den Beiträgen der Mitglieder des Seebundes offenbar aus dem Vermögen des Staates, insbesondere aus dem Ertrag der verpachteten Silbergruben, aufbringen. Mögen auch die ausgeworfenen Tagegelder nach heutigen Maßstäben noch so bescheiden gewesen sein: Kein anderer Staat Griechenlands wäre zu vergleichbaren Zahlungen in der Lage gewesen.

Die skizzierte Übersicht über die Organisation von Politik und Administration im demokratischen Athen wirft eine Frage von allgemeiner Bedeutung auf: War Athen unter der Demokratie zu einer Stadt des leidenschaftlichen Bürger-Engagements geworden, das – so Christian Meier – einem sozusagen anthropologischen Bedürfnis nach Teilhabe an der Politik entsprang? Oder verpflichtete die staatsbürgerliche Moral – so Alfred Heuß – die Bürger dazu, öffentliche Strafverfahren gegen Personen zu führen, die den Staat geschädigt hatten? So mochte es in idealistischer beziehungsweise offizieller Perspektive scheinen. Aber ich denke, der aus den Quellen erschlossene Befund spricht eine andere Sprache. Die Mobilisierung für den öffentlichen Dienst war eine Zwangsmaßnahme, die in der wohlhabenden Elite auf Ablehnung stieß und von der Masse des Volkes hingenommen wurde, weil es unter dem Gesichtspunkt der Gleichheit den Wechsel zwischen Dienstpflicht und privater Freiheit gab. Und schließlich sei erinnert an die beinahe lückenlose, mehrfach wiederholte Kontrolle der dienstverpflichteten Bürger und das über ihnen aufgehängte Damoklesschwert strafrechtlicher Verfolgung bei Pflichtverletzungen und Vergehen gegen den Staat! Dies alles zeugt von einem tiefen Misstrauen gegenüber den Bürgern, dass sie durch Amtsmissbrauch, Unterschlagung anvertrauter Gelder und, allgemein gesprochen, durch Korruption Schaden anrichten könnten.

Selbstverständlich konnte es das in der Frühen Neuzeit mühsam anerzogene Beamtenethos nicht geben, durch das sich Preußen ausgezeichnet haben soll. Die Dienstverpflichteten waren letztlich Menschen, die auf ihren Vorteil sahen – und sie waren Griechen.

Die Feinde der athenischen Demokratie

Es ist kein Zufall, dass wir die kleine Schrift eines Feindes der athenischen Demokratie aus den Anfangsjahren des Peloponnesischen Krieges besitzen, während es eine Lobschrift auf die Demokratie aus derselben Zeit schlechterdings nicht gibt. Die Demokratie besaß eben in der Elite damals keine Freunde. Wohl aber ist es ein Zufall, dass ein Herausgeber der viel gelesenen Schriften Xenophons, eines athenischen Autors aus dem 4. Jahrhundert, die kleine Schrift eines dezidierten Feindes der Demokratie aus dem 5. Jahrhundert seiner Ausgabe der gesammelten Werke Xenophons eingefügt und sie so vor dem Untergang gerettet hat. Auf die modernen Bewunderer des Perikles und der von ihm mitgeprägten Demokratie wirkte die Schrift, wenn sie es nicht vorzogen, den Traktat des „Alten Oligarchen" – so die vielfach gebrauchte Bezeichnung des unbekannten Autors – nicht zur Kenntnis zu nehmen, wie ein Schock. Selbst ein differenziert denkender Historiker wie Alfred Heuß sprach von einem Erschrecken beim Innewerden des inneren Abstands, den die sogenannten Konservativen, wie die oligarchisch gesinnten Feinde der Demokratie früher genannt zu werden pflegten, „noch immer" zum Staat des Perikles hatten. Doch die Feinde der Demokratie haben nie anders über den Staat der perikleischen Demokratie gedacht als der Alte Oligarch.

Alfred Heuß' einschlägige Würdigung im dritten Band der Propyläen-Weltgeschichte lautet:

„Wir wissen zufällig, wie die Konservativen am Ende der Perikleischen Ära gedacht haben, und wenn man dieses literarische Dokument (den pseudoxenophontischen Staat der Athener) liest, erschrickt man über den inneren Abstand, den diese Kreise noch immer zum Perikleischen Staat hatten ..."

Und dann zieht Heuß aus dem Befund die Konsequenz, vor die sich der moderne Historiker gestellt sieht: „Kein Historiker vermag den Perikleischen Staat von dem Schicksal einer beängstigenden Zwielichtigkeit zu befreien."

Die Schrift, auf die Heuß Bezug nimmt, setzt folgende historische Situation voraus: Schon in den Anfängen des Peloponnesischen Krieges, als deutlich geworden war, dass die Kriegsplanung des Perikles nicht zu einem schnellen Sieg führen würde, liefen unter den Feinden der athenischen Demokratie Pläne um, ihr durch Umsturz ein Ende zu setzen. Der Verfasser der Schrift stand zwar seinen Gesinnungsgenossen im Hass auf die Demokratie in nichts nach, bemühte sich aber, ihnen den Plan eines gewaltsamen Umsturzes auszureden, indem er zu zeigen versuchte, dass das Volk seine Herrschaft umfassend und wirkungsvoll gesichert habe. Die knapp gehaltene Einführung der Schrift vereint die Ablehnung der demokratischen Regierungsform – nach Ansicht des Verfassers teilen alle anderen Griechen diese Ablehnung – mit der Warnung vor einem unbedachten Putsch:

„Was die Regierungsform der Athener anbelangt, kann ich es freilich nicht billigen, dass sie gerade für diese Regierungsform sich entschieden haben; denn damit haben sie sich zugleich dafür entschieden, dass es die Schlechten besser haben als die Edlen: Aus diesem Grund kann ich das nicht billigen. Dass sie aber, nachdem sie das nun einmal dergestalt und alles andere sich zu ihren Gunsten einzurichten wissen, womit sie nach Ansicht der anderen Griechen fehlgreifen, das will ich jetzt beweisen."

Der entscheidende Punkt in der Argumentation des Traktats ist die Verknüpfung der sozialen Zusammensetzung des Volkes mit der Waffengattung, auf der die Machtstellung des demokratischen Athen beruht: auf der Kriegsflotte und nicht (wie in Sparta) auf den Landstreitkräften. Aus der Masse der kleinen Leute ohne nennenswerten Besitz ließen sich Ruderer und Seeleute in großer Zahl rekrutieren, aber nicht in gleicher Weise Schwerbewaffnete, die in Reih und Glied zu Fuß kämpfenden Hopliten, die Waffengattung der Bauern und gelernten Handwerker (der Steinmetz Sokrates war einer von ihnen), oder gar Reiter, deren Pferde vor allem von Adligen und größeren Grundbesitzern gehalten werden konnten. Mit Blick auf den maritimen Schwerpunkt in der Wehrverfassung Athens gibt der Autor sogar zu, dass das Volk in Athen zu Recht den Vorzug vor den Reichen und Vornehmen genieße. Dabei spaltet er den Begriff des Gerechten in zwei Bedeutungsvarianten und unterscheidet zwischen einer rein sachlichen und einer moralisch-politischen Berechtigung. Unter dem zuletzt genannten Gesichtspunkt wäre es, vom Standpunkt des Verfassers aus gesehen, gut und gerecht, wenn die alte Elite die Macht im Staat in den Händen hielte, unter dem zuerst genannten Aspekt ist es die Mehrheit der Besitzlosen, die wegen ihrer Bedeutung für die maritime Machtentfaltung Athens zu Recht die Herrschaft innehat. Im Hinblick darauf gibt der Alte Oligarch sogar zu:

„Unter diesen Umständen erscheint es nur gerecht (!), dass allen sowohl bei der üblichen Auslosung als auch bei Wahlen die Ämter offenstehen und dass es jedem der Bürger, der da will, freisteht, öffentlich zu reden."

Aber diese Anerkennung der sachlichen Berechtigung der Machtstellung, die dem Volk in der Demokratie zugefallen ist, hebt in keiner Weise das negative Werturteil über die Demokratie auf. Der Verfasser teilt das auch von Herodot geäußerte Werturteil, dass eine Demokratie die Herrschaft derjenigen ist, „die weder etwas Gutes und Schönes gelernt haben noch das eine wie das andere von sich aus wissen", und er macht geltend, dass dieses negative Werturteil über die Demokratie in allen Staaten von den Eliten geteilt werde:

„Es gilt aber auch für jedes Land, dass das bessere Element Gegner der Volksherrschaft ist; denn bei den Besseren sind Zuchtlosigkeit und Ungerechtigkeit am geringsten, gewissenhafter Eifer für das Gute und Edle am größten, beim Volk aber Mangel an Bildung und Selbstzucht am größten und Gemeinheit desgleichen; denn sowohl die Armut verleitet sie eher zur Schlechtigkeit als auch der Mangel an Erziehung und Bildung."

Bei aller aristokratischen Verachtung des Verfassers für den minderwertigen Pöbel, der in der Demokratie die Mehrheit in der regierenden Volksversammlung stellt: Er bleibt dabei nicht stehen, sondern fragt weiter nach den ökonomisch-gesellschaftlichen Veränderungen, die der Demokratie als politischer Herrschaftsform zugrunde lagen. Verantwortlich macht er, beinahe wie es der Sichtweise der modernen Sozialgeschichte entsprechen würde, den Wandel von einer agrarischen Gesellschaft zu einer städtisch geprägten, in der Athen mit seinen Häfen das urbane Großzentrum geworden war, der Mittelpunkt von handwerklicher, in Manufakturen betriebener Großproduktion, von Handel, Seefahrt und Münzgeldwirtschaft. Damit erschien den Verehrern der „guten alten Zeit" die Welt aus den Fugen geraten zu sein. Selbst die scharfe Trennung, die einst zwischen Herren und Sklaven und zwischen Bürgern und Metöken, niedergelassenen Fremden, bestanden hatte, war aufgelöst. Der Verfasser der Schrift war Besitzer von Sklaven, aber er setzte sie nicht in Produktionsstätten ein, die er selbst betrieb; er ließ sie auf eigene Rechnung wirtschaften, um an ihrem Verdienst mit einer Abgabe teilzuhaben. Er billigte das keineswegs, aber er hatte, obwohl er ein Reaktionär reinsten Wassers war, einen offenen Blick dafür, welche Veränderungen im Verhältnis zwischen Herren und Sklaven im Vergleich zu dem anderen Extrem einer traditionell geprägten agrarischen Sklavenhaltergesellschaft wie der in Sparta herrschenden in Athen eingetreten waren. Er kannte diesen Unterschied aus eigener Erfahrung und schrieb:

„Denn wo es eine Seemacht gibt, ist es eine Naturnotwendigkeit für die Sklaven, für Geld zu arbeiten, damit ich als ihr Herr von ihrer Tätigkeit wenigstens die Abgaben bekomme, und sie freizugeben (das heißt: in die Selbstständigkeit zu entlassen). Wo es aber einmal reiche Sklaven gibt, da lohnt es sich nicht mehr, dass mein Sklave sich vor dir (wer angeredet ist, muss ungeklärt bleiben) fürchtet wie in Lakedaimon (das heißt: im spartanischen Gesamtstaat), wo mein Sklave tatsächlich sich vor dir fürchtete; denn wenn sich einmal dein Sklave vor mir fürchtet, wird er immer Gefahr laufen, sogar sein Geld herzugeben, um dann nicht mehr an Leib und Leben Gefahr zu laufen. Deshalb also haben wir sogar für die Sklaven freie Meinungsäußerung eingeführt in demselben Maße wie für die Freien, und auch für die Metöken in demselben wie für die Bürger, weil der Staat Metöken braucht, sowohl um der Menge der Gewerbe als auch um des Seewesens willen: Deshalb also haben wir naturgemäß auch für die Metöken dasselbe Recht der freien Meinungsäußerung (wie für die Bürger) eingeführt."

Aufschlussreich ist der Vergleich zwischen Sparta und Athen in Hinblick auf die konträre Behandlung von Sklaven. Dort unterlagen die Staatssklaven, die sogenannten Heloten, die den Boden der Landlose ihrer Herren bearbeiten mussten, einer terroristischen Disziplinierung. In Athen wäre die in Sparta praktizierte Behandlung von Sklaven aufgrund der anderen Arbeitsverhältnisse vollkommen anachronistisch und kontraproduktiv gewesen; denn hier waren Sklavenhalter genötigt, ihre Sklaven in die bedingte Selbstständigkeit zu entlassen, um an ihrem Verdienst einen Anteil zu haben, und es verstand sich von selbst, dass ihre Stellung im Wirtschafts- und Geschäftsleben das Recht auf freie Kommunikation voraussetzte.

Mindestens ebenso aufschlussreich ist, was zur Einbeziehung der Metöken in das Bürgerrecht der freien Rede gesagt wird: Athen brauchte die Fremden, denn Schutzbürger mit Niederlassungsrecht waren das Ferment, das das Wachstum Athens als Stadt der Gewerbe und des überseeischen Handelsverkehrs förderte. Die Metöken stammten zu einem beträchtlichen Teil aus der Schicht wohlhabender und angesehener Familien ihrer Heimatstädte, und sie waren deshalb dazu prädestiniert, ihre Wahlheimat in das Netz ererbter wirtschaftlicher Beziehungen einzubinden. Wie sich ihr Status in Athen durch die Zuerkennung des

Rechts auf freie Meinungsäußerung dem von Bürgern annäherte, ist gut bezeugt. Erwähnt sei, um nur ein Beispiel zu nennen, die Familie des Lysias. Dieser war wie schon sein Vater ein angesehener Metöke und brillierte im frühen 4. Jahrhundert als Verfasser von Gerichtsreden nicht nur für andere, sondern auch von solchen, die er in eigener Sache vor athenischen Gerichtshöfen hielt. Die Familie gehörte wie andere aus dem Kreis der Metöken zu den Parteigängern der Demokratie. Diese hatte die Fremden, die sich in Athen niederließen, begünstigt, und sie hatten deshalb eine andere Einstellung zur Demokratie als die Mehrheit der alten athenischen Elite, die von der Demokratie entmachtet worden war und einen Bedeutungsverlust erlitten hatte.

Der Alte Oligarch betrachtete die Demokratie als Klassenherrschaft der Unterschichten, die auf der Ausbeutung der entmachteten Eliten in Athen und in den Städten des Delisch-Attischen Seebundes beruhte. Sie bewirkte aus der Sicht des Verfassers, dass es den falschen Leuten in der Demokratie auf Kosten derjenigen gut ging, die von Haus aus über Vermögen sowie über jene moralische und intellektuelle Überlegenheit verfügten, also eigentlich zur Herrschaft qualifiziert gewesen wären. Die Ausbeutung der Wohlhabenden aber wird als das Mittel gesehen, das von den Demokraten dazu benutzt wurde, ihre Stellung so auszubauen, dass sie unter den herrschenden Umständen unangreifbar war.

Dieser Gedanke wird in mehreren Aspekten präsentiert, zunächst unter dem Gesichtspunkt, dass die finanziellen Lasten, die der Bau und die Unterhaltung einer großen Flotte, die Kriegführung mit dem Peloponnesischen Bund, der führenden Landmacht in Griechenland, und die Festkultur der großen Wettbewerbe aufbürdeten, von den Besitzenden in Form von

Geldbeiträgen und Sachleistungen getragen werden mussten. Auf die Wohlhabenden kamen je nach Bedarf die Erhebung von Geldbeträgen und die Übertragung bestimmter Aufgaben zu, sogenannte Leiturgien zur Unterhaltung von Kriegsschiffen oder der Veranstaltung von Wettkämpfen aller Art einschließlich der Tragödien- und Komödienaufführungen an den Festen des Dionysos. Von solchen Veranstaltungen der Festkultur gab es in normalen Jahren sage und schreibe 97, alle vier Jahre, wenn das große Staatsfest der Panathenäen veranstaltet wurde, sogar 118. In Zeiten des Krieges wie des Peloponnesischen, in dessen Anfängen der Traktat des Alten Oligarchen entstand, wurde die Belastung so hoch, dass in den Gerichtsreden der Zeit die vollständige oder weitgehende Vernichtung der großen Vermögen in Athen beklagt wurde.

Die Gattung der Gerichtsrede lebt natürlich von zweckgerichteten Übertreibungen. Aber den Übertreibungen muss immerhin ein allgemein bekannter wahrer Kern zugrunde liegen, wenn denn die Gerichtsredner zumindest den Schein der Glaubwürdigkeit erreichen wollten. Um einige Beispiele zu erwähnen: Das Vermögen des Kallias, des sprichwörtlich reichsten Mannes in Athen, war angeblich von 200 auf 2 Talente gesunken, das heißt von 1 200 000 auf 12 000 Drachmen, dasjenige des Nikias von ungefähr 100 auf 14, das des Ischomachos von rund 80 auf 10 und das des Stephanos von mehr als 50 auf ungefähr 11 Talente. Von Kleophon, einem umstrittenen Politiker aus der Zeit nach Perikles, heißt es, er habe ursprünglich viel, zum Schluss aber gar nichts mehr besessen, und ebenso wird von einem namentlich Unbekannten gesagt, dass sein Vermögen, ursprünglich 80 Talente, am Ende vollständig vernichtet gewesen sei.

Der Autor setzt seine Betrachtungen über die Ausbeutung seiner Standesgenossen in Athen fort, indem er das politische

Dreiecksverhältnis zwischen dem Volk von Athen sowie der Elite und den einfachen Leuten in den Städten des Delisch-Attischen Seebundes ins Auge fasst:

> „So verhängen sie (die in Athen regierenden Demokraten) in der Erkenntnis, dass einerseits mit Naturnotwendigkeit der Herrschende vom Beherrschten gehasst wird, andererseits aber in dem Falle, dass die Reichen und überhaupt die Edlen in den Bundesstädten die Gewalt behalten, die Herrschaft (über die betreffenden Städte) nur ganz kurze Zeit noch beim Volk in Athen bleiben werde, aus diesen Gründen also verhängen sie über die Edlen Verbannung und Einziehung des Vermögens und verjagen sie aus ihrem Reiche (das heißt aus dem Gebiet des von Athen beherrschten Seebundes) und lassen sie hinrichten; das gemeine Volk aber fördern sie."

Der Angelpunkt der Betrachtungsweise ist die These von der ‚natürlichen' Feindschaft zwischen den ‚Edlen' und der Masse des Volkes – ob in Athen oder im Bereich der Athens Herrschaft unterworfenen Städte. Tatsächlich hatten unter Führung der alten Eliten in der Zeit des Perikles mehrere Abfallbewegungen unter den Bundesgenossen die athenische Herrschaft erschüttert und Athen, dem damals der sprechende Name „Tyrannenstadt", *polis tyrannos*, angehängt wurde, hatte darauf mit gewaltsamer Unterwerfung, Anlage von athenischen Militärkolonien, Zwang zur Einrichtung demokratischer Verfassungen und Verpflichtung zu sanktionsbewehrten Treueiden auf das Volk von Athen geantwortet. Unterstellt wird dabei, dass das Volk in Athen und das Volk in den Städten des Delisch-Attischen Seebundes durch eine ‚natürliche' Bundesgenossenschaft miteinander verbunden seien, die auf der Solidarität für

Seinesgleichen und der Feindschaft gegen die Reichen und Edlen beruhe. Deshalb sei das Volk von Athen ungleich stärker an den Gewinnen interessiert, die es aus der Ausbeutung der Bundesgenossen ziehe, als daran, dass diese in der Lage wären, mit ihren Schiffen Beiträge zur Verstärkung der athenischen Kriegsflotte zu leisten. Das Motiv, das diesem Verhalten unterstellt wird, besteht nach Auffassung des Verfassers in dem Ziel, den Bundesgenossen jegliche Möglichkeit zu nehmen, sich gestützt auf die eigenen Schiffskontingente gegen die Herrschaft der Athener zu erheben. Nach dieser Interpretation ziehen die Athener doppelten Nutzen aus der Ausbeutung ihrer Bundesgenossen: Das Volk von Athen reißt deren Geld an sich und nimmt den Städten so die Möglichkeit, sich mit eigenen Schiffen gegen die Zumutungen der Athener zu wehren:

„Dem Volk (von Athen) scheint es vorteilhafter zu sein, dass jeder einzelne der Athener das Geld der Bundesgenossen habe, jene aber nur so viel haben, um das Leben zu fristen, und unablässig arbeiten, ohne imstande zu sein, auf einen Anschlag (gegen die athenische Herrschaft) zu sinnen."

Zur Stützung dieser Interpretation, die das Interesse der kleinen Leute in Athen an der Ausbeutung der Bundesgenossen in den Mittelpunkt stellt, nennt der Verfasser den Gerichtszwang, den Athen über Städte der Bundesgenossen verhängte – nicht zuletzt zu dem Zweck, durch die betreffenden Verfahren den Reichen und Vornehmen zu schaden und die kleinen Leute zu begünstigen. In diesem Zusammenhang redet er auch von den materiellen Gewinnen, welche die kleinen Leute in Athen aus der Anwesenheit der dem Gerichtszwang unterworfenen Bundesgenossen ziehen, bevor er den politischen Zweck des Gerichtszwangs wie folgt schildert:

„Es ist aber das gesamte Volk von Athen, dem jeder Einzelne von den Bundesgenossen gezwungen ist schönzutun in der Erkenntnis, dass er nach Athen kommen muss, um Buße zu geben und zu nehmen (juristische Bezeichnung von Strafverfahren), und zwar, wie es eben bekanntlich Gesetz ist in Athen, gerade vor demselben Volk, nicht vor irgendwelchen anderen Leuten (Anspielung auf die athenischen Volksgerichte); und er ist gezwungen, in den Gerichtshöfen sich auf die Knie zu werfen und, sowie einer eintritt, ihn bei der Hand zu fassen. Deshalb also stehen die Bundesgenossen eher als Sklaven des Volkes von Athen da."

Der zitierte Text bezieht sich auf die in Gerichtsverfahren übliche Demutsgeste zur Erlangung eines Freispruchs (was zu tun Sokrates in dem Prozess, in dem es für ihn um Leben und Tod ging, nach Platons Darstellung bekanntlich verschmähte). In attischen Gerichtsverfahren war es geradezu Brauch, dass Angeklagte die Volksgerichte durch Gesten der Unterwerfung um Mitleid anflehten, um freigesprochen zu werden. Die Selbstdemütigung der einen bedeutete die Steigerung des Bewusstseins absoluter Macht bei den anderen.

Der doppelte Zweck der Schrift ist, um noch einmal darauf zurückzukommen, zu zeigen, dass die Herrschaft des Volkes zwar verwerflich ist, aber unter den obwaltenden Umständen fest gegründet erscheint und dass deshalb alle Pläne zum Sturz der Demokratie aussichtslos sind. Nun war Athen in den großen Krieg mit Sparta und dem Peloponnesischen Bund verwickelt, und darauf bauten die Feinde der Demokratie in Athen ihre

Die Feinde der athenischen Demokratie

Überlegungen, dass der Krieg es möglich machen werde, gegebenenfalls im Zusammenspiel mit dem Landesfeind, die verhasste Demokratie zu stürzen. Auf diese Überlegungen ist der Verfasser des Traktats ausführlich eingegangen.

Die Angelpunkte der vom Verfasser vorgelegten Analyse sind die Bedeutung der Seeherrschaft und die geographische Lage Athens. Zunächst die Feststellung: In Athen ist die Masse der einfachen Leute mit der Schifffahrt von Jugend auf vertraut; jeder besitzt die Fähigkeit, mit dem Rudern und dem Manövrieren der Kriegsschiffe, der Trieren, zurechtzukommen:

> „Die Menge aber ist zu rudern imstande, sowie sie nur auf Schiffe hinaufsteigen, da sie ja in ihrem ganzen Leben vorher schon Übung gehabt haben."

Darin sieht der Verfasser den Hauptgrund der Überlegenheit Athens sowohl über die Städte der Bundesgenossen in der Ägäis und an der kleinasiatischen Westküste als auch über die größte Landmacht, Sparta und den Peloponnesischen Bund.

Die Überlegenheit Athens über seine Bundesgenossen beruht nicht nur auf militärischer Stärke, sondern auch auf der Fähigkeit, sie durch Blockade vom Handelsverkehr, auf den sie dringend angewiesen sind, abzuschneiden:

> „Soweit aber die den Athenern untertänigen Städte auf dem Festland liegen, sind sie ihnen untertänig, die großen aus Furcht, die kleinen in besonders hohem Grade aus schierer Not; denn es gibt schlechterdings keine Stadt, die nicht irgendeiner Einfuhr oder Ausfuhr bedürfe, und diese Handelsrechte wird sie nicht genießen, wenn sie nicht den Beherrschern der See unterwürfig bliebe."

Zu den großen ökonomischen Vorteilen, die eine meerbeherrschende Seemacht aus ihrer Stellung zu ziehen in der Lage ist, zählt der Verfasser den Zugang zu allen Handelsgütern, insbesondere zu den für den Schiffsbau notwendigen Rohstoffen, wo immer sie vorhanden sind, und die Fähigkeit, nach Belieben den freien Güterverkehr für andere zu sperren:

> „Den Überfluss aber der Griechen und der Nichtgriechen sind sie allein imstande an sich zu ziehen. Denn wenn irgendeine Stadt Überfluss hat an Schiffsbauholz, wo wird sie es absetzen, wenn sie nicht die Herren des Meeres dafür gewinnt? Ja, mehr noch: Wenn eine Stadt an Eisen oder Kupfer oder Flachs Überfluss hat, wo wird sie das absetzen, wenn sie nicht die Herren des Meeres dafür gewinnt? Gerade aus diesen Stoffen jedoch bekomme ich auch schon meine Schiffe, von dem einen das Holz, von dem anderen das Eisen, von wieder anderen das Kupfer, den Flachs, das Wachs. Überdies werden sie gar nicht erlauben, es anderswohin zu verfrachten, oder die, welche unsere Widersacher sind, werden die Benützung des Seeweges verlieren."

Der Verfasser fügt seine Darlegungen, worauf die Überlegenheit der das Meer beherrschenden Seemacht beruht, in einen Vergleich mit den Nachteilen ein, denen eine Landmacht ausgesetzt ist. Diese kann wegen der Unmöglichkeit, Lebensmittel über weite Strecken zu transportieren, im Unterschied zu den Herren des Meeres nicht in weiter Entfernung von ihrer Ausgangsbasis operieren und dem Gegner Schaden zufügen. Wahrscheinlich stammen die vorgetragenen Gesichtspunkte aus der Debatte über den von Perikles durchgesetzten Kriegsplan, der von der Überlegenheit der Seemacht Athen über die Landmacht

Sparta ausging. Dies alles ist eingefügt in das Beweisziel, dass Demokratie und Seeherrschaft zwei Seiten einer und derselben Medaille sind. Schließlich wird auch geltend gemacht, dass Landmächte mit Seuchen und Missernten schwerer fertigwerden als eine Seemacht. Denn diese kann die verheerenden Folgen durch Zufuhr von Lebensmitteln auf dem Seeweg abwenden, eine Landmacht nicht:

> „Ferner Krankheiten der Feldfrüchte, wie Zeus sie schickt, ertragen die Machthaber zu Lande nur schwer, die zur See leicht; denn es ist nicht alles Land zugleich von Krankheit heimgesucht, weshalb aus dem reich gesegneten den Seebeherrschern zukommt, wessen das von Krankheit heimgesuchte bedarf."

Aber der Verfasser hat nicht nur die in Athen vor Ausbruch des Peloponnesischen Krieges zusammengestellten Argumente zugunsten der Überlegenheit einer das Meer beherrschenden Seemacht über eine bedeutende Landmacht wie Sparta wiederholt – und aus ihnen die Schlussfolgerung gezogen, dass, solange Athens Seemacht unerschüttert ist, auch die Demokratie nicht gestürzt werden kann. Er hat auch die Schwachpunkte der Machtstellung Athens nicht verschwiegen, die es unter Umständen einmal möglich machen könnten, der Demokratie ein Ende zu setzen. Dazu schreibt er:

> „Eines Vorzugs aber ermangeln sie: Wenn die Athener Inselbewohner und dazu Machthaber zur See wären, so stünde es bei ihnen, Schaden zu stiften, wenn sie nur wollten, aber nichts zu erleiden, so lange wenigstens, wie sie die See beherrschten, weder ihr eigenes Land verheert zu sehen, noch

zudem die Feinde (im eigenen Land) in Empfang nehmen zu müssen. Jetzt aber kommen die Feinde schon eher über die Bauern und über die Reichen her (seit 431 v. Chr. besetzten die Spartaner Jahr für Jahr Attika, in der ersten Phase des Peloponnesischen Krieges nur im Sommer, in der zweiten ganzjährig), das (in der Stadt lebende) Volk aber kann in dem sicheren Bewusstsein, dass sie nichts von dem, was ihnen gehört, verbrennen oder verheeren werden, ganz unbesorgt leben und ohne Furcht, dass jene über sie hereinbrechen werden."

Was aber, wenn Athen die Seeherrschaft verliert und kapitulieren muss? Dies trat im Jahr 404 ein, und prompt wurde die Demokratie von jenen Kreisen gestürzt, die der Alte Oligarch gewarnt hatte, dies zu versuchen, solange die entscheidenden Voraussetzungen noch nicht eingetreten waren.

Noch eine andere Gefährdung, die aus der geographischen Lage der maritimen Großmacht Athen resultierte, hat der Verfasser der Schrift ins Auge gefasst: dass die Feinde der Demokratie in Athen im Zusammenspiel mit dem auswärtigen Feind, der das flache Land besetzt hält, die Demokratie stürzen könnten:

„Überdies wären sie, wenn sie eine Insel bewohnten, auch einer anderen Furcht ledig, dass nämlich ihre Stadt jemals von einer Minderheit verraten werden und Stadttore geöffnet und die Feinde einbrechen könnten (denn wie sollte, wenn sie eine Insel bewohnten, das geschehen?), und auch, dass ein Bestandteil der Bevölkerung sich gegen das Volk erhöbe, wenn sie eine Insel bewohnten; denn jetzt könnten sie, wenn sie sich erhöben, dabei ihre Hoffnung auf die Feinde setzen mit dem Hintergedanken, sie zu Lande an sich heranzuziehen; wenn sie aber eine Insel bewohnten, so wäre auch das aus dem Bereich der Befürchtung gerückt."

Mit der Möglichkeit, die Demokratie im Zusammenspiel mit dem Kriegsgegner stürzen zu können, ist also gerechnet worden. Doch ganz so, wie es hier vorausgesetzt wird, ist das nicht eingetreten. Erst als der militärische Zusammenbruch drohte (411 v. Chr.) beziehungsweise die Stadt nach dem Verlust der letzten Flotte kapitulieren musste (404 v. Chr.), gelang es den geschworenen Feinden der Demokratie jeweils, sie zu stürzen und an ihrer Stelle für kurze Zeit der oligarchischen Opposition zur Macht zu verhelfen.

Die Demokratie war die Regierung der Stadt durch die aus einfachen Leuten bestehende Mehrheit der Volksversammlung: Aber wer waren deren Führer? Sie stammten zum Teil aus Athens altem Adel. Zwei von ihnen seien wegen des Einflusses, den sie auf die Geschicke Athens ausübten, namentlich genannt und kurz vorgestellt: zunächst der große Perikles, der fast ein ganzes Menschenalter an der Macht blieb, sodass der Historiker Thukydides, sein Bewunderer, die Verfassung Athens so beschrieb, dass sie „dem Namen nach eine Demokratie gewesen sei, in Wahrheit jedoch die Herrschaft des ersten Mannes". Aber damit war es zu Ende, als der von ihm durchgesetzte Kriegsplan nicht zu einem schnellen Erfolg führte. Er war eben darauf angewiesen, dass das Volk seinen Vorschlägen zustimmte. An zweiter Stelle sei Alkibiades genannt, sein junger Verwandter, der in der zweiten Phase des großen Krieges, dem Dekeleischen Krieg, eine zwielichtige Rolle spielte und sich nacheinander als Retter seiner Vaterstadt, dann als ihr Gegner an der Seite der Spartaner, dann wieder als ihr Retter in Szene setzte. Dem Alten

Oligarchen galten diese und andere Politiker ihres Schlages als Verräter ihres Standes. Er warf ihnen vor, dass sie aus persönlichem Geltungsstreben die Standessolidarität aufgegeben hätten, um, wie er sich ausdrückt, „im Trüben zu fischen". Seine Worte lauten:

„Im geraden Gegensatz zu dieser Anschauung (gemeint ist das ungebrochene Klassenbewusstsein der einfachen Leute) sind einige, die tatsächlich aufseiten des Volkes stehen, ihrer Abkunft nach keine Leute aus dem Volk. Herrschaft des Volkes aber halte ich für meine Person dem eigentlichen Volk zugute, denn sich selbst wohlzutun ist jedem zugutezuhalten: Wer aber, ohne zum Volk zu gehören, in einem demokratischen Staat zu leben statt in einem oligarchischen, der hat es darauf abgesehen, im Trüben zu fischen, und hat erkannt, dass es eher in einem demokratischen angeht, unentdeckt ein Schurke zu sein, eher als in einem oligarchischen."

Die Hauptbruchlinie in der Demokratie verläuft also nach der Analyse, die der Alte Oligarch vorträgt, zwischen der Masse des Volkes und den Angehörigen der Elite, den Reichen, Edlen, Vornehmen, und wie sie sonst von ihm genannt werden. Von ihrer Interessenlage her stehen sich beide Gruppen unversöhnlich gegenüber. Der Verfasser der Schrift ist bereit, jeder Seite die kompromisslose Vertretung ihres Eigeninteresses nach dem Prinzip zuzugestehen, dass es natürlich ist, sich selbst wohlzutun. Von einer Orientierung an einem Gemeinwohl, das über dem diagnostizierten Eigeninteresse steht, ist keine Rede. Was uns entgegentritt, ist das Bild einer zutiefst gespaltenen Gesellschaft.

Die Feinde der athenischen Demokratie

Zweimal gelang es den Feinden der Demokratie, als der für Athen katastrophale Kriegsverlauf dazu den Boden bereitet hatte, die Demokratie zu stürzen. Doch jedes Mal scheiterten sie nach kurzer Zeit an dem Widerstand, der ihnen in Athen geleistet wurde. Sie hatten ihre Herrschaft nur durch Einsatz von Täuschung und Gewalt gewonnen, sie aber nicht festhalten können. Dabei hatten die Oligarchen ihren Kredit endgültig verspielt – sogar bei vielen, die ihnen von Haus aus nahestanden und keine Sympathie für die Demokratie hegten. Aufschlussreich ist in dieser Hinsicht Platons siebter Brief (wenn er denn aus seiner Feder geflossen ist). Platon stammte aus adliger Familie und war Mitgliedern der im Jahre 404 v. Chr. an die Macht gelangten oligarchischen Regierung der Dreißig verwandtschaftlich verbunden. Er wurde zur Beteiligung an dem Regime aufgefordert, doch er verweigerte sich, als er sah, was geschah, und schrieb in dem Rechenschaftsbericht, der in der Sammlung seiner Briefe überliefert ist:

„Da ich nun aber sah, dass diese Männer (die Dreißig) in kurzer Frist die frühere Verfassung (die Demokratie) als eine goldene erscheinen ließen ..., da erfüllte es mich mit Unwillen, und ich für meine Person zog mich von dem damaligen schlechten Regime zurück" (Plat. VII. Brief, 324d–325a).

An die Stelle der diskreditierten Angehörigen der alten adligen Elite traten Politiker, die als Angehörige einer Schicht von Manufakturbetreibern und Handelsherren (wie man sie in anachronistischer Redeweise bezeichnen könnte) zusammen mit der Demokratie emporgekommen waren. Als Nutznießer der Demokratie waren sie frei von den antidemokratischen Ressentiments, deren Stimme wir in dem Traktat des Alten Oligarchen vernehmen. Der Prototyp eines solchen Mannes war, hundert Jahre nach Perikles, Demosthenes, nach antikem Urteil der größte Redner, der als Sachwalter vor Gericht und als Politiker des Widerstandes gegen die makedonischen Herrschaftsaspirationen gleich bedeutend war.

Politik, Rechtsprechung und die Kunst der Rede

Man mag darüber streiten, ob die kunstgerechte Rede oder die Demokratie zuerst entstanden ist: Jedenfalls gehören beide aufs Engste zusammen. Der erste Versuch, die enge Beziehung auf die Entstehungsgeschichte beider zurückzuführen – er geht auf Aristoteles' verschollene Sammlung rhetorischer Lehrbücher zurück –, nennt als Ursprung den Sturz der Tyrannis und die Begründung der Demokratie in Syrakus im Jahr 466/65 v. Chr.: Die Folge sei eine Flut von Prozessen gewesen, in denen es um die Restitution des in der Tyrannenzeit konfiszierten Besitzes gegangen sei. Mit dieser Prozesslawine verbindet die Überlieferung die Namen von Korax und Teisias, denen zugeschrieben wird, die sophistische Argumentationskunst eines Protagoras und eines Gorgias von Leontinoi auf juristische Streitfälle vor Gericht übertragen zu haben.

Deutlich ist zumindest, dass die Sophisten die betreffende Methode des Argumentierens in ihren in Athen und anderenorts gehaltenen Schaureden und in den teuer bezahlten Rhetorik-Kursen verbreiteten. In einer seiner Schaureden, der (fiktiven) Verteidigung des Sagenhelden Palamedes gegen den Vorwurf des Verrats an den Griechen, lässt Gorgias diesen argumentieren, dass es dazu gar keine Möglichkeit gegeben habe und es also gar keinen Verrat habe geben können. Die Beweisführung läuft wie folgt: Eine Zusammenkunft mit den Barbaren war unter den gegebenen Umständen gar nicht möglich. Wenn sie aber doch möglich gewesen wäre, so wäre aus sprachlichen Gründen keine Kommunikation, also auch keine Verabredung zum Verrat möglich gewesen; wenn diese aber doch zustande gekommen wäre, so hätte der Verrat wegen der obwaltenden Umstände gar nicht begangen werden können. Wenn aber auch das möglich gewesen wäre, so hätte er, Palamedes, doch überhaupt kein Motiv gehabt, die Griechen zu verraten: Also habe er es gar nicht tun können. Was hier intellektuelles Spiel zu dem Zweck war, die Macht des Arguments zu demonstrieren, wurde im Jahre 411 nach Wiederherstellung der Demokratie in Athen dazu benutzt, der Anklage, der vor Gericht Gestellte sei der Drahtzieher des vorausgegangenen Sturzes der Demokratie gewesen, den Boden zu entziehen. Angeklagt war der führende Kopf der Verschwörung zum Sturz der Demokratie, ein Athener namens Antiphon.

Antiphon war in der Zeit des Peloponnesischen Krieges der brillanteste Kopf der neuen Kunst des Redens und Argumentierens. Er war Lehrer der Rhetorik, Berater und Redenschreiber für Prozessierende und Politiker – und er war ein radikaler Gegner der Demokratie. Im Jahre 411 war er es, der die Fäden beim Sturz der Demokratie gezogen hatte. Der Historiker Thukydides hat seine intellektuelle und rhetorische Brillanz wie die des Perikles bewundert und ihr in seinem Geschichtswerk ein Denkmal gesetzt:

„Wer jedoch die ganze Sache (die Beseitigung der Demokratie) ausgedacht hatte und schon seit Langem dafür wirkte, war Antiphon, der keinem Athener seiner Zeit an Tüchtigkeit nachstand, meisterhaft im Durchdenken der Dinge und, was er dachte, auszudrücken; vor dem Volk trat er aus freien Stücken nicht auf noch sonst vor Gericht, sondern blieb der Menge unheimlich wegen der ihm nachgesagten Redekraft; aber jeder, der sich verantworten musste vor Gericht und Volk, konnte von ihm wie von keinem anderen ratsuchend die meiste Hilfe empfangen" (Thuk. VIII, 68,1).

Als seine Rolle beim Sturz der Demokratie offenbar wurde, musste er zum ersten Mal vor das Volksgericht treten und sich selbst verteidigen. Er tat dies unter anderem mit einer Argumentationsfigur, die wir aus Gorgias' Verteidigungsrede für Palamedes schon kennengelernt haben. Er suggerierte, dass er nach seiner eigenen Interessenlage unmöglich in die Verschwörung gegen die Demokratie verwickelt sein konnte – er hatte ja unter und an der Demokratie glänzend verdient, und so betonte er, dass seine Tätigkeit unter der Demokratie ein gutes Geschäft gewesen sei und unter einer Oligarchie es dafür keine Geschäftsgrundlage mehr gegeben hätte. Gegen das eigene Interesse handelt niemand, und folglich, so lautete seine Schlussfolgerung, könne er unmöglich in die Verschwörung gegen die Demokratie verwickelt gewesen sein. Das war natürlich ein Scheinbeweis, ein Advokatenkniff aus der Waffenkammer der Sophistik. Von Antiphons Verteidigungsrede ist nur ein kleines Papyrusfragment mit der oben wiedergegebenen Argumentationsfigur auf uns gekommen. Thukydides konnte die Rede ganz lesen, und er hat sie als die beste Verteidigungsrede seiner Zeit auf das Höchste bewundert.

Ein Sophist wie Antiphon wusste natürlich genau, dass die Tatsache seiner Beteiligung am Sturz der Demokratie und die argumentative Widerlegung der entsprechenden Anklage auf zwei verschiedenen Rechnungen zu stehen kamen. Die Sophisten waren nicht so naiv, dass sie das, was sie vortrugen, als bare Münze nahmen. In einer uns überlieferten Nachschrift einer sophistischen Vorlesung wird denn auch der Finger auf diesen kritischen Punkt gelegt: Wahrheit oder Unwahrheit einer vor Gericht erhobenen Anschuldigung hängen davon ab, ob die inkriminierte Tat wirklich begangen oder bloß erfunden wurde; aber die Richter entschieden darüber auf der Grundlage der von den Prozessparteien vorgetragenen Reden und ohne weitere Untersuchung. Diese Methode berge, so lautet die Kritik derjenigen, die eine Schlüsselrolle für die Praxis der Volksgerichte spielten, die Gefahr gravierender Fehlurteile. Denn die Richter könnten die Darstellung der Prozessparteien nur miteinander vergleichen, nicht an erhobenen Tatsachen messen.

Auch Antiphon machte sich keine Illusionen über das Geschäft, das er betrieb. Die sophistische Kunst der Beweisführung beherrschte er nach zwei Richtungen: einerseits als Redenschreiber den jeweiligen Sachverhalt so darzustellen, dass Gerichte und Volksversammlung ihm folgten – auch wenn er die schwächere Sache zur stärkeren gemacht hatte; andererseits jedoch mit dem wissenschaftlichen Anspruch anzutreten, den Dingen auf den Grund zu gehen. Ein in Ägypten gefundener und 1915 veröffentlichter Papyrus enthält ein aufschlussreiches Fragment aus Antiphons theoretischer Schrift mit dem Titel *Über Wahrheit*. Antiphon unterscheidet darin zwischen dem „Gerechten gemäß den Gesetzen" und dem „Gerechten gemäß der Natur". Letzteres wird als das Prinzip definiert, Schaden weder anderen zuzufügen noch selbst zu erleiden. Wäre ein solches Leben nach der goldenen Regel möglich, brauchte es keine Gesetze zu geben. Anders steht es jedoch mit dem „Gerechten gemäß den Gesetzen" des Staates. Was für diese gilt, drückt Antiphon in dem betreffenden Fragment so aus:

> „Wenn nun denen, die diese Grundsätze (des Gerechten gemäß staatlicher Satzung) sich zu eigen machen, Unterstüt-

zung vonseiten des Gesetzes zuteil würde und denen sie versagt würde, die sie sich nicht zu eigen machen, sondern sich widersetzen, so wäre der Gehorsam gegen die Gesetze (des Staates) nicht unvorteilhaft. In Wirklichkeit aber zeigt sich, dass denen, die solche Grundsätze sich zu eigen machen, das aus dem Gesetz stammende Recht nicht genügend zu Hilfe kommt. Zunächst lässt es ja das Leid des Leidenden und die Tat des Täters ruhig geschehen und war zu diesem Zeitpunkt nicht imstande, das Leid des Leidenden und die Tat des Täters zu verhindern. Bringt man den Fall dann aber zur gerichtlichen Ahndung, so hat der von der Tat Betroffene vor dem Täter gar nichts Besonderes voraus. Denn er muss die zur Ahndung Berufenen erst davon überzeugen, dass er Unrecht erlitten hat, und wünscht erst die Fähigkeit zu erlangen, den Prozess zu gewinnen. Dieselben Mittel aber bleiben dem Täter, wenn er die Tat zu leugnen unternimmt" (Diels-Kranz, VS II, 44, A56).

Billigerweise wird man zugeben müssen, dass die aus der Masse des Volkes ausgelosten Laienrichter mit einer Argumentationskunst konfrontiert waren, die ihnen die Entscheidungsfindung in einem Rechtsstreit nicht gerade erleichterte. In älterer Zeit war Strafprozessen ein Prozessrecht vorgegeben, dem der Eid und die Zeugenaussage, auch das durch Folter erzwungene Geständnis von Sklaven Beweismittel richterlicher Entscheidung waren. Aber dieses Beweissystem war, wie soeben geschildert, von einer argumentativen Methode überlagert, durch welche alle vorgelegten Beweismittel der Probe der Denknotwendigkeit und der Wahrscheinlichkeit unterworfen und unter Umständen erschüttert und wirkungslos wurden. Daher kommt es, dass im 4. Jahrhundert Aristoteles in seiner *Rhetorik* dazu rät, stringente logische Beweise, die kunstgerechten, wie sie genannt wurden, aufzufinden, die sogenannten kunstlosen des Eides und der Zeugenaussage hingegen nach den Bedürfnissen der Argumentation zu gebrauchen.

Die Geschworenen waren juristisch ungebildete Laienrichter; sie vertraten das regierende Volk, und sie entschieden in letzter Instanz auch in Fällen, in denen die bestehenden Gesetze unklar waren oder auf den betreffenden Streitfall nicht recht anwendbar erschienen. Zu bedenken ist auch, dass die Athener wie alle Griechen auch im Privatrecht keine methodische Rechtswissenschaft entwickelt haben und die Durchdringung des Rechtsstoffes zahlreicher Einzelfälle, wie dies in Rom generationenlang geübt wurde, unbekannt geblieben ist. Stattdessen spielten in den Plädoyers vor Gericht neben Appellen an Emotionen gewisse allgemeine Gesichtspunkte wie der Begriff der striktes Recht überspielenden ‚Billigkeit' eine entscheidende Rolle. Zu Recht hat Alfred Heuß deshalb über die in Athen praktizierte Rechtsprechung das folgende Urteil gesprochen:

„Aber damit (mit den oben genannten Gesichtspunkten) wird man des Rechtsstoffes nicht Herr, und deshalb ist das Ideal einer systematischen Rechtspflege, die ‚Berechenbarkeit des Rechts', in Griechenland weder angestrebt noch erreicht worden. Ein attischer Gerichtshof konnte schließlich, auch wenn er sich von Emotionen freigehalten hätte – was praktisch bei seiner Zusammensetzung (aus Hunderten von Laienrichtern) und bei der selbstverständlichen Einstellung der Parteien (die sich gerne des wirksamen Mittels, Emotionen für ihre Sache zu erregen, bedienten) beinahe ein Ding der Unmöglichkeit war –, gar nicht anders als nach Gutdünken und einem recht vagen Gerechtigkeitsempfinden entscheiden und praktizierte das, was Max Weber mit dem Namen ‚Kadijustiz' in die Rechtssoziologie eingeführt hat."

Die Rolle, die das Volksgericht sowohl bei der Verfolgung öffentlich-rechtlicher Vergehen als auch in zivilrechtlichen Verfahren spielte, und die außerordentliche Masse der anhängigen Prozesse waren schon im 5. Jahrhundert ein Problem. Im 4. Jahrhundert wurde dann die Geschichte der athenischen Demokratie geradezu unter dem Gesichtspunkt der Machtentfaltung des Volksgerichts betrachtet. Von Historikern, die der athenischen Demokratie gegenüber kritisch eingestellt waren, wurde Solon vorgeworfen, er sei mit der Ausweitung der Befugnisse, die er dem Volksgericht verschafft hatte, der Gründervater der Demokratie geworden. Das war vom Standpunkt des 4. Jahrhunderts geurteilt und ist so auch nicht allgemein akzeptiert worden. Solon hatte um 600 v. Chr. das Volksgericht als zuständig für Vergehen gegen die Gemeinde vorgefunden und hatte seine Zuständigkeit für besondere Fälle auf das damalige Privatstrafrecht und das Zivilrecht ausgeweitet. Im attischen Recht waren klageberechtigt nur die erwachsenen Männer, während Frauen und Minderjährige vom Klagerecht ausgeschlossen waren und alte Männer es unter Umständen wegen körperlicher oder geistiger Hilflosigkeit nicht wahrnehmen konnten. Solon half ihnen, indem er es Nachbarn und Fremden freistellte, vor dem Volksgericht im Interesse der rechtlich oder faktisch Hilflosen Klage zu erheben.

Was aus diesem Befund im 4. Jahrhundert gemacht wurde und wie die historische Kritik darauf reagierte, ist am bequemsten dem aristotelischen *Staat der Athener* zu entnehmen. Dort heißt es in 9,1 f.:

„Denn wenn das Volk (im Gericht) Herr über den Stimmstein ist, wird es auch Herr über den Staat. Weil außerdem seine (Solons) Gesetze nicht einfach und klar abgefasst waren, sondern so wie das über die Erbschaften und die Erbtöchter, kam es mit Notwendigkeit dazu, dass viele Streitigkeiten entstanden und dass über alle Angelegenheiten, sowohl die öffentlichen als auch die privaten, das Gericht entschied. Einige glauben nun, er habe seine Gesetze absichtlich unklar gehalten, damit das Volk die Entscheidungsgewalt habe. Das ist allerdings unwahrscheinlich, vielmehr liegt es daran, dass es ihm generell nicht gelang, die beste Formulierung zu finden; es ist nämlich nicht gerecht, seine Absicht von den heutigen Verhältnissen her zu betrachten; vielmehr muss man den Zusammenhang mit den übrigen Zügen seiner Staatsordnung betrachten."

Zwei Fälle mögen der Illustration des betreffenden Zusammenhangs dienen, aus dem sich das Urteil herleitet, dass Demokratie die Herrschaft des Volkes in den Gerichten bedeutet. Die Klage über rechtswidrige oder unnütze Anträge zog schon bei der eidlichen Ankündigung einer Klage die Suspendierung des Antrags, des Beschlusses beziehungsweise des beschlossenen Gesetzes nach sich. Darüber hatte das Volksgericht zu entscheiden. Das bedeutete, dass es die Kontrolle über die Gesetzgebung erhielt. Weil eine erfolgreiche Klage dem Antragsteller eines rechtswidrigen oder unnützen Vorschlags eine Strafe einbrachte, war das Verfahren bei der Austragung politischer Konkurrenzkämpfe außerordentlich beliebt. Es ist überliefert, dass ein Politiker namens Aristophon sage und schreibe 95 Mal wegen des betreffenden Vergehens vor Gericht gestellt wurde.

Ebenso schlimm waren die Verhältnisse im Privatrecht, insbesondere, wie auch die soeben zitierte Stelle aus dem *Staat der Athener* nahelegt, im Bereich des hochkomplizierten Erb- und Adoptionsrechts. Diese Materie war berüchtigt, weil das betreffende solonische Gesetz die Richter vor Auslegungsprobleme stellte, die noch zusätzlich durch die Rabulistik der Wortkünstler sprich: Rhetoren und Sophisten, wie sie oben in der Person des Antiphon vorgestellt worden sind, vergrößert wurden. Das Volksgericht urteilte über solche (und andere Fälle), wie Eberhard Ruschenbusch schreibt, ohne die Fähigkeit, zu juristisch hieb- und stichfesten Lösungen zu gelangen:

„Bei dem primitiven Charakter des Prozessverfahrens aber, in dem das Urteil von einem zweihundertköpfigen Gremium ohne eine Untersuchung des Sachverhaltes, nur aufgrund der nach Minuten bemessenen Ausführungen der Parteien gefällt wurde, waren die Erbgesetze ... völlig wertlos."

Wenn aber das Volksgericht als eine Institution betrachtet wurde, auf der die Allmacht des Volkes beruhte, waren in der Demokratie den Möglichkeiten einer Reform enge Grenzen gesetzt. Es gab keine ausgebildeten Juristen, die gelernt hatten, mit kniffligen Gesetzestexten umzugehen und, wenn nötig, für eine Reform zu sorgen. Der Vorschlag, zur Verbesserung der Rechtspflege gerichtliche Entscheidungen wenigen Richtern anzuvertrauen, ist zwar gemacht worden, scheiterte jedoch an der politischen Bedeutung, die dem Volksgericht beigemessen wurde, und an der Furcht, dass eine Verminderung der Richterzahl der Bestechlichkeit Tür und Tor öffnen würde. Die Gesetzesrevisionen, die unter der restaurierten Demokratie in den Jahren 410 und 403 v. Chr. stattfanden, verfehlten das Ziel, die solonischen Gesetze mit den späteren in Einklang zu bringen und damit der Verwirrung darüber, was geltendes Recht war, entgegenzuwirken. Nur die radikale Oligarchie der Dreißig schuf auf ihre Weise Remedur. Sie tilgte eine Vorschrift aus dem Erbrecht, die Anlass zu häufigen Prozessen gab, und belegte Rhetoren und Sophisten, die notorischen Rechtsverdreher im Interesse der sie bezahlenden Parteien, mit einem Berufsverbot. Da aber, wie zu Recht gesagt worden ist, der gewöhnliche Bürger den Gesetzen hilflos gegenüberstand und er zur Durchsetzung seines Anspruchs auf die Hilfe der erfahrenen Rabulisten aus dem Kreis der Rhetoren und Sophisten angewiesen war, blieb ihm nach der von den dreißig „Tyrannen" des oligarchischen Regimes verordneten Gewaltkur wohl nur noch übrig, auf die gerichtliche Verfolgung seines vermeintlichen Anspruchs zu verzichten. Das war erst recht keine Lösung eines Missstands, die alle befriedigen konnte.

In Athen besaßen die juristisch ungeschulten Laienrichter ungeheure Macht, und sie judizierten nach Gutdünken angesichts einer Rechtslage, die erhebliche Mängel und Widersprüche aufwies. Sie betrieben also die „Kadijustiz", von der Max Weber sprach. Beides trug dazu bei, dass die Gerichte, wie beschrieben, in der Demokratie zum Herrn über alles wurden. Wir besitzen in dem Traktat des Alten Oligarchen, der im vorangehenden Kapitel ausführlicher zu Wort gekommen ist, eine aufschlussreiche Schilderung des Zustandes und der Folgen, welche die Herrschaft des Volksgerichts nach sich zog. Der erste Einwand, den der Verfasser erhebt, betrifft die Wartezeiten, die Petenten und Kläger wegen der Unmasse der schwebenden Verfahren hinzunehmen hatten, und gibt in diesem Zusammenhang eine anschauliche Beschreibung der in Athen herrschenden Überfrachtung des Terminkalenders mit Festen, Tagespolitik und Prozessen. Seine Worte lauten:

„... wegen der Menge der Geschäfte sind sie (die Gerichte) nicht imstande, alle mit einem Bescheid zu entlassen. Denn wie sollten sie dazu auch imstande sein, da sie erstens Feste zu feiern haben wie keine der griechischen Städte – während deren Dauer aber es nicht üblich ist, selbst etwas von den Staatsangelegenheiten zu erledigen –, dann über Privatklagen und Staatsprozesse und Rechenschaftsberichte zu entscheiden so viel, wie nicht einmal alle Menschen zusammengenommen (nämlich außerhalb Athens) es bewältigen könnten, der Rat aber zu beraten hat viel über den Krieg, viel über den Eingang von Geldern, viel über Gesetzgebung, viel über die jeweiligen Angelegenheiten der Gemeinde, viel auch mit den Bundesgenossen, und die Tribute in Empfang zu nehmen und für Schiffswerften Sorge zu tragen sowie für Heiligtümer. Ist es da etwa verwunderlich, wenn sie, wo so viele Geschäfte drängen, nicht imstande sind, allen Leuten Bescheid zu erteilen?"

Freilich gab es auch in der athenischen Demokratie Bestechlichkeit und Korruption. Aber damit konnten nur wenige, sehr Reiche, zum Ziel einer bevorzugten Erledigung ihrer Privatprozesse in ihrem Sinne gelangen. Und selbst wenn mehr Leute Geld fließen ließen, könnte das Problem der Überlastung der Gerichte, wie der Verfasser betont, nicht gelöst werden. Dazu trug nicht zuletzt auch die Masse der Staatsprozesse bei. Dazu bemerkt der Verfasser:

„Es gilt aber auch in folgenden Fällen Rechtsfragen zu entscheiden: wenn einer sein Schiff (das ihm zur Wartung anvertraut ist) nicht instand setzt oder auf einem staatlichen Grundstück baut; überdies Streitigkeiten wegen Übernahme der Choregie (der Kosten für Choraufführungen) zu schlichten für die (Feste) der Dionysien, Thargelien, Panathenäen, Promethien, Hephaistien jahrein, jahraus; und von den Trierarchen, von denen jedes Jahr vierhundert bestellt werden, auch von diesen allen jenen, die es wünschen, die Übernahmefrage zu schlichten jahraus, jahrein."

Zu diesen Routineaufgaben der Gerichte kamen die außerordentlichen Vorkommnisse, Verbrechen oder militärische Führungsfehler (wie sie beispielsweise in dem oben geschilderten Fall Thukydides vorgeworfen wurden). Das Fazit des Kritikers lautet: Trotz unaufhörlicher Geschäftigkeit schaffen es in Athen die Gerichte nicht, mit der Fülle der anfallenden Aufgaben zurechtzukommen.

Der Verfasser des Traktats erwägt die Verkleinerung der Gerichtshöfe als eine mögliche Verbesserung der Situation, aber er rückt, kaum, dass er den Vorschlag gemacht hat, wieder von ihm ab. Denn dies, so der Autor, würde bewirken, dass es leichter würde, kleine Richterkollegien anstelle der großen, mehrere Hundert Richter umfassenden Volksgerichte zu bestechen und so gerechte Urteile zu verhindern. Auch würde es wegen der großen Zahl der in Athen begangenen Feste schwierig bleiben, so viele Gerichtstermine anzusetzen, wie zur Bewältigung der großen Menge von Klagen und Anklagen notwendig wären. Trotz dieses Einwandes gegen den Reformvorschlag wird zugestanden, dass sich vielleicht das eine oder das andere in der Rechtspflege verbessern ließe; eine grundlegende Veränderung der Gerichtsverfassung sei allerdings wegen des engen Zusammenhangs von Volksgericht und Demokratie unmöglich:

„Vieles aber umzugestalten ist nicht möglich, ohne damit etwas von der Herrschaft des Volkes wegzunehmen. Freilich ist es möglich, zur Verbesserung der gesamten Staatsform vielerlei ausfindig zu machen; jedoch unter Erhaltung des Bestandes der Volksherrschaft hinlänglich etwas ausfindig zu machen, wie sie die Staatsverwaltung besser gestalten würden, ist nicht leicht, außer wenn man, wie eben gesagt, stückweise etwas hinzufügt oder wegnimmt."

Mit einer derartigen Verbesserung hatte die nach den oligarchischen Zwischenspielen der Jahre 411 und 404/3 wiederhergestellte Demokratie tatsächlich begonnen. Sie setzte an der viel beklagten unsicheren Gesetzeslage an, den unklaren, den lückenhaften und den im Laufe der Zeit sprachlich unverständlich gewordenen Bestimmungen, und nahm sich zum Ziel, durch eine Gesetzesrevision die aktuell gültige Rechtslage festzustellen. Für die Änderung bestehender und die Einführung neuer Gesetze wurde eine Kommission von 500 Rechtsaufzeichnern, griechisch: *syngrapheis*, geschaffen. Sie wurde tätig, wenn das Volk entsprechende Gesetzesinitiativen sich zu eigen gemacht hatte, und ihre Aufgabe bestand darin, in dem kleineren Kreis die entsprechenden gesetzlichen Bestimmungen auszuarbeiten, wozu die Massenversammlung des Volkes gewiss nicht in der Lage gewesen wäre.

Dieses Gremium der 500 Rechtsaufzeichner war nach Analogie eines Gerichtshofs gebildet, aber es war kein Gericht. Vielmehr musste der Gesetzesvorschlag der *syngrapheis* von einem besonderen Gerichtshof überprüft werden, und dieser hatte das Recht, den Vorschlag zu billigen oder zurückzuweisen. Auch darf man sich von ihrer gesetzgeberischen Tätigkeit keine übertriebenen Vorstellungen machen. Aus dem 4. Jahrhundert sind mehrere Hundert Inschriften mit Beschlüssen der Volksversammlung überliefert, aber nur sieben Gesetze, die von den

Rechtsaufzeichnern ausgearbeitet worden waren. Insgesamt wird man urteilen, dass die Bemühungen um eine Klärung und Verbesserung der Rechtsgrundlagen, nach denen Recht zu sprechen war, keinen durchschlagenden Erfolg hatten. Es blieb bei dem Verdikt des Alten Oligarchen, dass in Athen sich nur kleinweise etwas verändern lasse, aber das Entscheidende gerade nicht: dass die Macht der Gerichte über alles und jeden das Wesen der Demokratie ausmache.

Die Demokratie im Spiegel antiker Staatstheorie und Publizistik

Das 4. Jahrhundert brachte vonseiten der neuen Gattungen des wissenschaftlichen und politischen Diskurses, der Philosophie und der politischen Publizistik alternative Politikkonzepte zur Demokratie, Analysen der Welt des Politischen und Reformvorschläge zur Überwindung von diagnostizierten Krisen der Demokratie hervor. Die Autoren, um die es im Folgenden geht, sind die Philosophen Platon und Aristoteles sowie der Publizist Isokrates. Sie waren keineswegs die einzigen, die auf diesem Feld sich zu Wort meldeten, aber sie sind die einzigen, die mit vollständig erhaltenen Werken überliefert sind. Berücksichtigt werden hier Platon mit seinem Dialog *Gorgias* sowie den großen Staatsschriften *Politeia* (die Übersetzung oszilliert zwischen den Bedeutungen „Staat" und „Verfassung") und *Nomoi*, das heißt: den Gesetze, auf deren Grundlage ein neuer Stadtstaat zu gründen wäre, Aristoteles mit seiner *Politik*, der Analyse der politischen Welt, und Isokrates mit seinem *Areopagitikos*, der Rede über den Areopag.

Das früheste der diesem Kapitel zugrunde gelegten Werke ist Platons *Gorgias*. Dieser Dialog gehört nach den Ergebnissen der sprachstatischen Untersuchungen der ersten Schaffensperiode Platons an (sie reicht ungefähr von 400 bis 380 v. Chr.); der zweiten Periode (ca. 380–360) ist die wohl in den siebziger Jahren entstandene *Politeia* zuzurechnen, während die *Nomoi* in die dritte (ca. 360–348) fallen. Dieses Alterswerk, das umfangreichste, das Platon geschrieben hat, war vermutlich die Antwort auf die Reformdebatte, die in den fünfziger Jahren nach dem verlorenen Bundesgenossenkrieg (357–355 v. Chr.) in Athen geführt wurde.

Der Dialog *Gorgias* ist eine Auseinandersetzung mit dem Anspruch der Redekunst, eine Wissenschaft zu sein, durch deren Beherrschung jemand in die Lage versetzt wird, im eigenen oder im öffentlichen Interesse alle Versammlungen zu beherrschen, die politische oder gerichtliche Entscheidungen zu treffen haben. Diesen Anspruch zu widerlegen und zugleich zu demonstrieren, welche verheerenden Wirkungen die Rhetorik als Mittel der Überredung unter den Bedingungen der Demokratie für Athen bewirkt hatte, ist das Ziel des Dialogs. Insofern eröffnet der *Gorgias* die kritische Auseinandersetzung Platons mit der Demokratie, die er unter wechselnden Gesichtspunkten zeitlebens geführt hat. Schon die Dialogpartner sind sorgfältig und zweckdienlich ausgewählt. Da sind zunächst der gefeierte Star der Überredungskunst, Gorgias von Leontinoi, und einer seiner Meisterschüler, Polos von Akragas, dann Sokrates, der die sophistische Methode des Fragens und Prüfens im Interesse der Wahrheitssuche übt, und schließlich Kallikles, ein gut erfundener junger Mann aristokratischer Herkunft, der sich der Mentalität der großen Menge, die er eigentlich verachtet, angepasst hat, um eine führende Rolle in der Politik spielen zu können, und der in Platons Darstellung die von der Rhetorik gelehrte Überredungskunst als das Mittel preist, Macht und Einfluss jenseits aller Moral zu gewinnen.

Sokrates weist nicht nur den Anspruch der Rhetorik zurück, eine Wissenschaft zu sein, sondern besteht darauf, dass es in dieser Kunst nicht um Wissen geht, sondern nur um Meinungen, die darauf hinauslaufen, den Redner oder seinen Mandanten der Todesstrafe zu entziehen, auch wenn sie gerecht wäre, und Macht und Einfluss zu gewinnen, indem man den verderblichen Bedürfnissen der großen Menge nach Versorgung und äußerer Machtentfaltung das Wort redet. Demgegenüber besteht Sokrates auf der Norm des moralisch Guten und Gerechten als der universell gültigen Richtschnur des privaten und öffentlichen Handelns. In der Verfolgung dieser Linie geht er so weit, die Maxime zu verfechten, dass es besser sei, Unrecht zu erleiden, als Unrecht zu tun. Unter dieser Perspektive wird den Leitmotiven, denen die Demokratie und ihre Führer nach Auffassung ihrer Gegner gefolgt sind, der Befriedigung materieller Interessen und machtpolitischer Dominanz, eine harsche Absage erteilt. Themistokles und Perikles und die übrigen, die Athen auf den Weg eines demokratischen Imperialismus gebracht hatten, werden als die Hauptschuldigen am Desaster des verlorenen Peloponnesischen Krieges betrachtet, weniger ihre Epigonen, denen nach verbreiteter Meinung des Publikums – zu ihnen gehört in diesem Punkt auch der große Historiker Thukydides – die Schuld zugeschoben wurde. Es waren nach der im *Gorgias* vertretenen Auffassung die großen Alten, die die Athener auf den Weg zu einer Politik geführt hatten, welche die Bürger nicht moralisch besserte, sondern verderbliche Begierden beförderte. In diesem Sinne heißt es in Gorg. 519a-b:

„Denn ohne an Besonnenheit und Gerechtigkeit zu denken, haben sie (die großen Alten) mit ihren Häfen und Schiffswerften und Mauern und Zöllen und derlei Firlefanz die Stadt angefüllt. Wenn nun der eigentliche Ausbruch der Krankheit (in die der eingeschlagene Kurs führt) erfolgen wird, werden sie (das Volk und seine Wortführer) die derzeitigen Berater anklagen, Themistokles aber, Perikles und Kimon, die Urheber des Übels, werden sie (das Volk und seine Ratgeber) lobpreisen und sich vielleicht an dich (angeredet ist Kallikles, der Möchtegernpolitiker) halten, wenn du dich nicht hütest, und an meinen Freund Alkibiades, wenn ihr ihnen mit dem Neuerworbenen auch noch das Alte verliert, obwohl ihr doch gar nicht die Urheber des Übels seid, sondern vielleicht nur Mitschuldige."

Platon nahm den Anspruch des Moralischen ernst und verteidigte bis zum Äußersten die Forderung, dass es Aufgabe der Politik sei, die Bürger zu erziehen und moralisch zu bessern, damit diese entsprechend dächten und handelten. Gemessen an dieser Forderung hatten die Redner und Führer der Demokratie versagt, hatten sie die Menge mit den Mitteln der Redekunst dazu angestachelt, eine verderbliche, die falschen Bedürfnisse der Menge befriedigende Politik zu verfolgen.

Mit dieser Stellungnahme stand Platon, äußerlich betrachtet, auf der politischen Linie, die seine Standesgenossen vertraten, als sie den Zusammenbruch Athens im Jahre 404 dazu benutzten, im Zusammenspiel mit den spartanischen Siegern die Demokratie zu beseitigen und die Oligarchie der Dreißig Tyrannen an ihre Stelle zu setzen. Wir kennen die Losung, unter der sie ihre Herrschaft stellten, aus der Rede des Metöken Lysias gegen einen der Dreißig namens Eratosthenes, dem sein Bruder zum Opfer gefallen war. Es heißt dort (Lys. 12,5):

„Als die Dreißig durch die üblen Künste demagogischer Verleumder zur Regierung gelangt waren und erklärten, dass die Stadt von ungerechten Männern gereinigt und die übrigen Bürger zu Tugend und Gerechtigkeit gebracht werden müssten, besaßen sie ihren Losungen zum Trotz die Unverschämtheit, das Gegenteil zu tun ..."

Platon hielt sich im *Gorgias* an dieses Verständnis von der wahren Aufgabe der Politik, aber er lehnte die terroristische Gewaltherrschaft der Dreißig selbstverständlich ab und hielt sich von ihnen fern, als sie ihn aufforderten, sich ihnen anzuschließen. Die Berufung der Dreißig auf Moral und Gerechtigkeit war ständisch gebunden und hielt nach Auffassung ihres Standesgenossen Platon dem damit zum Ausdruck gebrachten Anspruch nicht stand. Im Gegenteil: Sie übten eine Terrorherrschaft aus, wie es zu gehen pflegt, wenn eine Minderheit der Mehrheit ihren Willen aufzwingen will. Im Vergleich mit ihrem Regime erschien Platon, wie im siebten Brief steht, die ungeliebte Demokratie wie Gold. Platon nahm die Losung ernst, unter welche die Dreißig ihre Herrschaft gestellt hatten, und er ließ den aus der Zugehörigkeit zur gesellschaftlichen Elite abgeleiteten Anspruch, die geborenen Verfechter des Edlen und Guten zu sein, ebenso wenig gelten wie die Berufung auf das Prinzip, dass Not kein Gebot kenne.

Eine tiefere Begründung als die unbedingte Geltung des Moralischen hatte Platon im *Gorgias* nicht zu bieten, aber wie seine Frühdialoge zeigen, arbeitete er unermüdlich an der Klärung der Frage, was eigentlich die Tugenden der Tapferkeit, der Besonnenheit, der Gerechtigkeit oder der Frömmigkeit ihrem Wesen nach sind, und er gelangte auf diesem Weg zur Entdeckung der Idee des Guten. Auf die Einzelheiten der Ideenlehre kann hier selbstverständlich nicht eingegangen werden. Es mag genügen zu erwähnen, dass die Idee des Guten, der intelligiblen Welt zugehörig, als höchste Wesenheit die einzelnen Tugenden wie Besonnenheit oder Gerechtigkeit hervorbringt. Diese Ideenlehre bildet die Mitte des großen Werkes über den Staat und will zeigen, dass eine Besserung der politischen Verhältnisse nur zu erwarten ist, wenn die Regierungsgewalt in die Hände derjenigen kommt, die durch ein lang dauerndes Studium (zu dem auch die Mathematik gehört) die Kenntnis der Idee des Guten erlangt haben und bereit sind, sich auf die Nutzanwendung dieser Kenntnis bis zu den Einzelheiten der politischen Vorfälle und Entscheidungen einzulassen. In Hinblick auf den Personenkreis, der diese Voraussetzungen einer guten Regierung erfüllt, wird in Pol. 473c-e folgende Quintessenz gezogen:

„Wenn nicht, sprach ich (der Sprechende ist Sokrates), entweder die Philosophen Könige werden in den Staaten oder die jetzt so genannten Könige und Gewalthaber wahrhaft und gründlich philosophieren und also diese beiden Dinge zusammenfallen, die Staatsgewalt und die Philosophie, die vielerlei Naturen, die jetzt zu jeder von beiden einzeln herannahen, durch eine Notwendigkeit ausgeschlossen werden, eher gibt es keine Erholung von dem Übel, lieber Glaukon (eine der Dialogpersonen in der *Politeia*), und ich denke, auch für das menschliche Geschlecht, noch jemals zuvor dafür, dass diese Staatsverfassung nach Möglichkeit gedeihen und das Licht der Sonne sehen könnte, die wir jetzt beschrieben haben."

Mit anderen Worten: Die Forderung nach einer den Prinzipien der Moral und der Gerechtigkeit entsprechenden Politik, aufgestellt von den Angehörigen der alten Elite, richtete sich ursprünglich gegen die Demokratie; aber Platon befreit diese Forderung von der ihr anhaftenden Standesgebundenheit und geht zugleich über die bloße Radikalisierung der üblichen Moralvorstellungen hinaus, wie er sie im *Gorgias* vertreten hat. Auf der

Grundlage der Ideenlehre ist er zu einem Konzept wissenschaftlicher Politik gelangt, das sich nur verwirklichen lässt, wenn die Philosophen Könige werden oder die Könige (und Tyrannen) Philosophen. Die Menge des Volkes oder die Minderheit der Oligarchen taugen dazu nicht. Es kommt auf den Einzelnen an, der sich ernsthaft auf Philosophie eingelassen hat und bereit ist, sich trotzdem dem Geschäft der politischen Führung zu widmen.

Da aber weder die reale Demokratie noch ihr Gegenstück, die Oligarchie, die gesellschaftlichen Voraussetzungen für ein Philosophenregiment bieten, erfindet Platon ein dreistufiges Gesellschaftsmodell, das den für einen wohlgeordneten Staat notwendigen Funktionen entspricht. An seiner Spitze stehen die wissenschaftlich ausgewiesene Elite der Philosophen beziehungsweise die als Philosophen ausgewiesenen Könige und Tyrannen; die zweite Schicht bilden die Waffenträger (zu denen bemerkenswerterweise auch Frauen zählen), denen der Schutz und die Verteidigung des Staates aufgegeben ist; ihnen steht als dritte die Grundschicht der Bauern, der Handwerker und der Gewerbetreibenden gegenüber, die für die Produktion und Verteilung der benötigten Güter zuständig sind. Jeder dieser drei Stufen der Gesellschaft wird nicht nur eine spezielle Funktion, sondern auch eine bestimmte Seelenkraft und eine dieser gemäße Tugend zugewiesen: den regierenden Philosophen intellektuelle Einsicht und Weisheit, den waffentragenden Wächtern des Staates Mut und Tapferkeit, der Masse der arbeitenden Bevölkerung materielle Begehrlichkeit und als moderierendes Element die Tugend des Maßhaltens. In dem auf diese Weise konstruierten Gesellschafts- und Staatsmodell wird dann die Rolle der Gerechtigkeit, der vierten Kardinaltugend, bestimmt. Sie weist jedem der drei Teile seinen Platz zu, verhindert Grenzüberschreitungen und garantiert so die Harmonie des Ganzen.

Der klassische Philologe Werner Jäger hat darauf hingewiesen, dass dieses Bild einer harmonischen Ordnung, in der jeder Bestandteil das Seine leistet, von der damaligen medizinischen Konzeption der Gesundheit als eines harmonischen Gleichgewichts der Körpersäfte beeinflusst ist. Ich denke, dass er damit etwas Richtiges vermutet. Dass aber das harmonische Gleichgewicht entsteht und erhalten bleibt, ist von bestimmten Voraussetzungen abhängig: Güterproduktion und Arbeitsteilung sind auf die Befriedigung materieller Grundbedürfnisse zu beschränken. Die Entfaltung von Luxus und die dafür notwendige Differenzierung der Arbeitswelt werden als verderbliche Faktoren gebrandmarkt. Abschreckende Beispiele bieten die oligarchischen Regime und das demokratische Athen. Das von Platon konstruierte Staats- und Gesellschaftsmodell schließt die Entstehung derartiger Entartungserscheinungen definitiv aus. Seine Umsetzung verhindert, dass der wirtschaftliche Sektor der Gesellschaft ins Uferlose wächst und das größte Segment der Bevölkerung sich zum Herrn des Staates ‚aufbläht'. Da dies in dem von Platon konstruierten Musterstaat ohnehin ausgeschlossen ist, braucht es keiner besonderen Erziehung zum Maßhalten. Desto ausführlicher und sorgfältiger geht er auf die Ausbildung und den wissenschaftlichen Bildungsgang der zur Regierung des Staates berufenen Philosophenkönige ein. Dies kann hier nicht bis ins Einzelne geschildert werden. Zu den Philosophenkönigen ist oben bereits das Nötigste gesagt, und was die Kriegerkaste anbelangt, so mag Folgendes genügen: Zur Verhinderung seiner Machtergreifung werden dem Militär Privatbesitz und Eheschließung verweigert, um die Entstehung mächtiger Dynastien in der waffentragenden Klasse zu verhindern. Stattdessen hat der Kriegerstand (zu dem ja auch Frauen gehören) in Ehelosigkeit, Frauen-, Kinder- und Gütergemeinschaft zu leben.

Es liegt auf der Hand, dass dieses Staats- und Gesellschaftsmodell einen Gegenentwurf zu der in der griechischen Staatenwelt herrschenden Realität darstellt. Und dieser Aspekt erfährt im achten Buch der *Politeia* eine eigene Betrachtung, die von der Frage nach dem jeweils herrschenden Teil in den verschiedenen Verfassungsformen bestimmt wird. Platon unterscheidet die Timokratie, das heißt die auf Ehrgefühl und Wehrhaftigkeit gegründete Herrschaft der Krieger in Sparta und in den dorischen Gemeinden Kretas, die Oligarchie als Herrschaft der wenigen Reichen, die Mehrheitsherrschaft des einfachen Volkes, also die Demokratie, und die Gewaltherrschaft eines Einzelnen, die Tyrannis. Als ihr gemeinsames Merkmal wird die Anfälligkeit für Entartung und Instabilität konstatiert, sodass gesetzmäßig der so bewirkte Umschlag von einer Verfassung in die jeweils benachbarte einen Kreislauf durchmisst. Jede der realen Verfassungen birgt demnach den Keim des Untergangs in sich, und keine einzige, so lässt sich ein Grundgedanke der platonischen Staatskonstruktion verdeutlichen, ist fähig, den wahren Staatszweck, Stabilität der Herrschaft des Guten und Schönen, zu realisieren.

Was nun speziell die Demokratie betrifft, so ist sie nach Platon aus dem Niedergang einer Oligarchie entstanden. Dieser Niedergang, so erläutert er seinen Gedanken, werde durch das maßlos gewordene Streben nach Besitz und Reichtum verursacht, durch das die Reichen unter Ausnutzung des Geldbedarfs jugendlicher Verschwender deren Güter aufkaufen oder als Sicherheit für das gewährte Darlehen in ihren Besitz bringen. Auf diese Weise entstehe ein revolutionäres Potenzial, die Verarmten oder von Armut Bedrohten erhöben sich gegen die Reichen, und aus dem Bürgerkrieg erwachse die Demokratie:

„So entsteht daher, denke ich, die Demokratie, wenn die Armen den Sieg davontragen, dann von der anderen Partei (den Oligarchen) einige hinrichten, andere vertreiben, den übrigen aber gleichen Anteil geben am Bürgerrecht und an der Regierung, sodass die Amtsträger im Staat großenteils durch das Los bestimmt werden" (Plat. Pol. 557c).

Platons Kritik bezieht sich auf die demokratische Berufung auf Freiheit und Gleichheit (wozu im zweiten Kapitel unter Verwendung der Darstellung des Aristoteles das Notwendige gesagt ist), und er sieht sie in einem demokratischen Staat so angelegt, dass der Bürger als freier Mann ohne feste Prinzipien seinen Launen und Bedürfnissen lebt. In diesem Staat der unbeschränkten Freiheit aber herrscht notwendig jene Form von Gleichheit, welche die Griechen als die arithmetische bezeichneten, die „gleichmäßig Gleichen wie Ungleichen eine gewisse Gleichheit" (Plat. Pol. 558c) zumisst. Nebenbei bemerkt: Kritiker der Demokratie zogen die geometrische Gleichheit vor, die auf dem Prinzip beruhte, dass Gleichheit nur Gleichen gebührt.

Zu den vielfältigen, nach Lust und Laune gewählten Beschäftigungen gehört für den Typus des Demokraten nach Platons Meinung, dass ihn die Lust nach politischer Tätigkeit überkomme, und auch auf diesem Feld alles geschehe, ohne einer festen Richtschnur zu folgen: „Oft auch betreibt er die öffentlichen Angelegenheiten, und wenn er aufspringt, redet und handelt er, wie es sich gerade trifft" (Plat. Pol. 558c). In der Übersteigerung von Freiheit und Gleichheit liege der Keim des Untergangs. Zur Illustration dieses Urteils entwirft Platon eine Karikatur des

Ausmaßes von Freiheit und Gleichheit in der Demokratie: Sie erfasst alle Lebensbereiche und macht überall die Ordnungen zunichte, auf denen eine gut verfasste Gesellschaft gegründet ist: auf dem Respekt der Schüler für ihre Lehrer, der Kinder für ihre Eltern, der Unterordnung der Frauen in der Familie und der Unterwerfung der Sklaven unter den Willen ihrer Herren. Platon treibt den Scherz mit seiner Karikatur der Demokratie so weit, dass er das Prinzip der Freiheit und Gleichheit auf das Verhalten der Tiere gegenüber den Menschen überträgt:

„Denn die Hunde sind schon offenbar nach dem Sprichwort wie junge Damen, und Pferde und Esel sind gewöhnt, ganz frei und vornehm immer geradeaus zu gehen, wenn sie einem auf der Straße begegnen, der ihnen nicht aus dem Wege geht, und ebenso ist alles andere voll von Freiheit" (Plat. Pol. 563c).

Der neue, über den oligarchischen Standpunkt hinausgehende Gesichtspunkt, den Platon einführt, betrifft den Untergang der Demokratie. Sie endet, so sagt er ihr voraus, in der Gewaltherrschaft der Tyrannis. Als Quelle dieses Umschlags der Verfassung wird der Gegensatz zwischen Reich und Arm angenommen: Aus diesem Gegensatz entspringen Konflikte, die sich der Führer des Volkes – das ist die Bedeutung des griechischen Wortes „Demagoge" – zunutze macht und sich so der Alleinherrschaft bemächtigt. Unter Anspielung auf einen Mythos wird der Demagoge zum sprichwörtlichen *lupus in fabula*:

„Ist es nun nicht ebenso (wie in der Erzählung vom Wolf), wenn ein Volksführer, der die Menge sehr lenksam findet, sich des inländischen Blutes nicht enthält, sondern – wie sie es gern machen – mit ungerechten Anschuldigungen Anklagen erhebt und so Blutschuld auf sich lädt, indem er, Menschenleben vertilgend und mit unheiliger Zunge und Lippe Verwandtenmord kostend, (Leute) bald mit Verbannung belegt, bald hinrichten lässt, wobei er auf Niederschlagung der Schulden und (Neu-)Verteilung des Bodens von ferne hindeutet, dass dann einem solchen von da an bestimmt ist, entweder durch seine Feinde unterzugehen oder ein Tyrann und also aus einem Menschen ein Wolf zu werden" (Plat. Pol. 565e–566a).

Die Machtergreifung eines Tyrannen hat es in Athen nicht gegeben, aber die Furcht vor einem Umschlag der Demokratie in eine Oligarchie oder Tyrannis war mehr oder weniger immer virulent. Im Jahr 336 war Eukrates, einer der damals prominenten Politiker Athens, mit einem Gesetz zum Schutz der Demokratie gegen solche Umsturzversuche hervorgetreten. Die Furcht vor der Machtergreifung eines Tyrannen war also, wie begründet oder unbegründet auch immer, eine Realität in Athen. Für Platon war der allgegenwärtige Gegensatz von Reich und Arm der Motor eines Kreislaufs der Verfassungen von der Oligarchie zur Demokratie und von dieser zur Tyrannis. Diese vermeintliche Gesetzmäßigkeit wollte Platon mit seinem Entwurf eines Idealstaates ebenso beseitigen wie den standesgebundenen Missbrauch, den die Oligarchen mit der Anmaßung betrieben, mit ihnen kämen die Prinzipien der Moral und der Gerechtigkeit an die Macht, wenn sie die Demokratie beseitigt hätten. Dem einen Ziel sollte die Neugliederung der Gesellschaft dienen, die der Entstehung des Gegensatzes zwischen Reich und Arm keinen Raum ließ, dem anderen die Ideenlehre, zu der Platon nach langem Nachdenken über die Grundfrage gefunden hatte, was letztlich den Prinzipien der Moral und der Gerechtigkeit zugrunde liegt.

Die Demokratie im Spiegel antiker Staatstheorie und Publizistik

Platon war sich, wie mehreren seiner Äußerungen zu entnehmen ist, darüber im Klaren, dass eine Realisierung des von ihm entworfenen Staatsmodells, wenn nicht unmöglich, so doch überaus schwierig sein würde. Die Erfahrungen, die er am Hof der beiden Tyrannen von Syrakus, Dionysios Vater und Sohn, machte, müssen ihn in seiner Skepsis noch bestärkt haben. Als er im hohen Alter sein umfangreichstes Werk, die *Nomoi* (die Gesetze), schrieb, betrachtete er den Staat aus einer anderen Perspektive, einer, deren Mitte nicht die philosophische Ideenlehre bildete, sondern die auf Gesetze gegründete Ordnung des Staates. Das Werk gehört damit in den Kontext einer intensiven Debatte, die seit der zweiten Hälfte der fünfziger Jahre des 4. Jahrhunderts über Gesetzgebung als Mittel politischer Reformen geführt wurde und auch praktische Auswirkungen gehabt hat. Das Werk nimmt seinen Ausgang von dem (fiktiven?) Plan der kretischen Gemeinde Knossos, eine Kolonie, einen neuen Stadtstaat, zu gründen. Wie ein auf Gesetzen beruhender Staat auszusehen hatte, ließ sich natürlich grundlegender und besser am Modell einer Neugründung demonstrieren als an dem Reformkonzept für einen bestehenden Staat, wie es damals der Publizist Isokrates nach Athens Scheitern im Bundesgenossenkrieg (357–355 v. Chr.) für Athen in seiner Rede über den Areopag, dem *Areopagitikos*, vortrug (Näheres dazu unten). In dieselbe Zeit gehören auch Platons *Nomoi*, wie die Erwähnung eines Ereignisses verrät, das wahrscheinlich in das Jahr 352 fällt, in dem Syrakus sich das süditalische Lokroi unterwarf.

Der Philosoph und der Publizist zeichnen in den beiden genannten Werken ein ähnliches Bild von der Entwicklung Athens. Demnach gab es in Athen bis in die Zeit der Perserkriege eine gute gesetzliche Ordnung, welche die Stadt in die Lage versetzte, die Übermacht der Perser abzuwehren. Im dritten Buch der

Nomoi feiert Platon den Gesetzesgehorsam der Athener als Grund, dass sie Griechenland vor der persischen Herrschaft bewahren konnten:

„Denn wir hatten zu jener Zeit, als der Angriff der Perser auf die Hellenen, ja beinahe auf alle Bewohner Europas erfolgte, eine von alters her bestehende Verfassung und Obrigkeit aufgrund der vier Vermögensklassen, und in uns wohnte eine mächtig über uns waltende Scheu, die uns willig machte, unser Leben nach den damaligen Gesetzen einzurichten. Und außerdem vermochte uns die Größe des (persischen) Heerzuges zu Lande und zu Wasser, die eine verzweifelte Furcht uns einjagte, zu einer noch größeren Unterwerfung unter die Regierung und die Gesetze (zu veranlassen), und aus diesem allen erwuchs uns eine innige Liebe."

Platon zeichnet hier das schöngefärbte Bild Athens, das Publizistik und Historiographie von der althergebrachten sogenannten väterlichen Verfassung, der *patrios politeia*, gemalt hatten. Es hat mit der Realität nichts zu tun, sondern ist die Erfindung eines Ideals, an dem Gegner der Demokratie damals ihre Reformvorstellungen orientierten. Dann kamen, auch dies die Wiedergabe einer historischen Legende, der Umschlag zur Zügellosigkeit der Demokratie und die Auflösung der Bindung an Gesetz und Obrigkeit. Platon gibt freilich der *fable convenue* eine originelle Wendung: Er knüpft den Beginn der beklagten Zügellosigkeit der Demokratie an einen Wechsel der Tonarten in der Musik und ihren Einfluss auf die seelische Gestimmtheit der Zuhörer. Um nicht zu weit abzuschweifen, übergehe ich diese Anleihe aus der Musiktheorie jener Zeit. Platons Bezugnahme auf die Lehre von den psychagogischen Wirkungen der Musik ist der Übergang zu den behaupteten Folgen im Bereich von Privat- und öffentlichem Leben: der Herrschaft absoluter Freiheit und Gesetzlosigkeit. Athen ist in Platons Sicht – und nicht nur in seiner – der absolute Gegensatz zur persischen Despotie, in der es keine Freiheit gibt, sondern nur die Unterwerfung unter eine Gewaltherrschaft. Beides aber ist das Gegenteil eines wohlgeordneten Staates.

Einen solchen wohlgeordneten Staat auf eine bis ins Letzte ausgearbeitete Gesetzeskodifikation zu gründen und seine Bürger auf dieser Grundlage zu freiwilligem Gesetzesgehorsam zu erziehen, ist das Ziel der *Nomoi*. Da es sich bei der betreffenden Stadt um eine Neugründung handelt und nicht die Notwendigkeit besteht, bereits existierende Mängel zu korrigieren, konnte das Werk bei den natürlichen Voraussetzungen eines Staates, seiner geographischen Lage und seiner Wirtschaft, beginnen. Die vorgetragenen Gesichtspunkte schließen die Gründung einer Hafen- und Handelsstadt nach dem Vorbild des demokratischen Athen wegen der immanenten Gefahren für die innere Ordnung, denen eine solche Stadt ausgesetzt ist, ausdrücklich aus. Platon bricht eine Lanze für eine in einiger Entfernung von der Meeresküste gelegene Stadt, deren Lebensgrundlage die Landwirtschaft ist. Nach einer Prüfung der natürlichen Umgebung, in der die neue Stadt in einem Abstand von 80 Stadien (das sind etwa 15 Kilometer) vom Meer gegründet werden soll, fasst Platon die aus ihrer Lage resultierenden Vor- und Nachteile wie folgt zusammen:

„Sollte es eine Seestadt sein (was wegen ihrer Entfernung vom Meer nicht der Fall ist), mit Häfen gut ausgestattet und nicht alle Erzeugnisse liefernd, sondern viele entbehrend, dann täte ihr ein gewaltiger Retter und Gesetzgeber göttlicher

Art not, wenn sich bei solcher Beschaffenheit in ihr nicht vielfältige, abgefeimte und schlechte Sitten erzeugen sollten: Jetzt aber bieten ihr die achtzig Stadien (Entfernung vom Meer) noch einigen Trost. Doch liegt sie der Küste näher, als sie sollte, umso mehr wohl, da du sagst, dass diese mit Häfen reich ausgestattet ist; dessen ungeachtet muss man wohl damit zufrieden sein. Denn das eine Gegend bespülende Meer ist zwar für das tägliche Bedürfnis eine angenehme, tatsächlich aber gewiss eine herbe und bittere Nachbarschaft. Indem es nämlich hier den Handel und dank des Gütertauschs den Gelderwerb gedeihen lässt und in den Seelen eine veränderliche und unzuverlässige Gesinnung erzeugt, macht es die Bürger unzuverlässig und lieblos gegeneinander sowie desgleichen auch gegen andere Menschen" (Plat. Nom. 705a).

Einen Trost bietet indessen, so Platon, der in der neuen Stadt herrschende Mangel an Überschussprodukten, die der Motor eines entwickelten Güterverkehrs mit dem Ausland und des Zuflusses von Geld sind. Denn dies alles, so fährt er fort, entfremdet die Bürger von der Gesinnung des Gesetzesgehorsams, auf dem die Stabilität der neuen Gemeinde beruhen soll. Mit anderen Worten: Die Ablehnung von Handel, Gewerbe und Geldschöpfung auf der einen Seite und die Bevorzugung einer rein landwirtschaftlichen Lebensgrundlage auf der anderen war eine Einstellung, die wahrscheinlich alle Feinde der Demokratie in Athen teilten. Sie begegnet schon, wie oben bereits angemerkt wurde, in der Abneigung des Alten Oligarchen gegen die gewissermaßen modernen Züge des demokratischen Athen. Was also Platon in den *Nomoi* darstellt, ist der antimoderne, nicht demokratische Staat, in dem sich die Bürger den Gesetzen und der Obrigkeit unterwerfen. Als Kern der Fehlentwicklung, die zur abgelehnten gesellschaftlichen Vielfalt der Demokratie führte, wird der aus dem Außenhandel gespeiste Zufluss von Gold und Silber gebrandmarkt, den Werkstoffen, auf denen die als verderblich angeprangerte Geldwirtschaft beruht: Wären die Ressourcen einer Stadt, heißt es, höchst einträglich, käme es zu einer reichen Ausfuhr und dadurch wiederum zu einer Überschwemmung mit Geld aus Silber und Gold, „ein größeres Unheil, möchte ich sagen (Sokrates, der Hauptredner des Werkes, spricht), Einzelnes mit Einzelnem verglichen, als irgendeines für das Erlangen einer edlen und redlichen Gesinnung entstehen könnte" (Plat. Nom. 705b).

Der in den *Nomoi* vorgelegte Entwurf eines neu zu gründenden Staates beruht auf einer bis ins Detail ausgearbeiteten Gesetzgebung, die, wie jüngst nachgewiesen wurde, zum Teil auf dem in Athen geltenden Recht basiert. Dies kann hier nicht weiter verfolgt werden. Stattdessen sollen die Quintessenz der von Platon entworfenen Staatsmodelle und ihr Bezug zu einer demokratiekritischen Einstellung zusammenfassend verdeutlicht werden. Fraglos ist das Bild, das Platon von der athenischen Demokratie zeichnet, mit den Farben ihrer oligarchischen Feinde gemalt. Aber Platon blieb dabei nicht stehen. Er nahm die in den Kreisen seiner Standesgenossen vertretene Vorstellung ernst, dass es Aufgabe wahrer Staatsmänner sei, die Politik an dem alternativen Ideal des Schönen und Guten, der Moral und der Gerechtigkeit, auszurichten und nicht an den falschen Zielen, die nach seiner Überzeugung der demokratische Staat verfolgte.

In seinem Frühwerk, dem *Gorgias*, verbindet er mit dem Angriff auf die sophistische Kunst der Rede eine Abrechnung mit der Politik Athens, die in der Katastrophe seiner totalen Niederlage und Kapitulation endete. Konfrontiert wird diese Politik mit dem von Sokrates vertretenen Standpunkt, dass die Moral über bloßer Machtausübung, ja selbst über der Rettung des eigenen Lebens zu stehen kommt. Diese Einstellung wird zu dem Satz zugespitzt, dass es besser sei, Unrecht zu erleiden, als Unrecht zu tun. Dann folgte der Entwurf eines utopischen Idealstaates in der *Politeia* mit der Fundierung des Schönen und Guten auf der Ideenlehre und der Herrschaft der Philosophenkönige, verbunden mit einer vernichtenden Kritik an Staat und Gesellschaft der Demokratie. Die *Nomoi* zeigen ein anderes Gesicht. In diesem Spätwerk hat sich Platon auf das in der Publizistik der Zeit propagierte Geschichtsbild und das Konzept einer Erneuerung Athens im Geist des anachronistischen Ideals vordemokratischer Verhältnisse eingelassen (Näheres dazu unten in dem Isokrates gewidmeten Abschnitt) und ein reaktionäres Staatsmodell entworfen, das, auf der Grundlage rein agrarischer Produktions- und Gesellschaftsverhältnisse und auf penibler gesetzlicher Regulierung fußend, angeblich ein in der realen Welt angesiedeltes Gegenmodell zur athenischen Demokratie verkörpert.

Neben den Vorschlägen vonseiten der Philosophie, wie dem Elend der realen Politik abzuhelfen sei, meldete sich im 4. Jahrhundert auch eine publizistische Politikberatung zu Wort. Dank der Gunst der Überlieferung sind die Denkschriften des Hauptvertreters dieser Gattung, des Atheners Isokrates, auf uns gekommen. Auf die Verfassung Athens bezieht sich vor allem eine dieser Denkschriften, die Rede über den Areopag (griechisch: *Areopagitikos*), genannt nach dem Versammlungsort des aus ehemaligen Archonten bestehenden Rates, der unter der Demokratie seine politischen Funktionen längst eingebüßt hatte. Dieser Rat galt Isokrates in der genannten Rede als das repräsentative Organ der alten Verfassung, griechisch: der *patrios po-*

liteia, die in der Zeit der Perserkriege für eine vorbildliche innere Ordnung und eine erfolgreiche Außenpolitik gesorgt haben soll. Das war eine Fiktion, aber sie diente als Gegenmodell zur radikalen Demokratie und ihrer verfehlten Politik.

Isokrates war nicht der einzige, aber der wirksamste Exponent derartiger Vorstellungen. Er war der Sohn eines athenischen Manufakturunternehmers, der zu Reichtum gekommen war, dann aber aufgrund der finanziellen Belastungen im Peloponnesischen Krieg den größten Teil seines Vermögens eingebüßt hatte. In seiner Jugend hatte Isokrates eine kostspielige Ausbildung bei Koryphäen der sophistischen Rhetorik genossen. Nach dem finanziellen Desaster der Familie war er gezwungen, aus dem Gelernten einen Beruf zu machen. Er wurde der Überlieferung zufolge ein erfolgreicher und gut verdienender Redenschreiber. Er gab diesen Beruf auf, als er es sich leisten konnte, und gründete seinerseits eine Schule der Redekunst, die den Anspruch erhob, nicht nur die formale Kunst des wirkungsvollen Arguments und des schönen Stils zu lehren, sondern mehr noch einen prominenten Schülerkreis nach Maßgabe des gesunden Menschenverstands zu den richtigen und Erfolg versprechenden politischen Vorstellungen anzuleiten. Er hoffte, in diesem Schülerkreis die, wie man sie heute nennen würde, Multiplikatoren seiner politischen Ideen zu finden; aber er ging darüber hinaus und wandte sich mit publizierten Denkschriften in Form fiktiver Reden und offener Briefe, die Leitartikeln glichen, an eine breitere Öffentlichkeit in der griechischen Welt. Er orientierte sich an den Perserkriegen. Sie waren für ihn – und nicht nur für ihn – die Zeit, in der Athen eine vorbildliche innere Verfassung besaß, Griechenland vor den Persern rettete und dafür mit der Rolle einer hegemonialen Führungsmacht belohnt wurde. Aber dann sei, so sein Geschichtsbild, eine Entartung der moralischen und politischen Verfassung der Stadt im Zeichen der radikalen Demokratie eingetreten. Das demokratische Athen sei seinen Bundesgenossen zur „tyrannischen Stadt" (griechisch: *polis tyrannos*) geworden. Die Nemesis habe es mit dem verlorenen Krieg gegen Sparta, dem Verlust der Seeherrschaft und der Kapitulation des Jahres 404 v. Chr. ereilt. Als sich mit dem sogenannten Bundesgenossenkrieg – er dauerte von 357 bis 355 v. Chr. – die Gefahr abzeichnete, dass Athen mit seinem Zweiten Seebund eine neue Katastrophe erleiden könnte, war das für Isokrates Anlass, sich mit zwei seiner überdimensionierten Leitartikel in Form fiktiver Reden an die Öffentlichkeit zu wenden: mit der Rede über den Areopag und mit der Friedensrede.

Die Friedensrede betrifft Athens Außenpolitik, die Rede über den Areopag die innere Verfassung der Stadt. In beiden Reden geht es um eine Neuorientierung nach dem Bild einer Vergangenheit, die niemals so, wie sie dem Verfasser vorschwebte, existiert hatte. Die Areopagrede, die hier im Vordergrund steht, propagiert die Rückkehr Athens zu einer Verfassung, wie sie angeblich zur Zeit der Perserkriege herrschte; diese soll eine der grundlegenden Voraussetzungen dafür gebildet haben, dass Athen zur Führungsmacht in Griechenland wurde. Die Schlüsselrolle kommt, wie schon aus dem Titel des Traktats hervorgeht, dem Rat vom Areopag zu. Dieser Rat bestand aus ehemaligen Archonten, Magistraten, die in vordemokratischer Zeit die jährlich wechselnde Regierung stellten. Vor der Perserzeit wurden die Archonten gewählt; die Voraussetzung dafür war die Zugehörigkeit zu den höchsten Vermögensklassen. Es handelte sich ursprünglich um einen Rat, der aus Adligen bestand und zusammen mit dem für die Dauer eines Jahres amtierenden Archontenkollegium unter Vorsitz des ranghöchsten Mitglieds, des *archon eponymos*, die Regierung bildete. Aber unter der Demokratie war die Rolle des Areopags bis zur Bedeutungslosigkeit reduziert worden. Regierungsfunktionen übte seit Kleisthenes die Volksversammlung mithilfe des Rates der Fünfhundert aus, die Archonten wurden seit den Perserkriegen nicht mehr gewählt, sondern ausgelost, und der *archon eponymos* verlor die wichtige Funktion eines Vorsitzenden in der Volksversammlung; dann entfielen bestimmte Kontrollrechte, die der Rat vom Areopag besessen hatte, und schließlich fiel auch die Vorschrift, dass die Zugehörigkeit zu einer hohen Vermögensklasse für die Zulassung zum Archontenamt notwendig sei. Aber die vage Vorstellung von der Bedeutung, die dem Areopag bis zur Perserzeit zugeschrieben wurde, erlaubte es Isokrates, ein Phantasiegemälde vom segensreichen Einfluss dieses Gremiums in der Vergangenheit zu zeichnen, um dieses als Vorbild für die reformbedürftige Gegenwart zu benutzen.

Das Phantasiebild von der einstigen Rolle des Areopags bis zur Perserzeit war bestimmt von Ideen des 4. Jahrhunderts von der Notwendigkeit, die Bürger zu Rechtschaffenheit, Zucht und Ordnung sowie zum Gehorsam gegenüber den Gesetzen und der Obrigkeit zu erziehen – zu Einstellungen also, die den in der Demokratie tatsächlich oder angeblich herrschenden diametral entgegengesetzt waren. Der Rat vom Areopag sollte darauf achten, dass die Kinder der Besitzlosen ein Handwerk erlernten, um für sich selber und ihre Angehörigen sorgen zu können, der Staat also mit der Versorgung der Armen nicht belastet wurde. Entscheidend kam es nach Isokrates' Darstellung auf die gelungene Erziehung an; von ihr wird gesagt, dass sie sogar wichtiger als die Genauigkeit der Gesetze sei, an deren Mängeln gleichwohl die zeitübliche Kritik geübt wird. Erziehung und Gesetzgebung bewirkten unter der Ägide des Areopags angeblich nicht nur eine vorbildliche innere Ordnung, sondern sie würden auch, so wird erwartet, die Voraussetzungen zu einer Außenpolitik schaffen, die vom Zwang zu einem maritimen Imperialismus im Interesse der Versorgung der Besitzlosen befreit sein werde.

Kurzum erblickte Isokrates in der Rolle, die dem Rat vom Areopag in der Vergangenheit angedichtet wurde, die Lösung der Probleme, an denen die Gegenwart litt. Damit stand er nicht allein. Wie er deuteten Historiker, die sich der Darstellung der Verfassungsgeschichte Athens widmeten, sogenannte Atthidographen, die politischen Verhältnisse Athens in der Zeit bis zu den Perserkriegen nach dem Wunschbild, das sie als heilsam und vorbildlich für ihre eigene Zeit ansahen. Ausdrücklich mit Namen genannt werden in der Überlieferung zwei Atthidographen, die ihre Spuren in der Darstellung der athenischen Geschichte hinterlassen haben. Doch fügt ihr Gewährsmann der Nennung ihrer Namen hinzu: „und noch viele andere". Selbst Platon hat in den *Nomoi* diesem Trugbild der Geschichte seinen Tribut gezollt.

Doch gab es Historiker, für die gelten darf, dass sie nach den Möglichkeiten, welche die dürftigen Quellen boten, ihr Augenmerk auf die wirkliche Geschichte richteten, und es gab den Philosophen Aristoteles, der seine enorme Arbeitskraft allen Wissensgebieten seiner Zeit widmete. Erhalten haben sich aus seinem Riesenwerk die Manuskripte, die er seiner Lehrtätigkeit zugrunde legte, und dazu gehörte auch Politik. Die Ergebnisse seiner Forschungen über die theoretischen Modelle und ihre realen Erscheinungsformen legte er in dem *Politik* genannten Werk nieder. Hinzu kommt als glücklicher Zufallsfund eine Schrift, die der von Aristoteles organisierten Sammlung von 158 Verfassungen griechischer und nichtgriechischer Staaten zuzuordnen ist: der oben ausgiebig benutzte *Staat der Athener*.

Die Demokratie im Spiegel antiker Staatstheorie und Publizistik

Auf der Grundlage der publizierten Entwürfe von Idealstaatsmodellen wie auch der gesammelten Nachrichten aus den Werken zu Geschichte und Verfassungen griechischer Staaten hat Aristoteles die Ergebnisse seiner Forschungen in der *Politik* niedergelegt. Es handelt sich um Vorlesungsmanuskripte, die ursprünglich nicht zur Publikation bestimmt waren. Sie sind nicht in einem Zuge niedergeschrieben worden, sondern weisen Spuren einer längeren Entstehungszeit auf. Das kann hier nicht verfolgt werden, ebenso wenig die materialreichen Untersuchungen der Umstände, die Verfassungen Stabilität oder Instabilität verleihen. Herausgegriffen seien nur die Unterscheidung von vier Arten der Demokratie, ihre Zuordnung zu unterschiedlichen Bevölkerungsstrukturen sowie die Werturteile, die der Autor über die von ihm festgestellten Formen der Demokratie abgibt. Als schlechteste Art betrachtete er die athenische, als beste diejenigen, die auf landwirtschaftlicher Grundlage basieren. Dazu heißt es in Pol. 1318b 7–15:

„Es gibt vier Arten der Demokratie: diejenige, die in der Reihenfolge an erster Stelle (der Liste steht), ist auch die beste ..., sie ist aber auch die älteste. Als erste bezeichne ich sie aber in dem Sinne, in dem man auch die Gruppen des Volkes (des Demos) unterteilen (und in eine Rangordnung bringen) könnte. Die beste eines Volkes bilden die Bauern. Es bietet sich damit die Möglichkeit, dort eine Demokratie einzurichten, wo die Menge von Ackerbau und Weidewirtschaft lebt. Denn diese Gruppe verfügt nicht über viel Vermögen und kann sich daher keine Muße leisten, sodass sie nicht häufig Volksversammlungen besucht. Wenn diese Leute andererseits nicht das Notwendige besitzen, verbringen sie ihre Zeit mit Arbeit und sind sie nicht darauf aus, sich fremdes Gut anzueignen; Arbeit bereitet ihnen mehr Vergnügen als politische Aktivität und die Bekleidung eines Amtes."

Ganz ähnlich werden Gemeinden beurteilt, deren Lebensgrundlage die Viehzucht ist: „Die beste Gruppierung des Volkes nach den Bauern findet man dort, wo es Hirten gibt und (das Volk) von Weidetieren lebt. In vieler Hinsicht ähnelt diese Lebensweise ja derjenigen der Bauern, und für die militärischen Aufgaben sind sie von ihren Lebensgewohnheiten her am besten trainiert und körperlich einzusetzen, und sie können unter freiem Himmel leben" (Pol. 1318b 19-23). Demgegenüber werden alle anderen Gruppierungen der Gesellschaft und die von ihnen gebildeten demokratischen Verfassungen abgewertet, am stärksten, ohne Namensnennung, die athenische:

„So ziemlich alle anderen Gruppierungen, welche die tragende Schicht der übrigen Demokratien darstellen, sind diesen (den Bauern und Hirten) weit unterlegen. Denn sie führen ein ordinäres Leben, und keine Tätigkeit, der die große Zahl der Handwerker, der auf dem Markt tätigen Männer und Tagelöhner nachgeht, verlangt charakterliche Qualitäten. Weil sie sich außerdem um den Markt und in der Stadt herumtreiben, ist sozusagen jede dieser Gruppen leicht geneigt, Volksversammlungen zu besuchen. Die Bauern nehmen dagegen nicht häufig an solchen Versammlungen teil und empfinden auch nicht in gleicher Weise ein Bedürfnis dafür, weil sie vereinzelt über das Land verstreut leben. Wo es sich aber auch noch trifft, dass landwirtschaftlich genutztes Land weit von der Stadt entfernt gelegen ist, lässt sich leicht eine gute Demokratie und eine *Politie* einrichten; denn das Volk ist gezwungen, seinen Wohnsitz auf dem Land zu nehmen" (Pol. 1319a 24-38).

Aristoteles' Klassifizierung der verschiedenen Arten der Demokratie spiegelt auf das Deutlichste die Optionen der aristokratischen Demokratiefeinde in Athen wider. Diese lassen sich von dem Traktat des Alten Oligarchen über Platon bis zu Aristoteles und anderen verfolgen. Aristoteles hält diejenige Demokratie für die beste, die er mit anderem Namen als *Politie* bezeichnet. Das griechische Wort bedeutet unter anderem so viel wie Verfassung. Aristoteles gebraucht es in dem Sinne von Verfassungsstaat und setzt diesen der zeitlichen Entstehung und dem Rang nach mit der ersten Demokratie gleich. In unserer Perspektive handelt es sich um eine der Demokratie vorausliegende Stufe der Verfassungsentwicklung, die eine agrarische, nicht städtische Bevölkerungsstruktur voraussetzt. In diesem Stadium fungierten wie zu Homers und Solons Zeiten nur die wenigen als Amtsträger und Ratsmitglieder, die nach ihrem Vermögensstand Zeit und Interesse für öffentliche Angelegenheiten aufbrachten und nur selten die Zustimmung der schwach besuchten Volksversammlung einholten. In einer agrarisch strukturierten Gesellschaft hat die Masse der zur Bestellung der Felder oder zur Versorgung des Viehs gezwungenen Bürger weder Zeit noch Lust, politische Versammlungen zu besuchen. Wir Heutigen setzen hingegen den Begriff Demokratie mit der athenischen gleich und belegen mit ihm nicht eine Stufe der Verfassungsentwicklung, die der oben näher geschilderten Entstehung der Demokratie in der Zeit des Kleisthenes (Ende des 6. Jahrhunderts) vorausliegt. Was also Aristoteles in Anknüpfung an das reaktionäre Konzept einer Demokratie *avant la lettre* als erste und zugleich beste Demokratie bezeichnet, entspricht aus unserer Sicht der Definition, mit der römische Sprachwissenschaftler wie M. Terentius Varro (116–27 v. Chr.) dem Problem der etymologischen Herkunft von Worten beizukommen versuchten: *lucus a non lucendo*. Die beste Demokratie ist demnach diejenige, die noch keine war.

Was nun die Einschätzung der athenische Demokratie als der schlechtesten Ausprägung der mit diesem Namen bezeichneten Verfassungen anbelangt, so denkt Aristoteles ähnlich wie die oligarchischen Feinde der Demokratie: Er kritisiert, wie übrigens auch sein Lehrer Platon, die ökonomische und gesellschaftliche Differenzierung in einer am Meer gelegenen großen Stadt und eine Regierung durch das Volk, der Instabilität und die Gefahr, im Kampf der Parteien unterzugehen, bescheinigt wird:

„Wenn in der letzten und äußersten Demokratie (wie der athenischen) alle (an den politischen Entscheidungen) teilhaben, ist nicht jeder Staat einer solchen Verfassung gewachsen; sie kann sich, außer wenn ihr Bestand durch Gesetze und gewohnheitsmäßige Haltungen gut gesichert ist, nicht leicht einer langen Dauer erfreuen" (Pol. 1319b 2–5).

Über die Instabilität der drei Regierungsformen Monarchie, Aristokratie und Demokratie hatten bereits Platon, Aristoteles und andere geschrieben. Daran knüpfte im 2. Jahrhundert v. Chr. der griechische Historiker Polybios (ca. 200–118 v. Chr.) an und stellte diesen verfehlten Regierungsformen die Stabilität der sogenannten Mischverfassung gegenüber. Als solche verstand er die römische, die aus monarchischen, aristokratischen und demokratischen Elementen zusammengesetzt und damit von dem Prozess der Entartung, der die Einzelverfassungen zerstört und den Kreislauf von der einen zur anderen in Gang hält, nicht betroffen sei. Am Anfang des Kreislaufs steht nach dieser Theorie die Alleinherrschaft, die Monarchie, am Ende die Pöbelherrschaft (griechisch: die Ochlokratie) und die Rückkehr zu einer Alleinherrschaft, die ihren revolutionären Ursprung im Verfall der Demokratie hat. Die Entartung der Demokratie beginne, so führt er aus, mit den Aktivitäten reicher Demagogen, die das Volk bestechen, um eine führende politische Stellung zu gewinnen. Diese gewöhnten das Volk daran, von fremdem Gut zu leben. Schließlich mache sich ein Demagoge, der aus der Schicht der Armen stamme, die so entstandene Situation zunutze und zettele eine Revolution an, die ihm als Sprungbrett zur Alleinherrschaft diene:

„Denn die Menge, die sich daran gewöhnt hat, sich von fremdem Gut zu nähren, und nur auf Kosten anderer meint leben zu können, braucht nur einen Führer mit kühnen, hochfliegenden Plänen, der wegen seiner Armut von den Ehrenstellen im Staat ausgeschlossen ist, zu finden, und schon ist die Herrschaft der brutalen Gewalt da. Das Volk rottet sich zur Vertreibung und zur Ermordung seiner Gegner und zur Neuverteilung des Landes zusammen und ruht nicht eher, bis die verrohten Massen wieder einen Herrn, den Alleinherrscher, gefunden haben" (Pl. Hist. VI, 9,8 f.).

Das war natürlich der Albtraum der Besitzenden, aber so, wie er geschildert wird, wurde er keine Wirklichkeit. Was nun Athen anbelangt, so stellte Polybios fest, dass die Athener in der Stunde der Gefahr zu großen Taten fähig waren – gedacht ist etwa an die Abwehr der Perser –, dass sie dann aber, wenn die Gefahr überwunden war, „mit ihrem Zwist untereinander und ihren Parteiungen für den Betrachter einen abscheulichen Anblick bieten" (Plb. Hist. VI, 44,6). Und an anderer Stelle des Kapitels, in dem Polybios Athen aus der Zahl der vorbildlichen

Verfassungsstaaten ausschließt, heißt es: „Das Volk von Athen gleicht von jeher mehr oder weniger einem Schiff ohne Kapitän" (Hist. VI, 44,3).

Die athenische Demokratie war mehr als umstritten. Sie unterlag einer Fundamentalkritik aus der Perspektive ihrer Feinde, Angehöriger der entmachteten alten Elite, die sich anstelle des Volkes zur Herrschaft im Staat berufen fühlte. Umsturzpläne wurden geschmiedet, Reformen vorgeschlagen und vonseiten philosophischer Theoretiker und Publizisten Idealstaatsmodelle als Alternativen zur bestehenden Demokratie entworfen. Von Begeisterung für die Demokratie gibt es so gut wie keine Spur. Alles in allem war ein negatives Bild verbreitet; aber diese Tendenz der Quellen macht es nicht überflüssig, nach der relativen Berechtigung der vorgetragenen Kritik zu fragen und darüber hinaus vom Standpunkt eines modernen Erfahrungshorizonts Vorzüge und Mängel der athenischen Demokratie ins Auge zu fassen. Dies soll in der folgenden Zwischenbilanz geschehen.

Zwischenbilanz

Athen ist es nicht an der Wiege gesungen worden, dass es die erste Demokratie der griechischen und damit ein Vorbild für die moderne westliche Welt werden würde. Schon von der Größe des Territoriums und der Bevölkerungszahl her war es eigentlich zu groß für eine Regierung durch die Volksversammlung. Die überwältigende Mehrheit des Volkes bestand aus Kleinbauern, Hirten, Handwerkern, Tagelöhnern, Fischern und Seefahrern, und sie alle hatten die Last einer Existenzsicherung durch harte Arbeit zu tragen. Um öffentliche Angelegenheiten konnten sie sich kaum oder gar nicht kümmern. Der öffentliche Raum war ohnehin von der kleinen Minderheit der adligen Herren besetzt. Sie führten als Amtsträger und als Mitglieder des Rates vom Areopag die laufenden Regierungsgeschäfte. Die Volksversammlung, die nur selten zusammentrat, war durch die Kämpfe adliger Clans um die Stadtherrschaft, die Tyrannis, ohnehin aus dem Blickfeld gedrängt. Das änderte sich, als gegen Ende des 6. Jahrhunderts im Inneren der bewaffnete Kampf adliger Rivalen um die Stadtherrschaft durch Intervention Spartas beziehungsweise eines der beiden Könige und anderer auswärtiger Gemeinden eine völlig neue Situation schuf. Damals ist es Kleisthenes, dem Führer der einen um den Besitz der Stadtherrschaft kämpfenden Adelspartei, gelungen, das Volk politisch und militärisch zu mobilisieren und so die Oberhand über seinen Rivalen im Inneren zu gewinnen. Damit sind die Grundlagen der Organisation des attischen Staates und der direkten Demokratie gelegt worden. Die weitere Ausgestaltung geschah im

Zusammenhang mit der Abwehr der Perser. Athen wurde eine maritime Großmacht, die Hauptstadt eines Seebundes zum Schutz der von persischer Herrschaft befreiten Griechen. Der Zwang zur Mobilisierung aller Ressourcen unter Teilnahme des Volkes blieb erhalten, und in diesem Zusammenhang geschah im 5. Jahrhundert der Ausbau der Demokratie.

Demokratie bedeutete Regierung durch das Volk, und zumindest nach Überzeugung der aus ihrer Führungsrolle verdrängten alten Elite wurde die Regierung einseitig zugunsten der besitzlosen Masse des Volkes ausgeübt; denn die finanziellen Lasten, welche das politische System und die maritime Großmachtpolitik verursachten, hatten die Wohlhabenden zu tragen. Die Demokratie spaltete die Gesellschaft an der Bruchlinie zwischen Besitzenden und Besitzlosen, und dementsprechend sind die meisten Zeugnisse aus der Feder der Wohlhabenden mit Ressentiments aufgeladen, wenngleich ihre Klagen von der eingetretenen Situation her immerhin nachvollziehbar sind. Der zweite Riss, der die Gesellschaft spaltete, rührte von dem Gegensatz zwischen Stadt und Land her. Die Volksversammlung, die eigentliche Regierung, wurde in der Regel von den Bürgern aus der Stadt mit ihren Häfen und ihrem Umland dominiert. Eine Ausnahme war die Zeit des Peloponnesischen Krieges, als die Spartaner mit ihren Bundesgenossen das flache Land besetzten, in der ersten Phase des Krieges im Sommerhalbjahr, in der zweiten ganzjährig. Damals drängte sich die evakuierte Landbevölkerung in dem Raum zusammen, der durch die Langen Mauern geschützt war. Athen mit seinen Häfen war der Motor der Differenzierung von Wirtschaft und Gesellschaft; das flache Land verharrte auf der älteren agrarisch geprägten Entwicklungsstufe, auf der die Orientierung an Handel und maritimer Großmachtpolitik eher gering war. Dies war der Grund, weshalb diese Verhältnisse bei Gegnern und Kritikern der direkten Demokratie als Alternative zur Herrschaft der Stadtbevölkerung propagiert wurden.

Die athenische Demokratie war ein gut organisierter Staat, der eine umfangreiche Agenda öffentlicher Tätigkeiten zu bewältigen hatte. Dies beweisen insbesondere die Inschriften und der systematische Teil des aristotelischen *Staates der Athener*. Die Regierung benötigte eine Administration, die ihre Beschlüsse vorbereitete, kontrollierte und ausführte. Da es die modernen Verwaltungsberufe, Angestellte und Beamte, nicht gab und diese noch außerhalb jedes Vorstellungsvermögens lagen, blieb der athenischen Demokratie nur die Möglichkeit, das benötigte Personal aus der Bürgerschaft zu rekrutieren – unter der Voraussetzung, dass Beanspruchung und Freistellung in ein erträgliches Verhältnis gebracht wurden. Das geschah durch ein System der Rotation, nach dem die Verpflichtungen mittels Auslosung zum Staatsdienst für jeweils ein Jahr vergeben wurden. Auf dieses System bezog sich Aristoteles zufolge das Selbstverständnis der Demokratie, indem ihre Anhänger den Wechsel zwischen Belastung und Freistellung von staatlichen Aufgaben als Realisierung der Prinzipien begriffen, auf denen die Demokratie beruhte: Gleichheit und Freiheit.

Jedes Jahr wurden folgende Gremien durch das Los gebildet: der Rat der Fünfhundert, mehrere kollegial zusammengesetzte Kommissionen mit Verwaltungsaufgaben sowie die Liste der 6000 potenziellen Richter der Geschworenengerichte. In nur wenigen Fällen wurde das ältere System der Volkswahl beibehalten. Die Beanspruchung und die Verantwortung waren unterschiedlich verteilt. Am geringsten waren Zeitaufwand und Verantwortung, die auf die 6000 potenziellen Richter entfielen. Nur ein Bruchteil wurde jeweils für die einzelnen Verfahren ausgelost, die Entscheidungen, die sie trafen, waren endgültig und unterlagen keiner Rechenschaftspflicht. Anders war es bei den übrigen: Stark war die Belastung für die Mitglieder des Rates der Fünfhundert, noch stärker für die der zehn Prytanien: Sie waren das ganze Jahr zum Dienst verpflichtet; bei den Verwaltungskollegien richtete sich die Belastung nach dem jeweiligen Handlungsbedarf. Abgesehen von den Geschworenenrichtern unterlagen alle anderen einer ausgeklügelten Rechenschaftspflicht. Es gab eine Unzahl von Überprüfungen und Gerichtsverfahren, in denen entschieden wurde, ob die Amtsträger auf Zeit ihre Pflichten ordnungsgemäß erfüllt und sich keiner Unterschlagungen öffentlicher Gelder oder Bestechungen schuldig gemacht hatten. Die Gerichtsverfahren mussten größtenteils von privaten Anklägern in Gang gebracht werden, und deren Motive konnten sich als unlauter erweisen, wenn sie etwa darauf abzielten, einen persönlichen Feind oder politischen Konkurrenten zu Fall zu bringen. Solche Leute hießen Sykophanten, und sie hatten vielfach eine Gegenklage wegen falscher Anklage zu gewärtigen. Nimmt man die zivilrechtlichen Verfahren hinzu, erschienen die Volksgerichte im 4. Jahrhundert geradezu als Ausdruck der Herrschaft des Volkes über alles und jeden: als Inbegriff der Demokratie.

In der Zeit des Ersten Weltkriegs schrieb ein klassischer Philologe ein Buch mit dem Titel *Aus einer alten Advokatenrepublik*. Das war in polemischer Absicht gegen die neuen Advokatenrepubliken unter den damaligen Kriegsgegnern Deutschlands gerichtet; aber man kann dem Verfasser darin nicht widersprechen, dass er von einem wirklichen Problem der athenischen Demokratie redete. Es herrschte in Athen das, was Max Weber „Kadijustiz" nannte, es gab weder Juristen noch Jurisprudenz, und es bestanden trotz eines spät begonnenen Bemühens um eine Kodifizierung des geltenden Rechts die viel beklagten Mängel an den gesetzlichen Grundlagen der Gerichtsbarkeit. Völlig zu Recht heißt es in Alfred Heuß' Darstellung der athenischen Demokratie: „Auf diesem Auge (das auf die Berechenbarkeit des Rechts und der Gerichtsbarkeit gerichtet ist) war die attische Demokratie völlig blind." Dieses Milieu war der ideale Nährboden der sophistischen Rhetorik, deren Rabulistik die ungeschulte Masse der Kläger und Ankläger, der Verteidiger und der Richter wenig gewachsen war. Die Zahl der anhängigen Verfahren war in dieser „alten Advokatenrepublik" so groß, dass sie in der Regel nicht in angemessener Zeit abgeschlossen werden konnten. Insgesamt löste die Herrschaft der Gerichte ein Unbehagen aus, das nicht auf die geschworenen Feinde der Demokratie beschränkt war.

Ein mindestens ebenso starker Einwand gegen die Demokratie betraf die Ausrichtung der Politik auf Krieg und Herrschaftsbildung. Gewiss, diese Politik feierte große Erfolge und warf Gewinne ab, die der Masse der Bevölkerung in Athen zugute kamen. Der Preis, der dafür gezahlt werden musste, war freilich hoch: Unbeliebt war Athen nicht nur wegen seiner Demokratie, sondern auch wegen seiner Ausrichtung auf die Bildung und Erweiterung der Herrschaft über griechische Gemeinden; ja selbst unbestreitbare Verdienste um die Abwehr der Perser galten in der griechischen Öffentlichkeit wenig oder nichts mehr. Diesem Staatszweck der Demokratie wurde von ihren Gegnern ein anderer gegenübergestellt: die Erziehung der Bürger zu Tugend und Gerechtigkeit. Dieses Grundprinzip einer alternativen Politik wurde von den Anhängern der alten Eliten propagiert – und durch sie selbst desavouiert, nachdem sie, durch äußere Umstände begünstigt, zweimal an die Macht gelangt waren. Als dies nach dem Tod Alexanders des Großen (323 v. Chr.) noch einmal geschah, wurde das aktive Bürgerrecht auf Besitzende mit einem Mindestvermögen von 2000 Drachmen beschränkt. Dadurch verloren 12 000 von insgesamt 21 000 erwachsenen Bürgern ihre politischen Mitwirkungsrechte – ihre Zahl war im 4. Jahrhundert, verursacht durch Kriege und die große Seuche des Jahres 430, erheblich niedriger als vor Ausbruch des Peloponnesischen Krieges. Athen war im Jahre 322 nur noch dem Namen nach eine Demokratie, tatsächlich aber eine gemäßigte Oligarchie.

Es versteht sich von selbst, dass diejenigen, die mit List und Gewalt und von den Kriegsgegnern Athens unterstützt an die Macht gelangten und der Mehrheit ihren Willen aufzwangen, gar nicht in die Lage kamen, den auf Tugend und Gerechtigkeit basierenden Staat zu gründen, zumal die Oligarchen davon ausgingen, dass diese Qualitäten ihnen schon aufgrund ihres Standes zu eigen waren. Aber da war Platon. Er teilte die Ablehnung der Demokratie und ihrer Politik; er trieb seinen Spott mit der Freiheit, die alle Demokraten als Richtschnur ihres Lebens betrachteten, und er hielt nichts von einer Gleichheit, die Ungleichen Gleiches zuteilte. Allerdings nahm er den alternativen Staatszweck, dem die Feinde der Demokratie Lippendienste spendeten, ernst: zuerst in seinem Frühdialog *Gorgias* durch eine Radikalisierung der moralischen Anforderungen an die Politik; dann in dem großen staatstheoretischen Hauptwerk, der *Politeia*, durch die Konstruktion eines Idealstaates der Gerechtigkeit, in dem eine philosophische Elite, welche die höchste Stufe philosophischer Erkenntnis, die Schau der Idee des Guten, erreicht hat, die Regierungsgewalt ausübt; dann in seinem Alterswerk, den *Nomoi*, in dem es im Sinne der Zeit um einen auf Gesetze und Erziehung gegründeten Staat mit agrarischer Grundlage als Alternative zur Demokratie geht.

Schließlich Aristoteles: Er rückte neben der Analyse der vorhandenen Idealstaatskonzepte die Realitäten der politischen Welt in den Mittelpunkt seines Erkenntnisinteresses. Ihm verdanken wir viele Einsichten, unter anderem die Klärung dessen, wie die Demokraten in Athen das Verhältnis von Gleichheit und Freiheit auffassten. Er selbst war wie sein Lehrer Platon ein dezidierter Gegner der athenischen Demokratie. Er teilte die unter Oligarchen verbreitete Abneigung gegen die auf freiem Handel und Geldwirtschaft basierende Wirtschaftsform und die ihr entsprechende differenzierte Gesellschaft, und er ging so weit, dass er die Verfassung eines agrarisch fundierten vordemokratischen Staates zur ältesten und besten Demokratie erklärte.

Es bleibt die Frage, welche Haltung die Masse der einfachen Leute, die Mehrheit, zu diesem Staat einnahm. Zweifellos brachte die Demokratie ihnen Vorteile: Sie bildeten die Regierung und zogen auch materiellen Nutzen aus den geldwerten Leistungen der Reichen, der Bundesgenossen und des Staates; aber die Vorteile wurden durch Belastungen erkauft: Dies waren die Belastung mit Flotten- und Heeresdienst sowie mit der Verwaltung des Staates in der oben beschriebenen Weise. Beruhte all das auf Zwang oder wurde es nach der Deutung von Christian Meier getragen von einem leidenschaftlichen Engagement der breiten Masse, die so – und nur auf dem Felde des Politischen – auf Augenhöhe mit dem Adel zu gelangen trachtete?

Wie die einfachen Leute dachten und empfanden, wissen wir meistens nicht. Aber es gibt Indizien, welche die vorsichtige Schlussfolgerung nahelegen, dass die Verhältnisse komplizierter lagen. Die Verpflichtung zu Flotten- und Heeresdienst löste, abgesehen von Momenten der Sieges- und Beuteeuphorie, schwerlich Begeisterung aus. Sie bedeutete Trennung von Familie und gewohnten Lebensverhältnissen, und sie war mit hohen

Verlusten verbunden. Und was die routinemäßig vorgenommene Auslosung eines Teils der Bürgerschaft zum Verwaltungsdienst anbelangt, so barg dieser Aufgabenbereich das Risiko, bei den zahlreichen Überprüfungen der Amtstätigkeit zu Fall zu kommen, sowie die Gefahr, in Prozesse wegen Amtsvergehen und Bestechung verwickelt zu werden. Natürlich standen die einfachen Leute ebenso wie die Reichen und Angesehenen unter dem Druck der Erwartung, dass Leistungen für die Gemeinschaft erbracht wurden. Dass die sogenannten besseren Leute diesen Leistungen ebenso wie der Nötigung durch öffentliche Erwartungshaltung abgeneigt waren, ist gut bezeugt, für die anderen wird Unterschiedliches gelten: Zwang und patriotische Einstellung werden auf der einen Seite eine Rolle gespielt haben, auf der anderen standen die Verpflichtungen des privaten Lebensumfelds und die Gefahren, das Leben zu verlieren, durch Verwundungen schwerbehindert zu werden oder im Gefolge der Überprüfung von Amtstätigkeiten zu empfindlichen Strafen verurteilt zu werden.

Was nun gar die aktive Beteiligung an den Initiativen zu politischen Entscheidungen oder zur Erhebung von Klagen und Anklagen angeht, so waren den Möglichkeiten einfacher Bürger, die nicht die Mittel besaßen, sich die notwendigen Reden von sophistischen Redekünstlern schreiben zu lassen, enge Grenzen gesetzt.

Die athenische Demokratie teilt mit der modernen gewisse Prinzipien wie Volkssouveränität oder Freiheit und Gleichheit (wenngleich dieses Begriffspaar damals etwas anderes bedeutete als heute); im Übrigen taugt sie nicht, unnötig zu sagen, zum Vorbild gegenwärtiger repräsentativer Demokratien. Sie kannte weder Gewaltenteilung noch Repräsentativsystem, weder Rechtsstaatlichkeit noch Menschenrechte, weder einen juristisch ausgebildeten Richterstand noch ein Berufsbeamtentum zur Bewältigung administrativer Aufgaben. Jeder, der nicht die dafür erforderliche Ausbildung durchlaufen hat, würde sich heute weigern, sich für die Bewältigung von Aufgaben auslosen zu lassen, deren Komplexität er nicht im Entferntesten gewachsen sein würde. Die athenische Demokratie war in der Bürgerschaft umstritten, und sie war der Nährboden für innere Auseinandersetzungen. Dies veranlasste, wie noch näher zu schildern sein wird, die Gründerväter der Vereinigten Staaten, anstelle einer Demokratie eine Republik zu gründen.

Zweiter Teil
Die moderne Demokratie

Volkssouveränität, Repräsentativsystem, Gewaltenteilung

Über das aus der Antike überlieferte Bild der athenischen Demokratie im Zeitalter des Perikles heißt es im dritten Band der Propyläen-Weltgeschichte:

„Kein Historiker vermag den Perikleischen Staat von dem Schicksal einer beängstigenden Zwielichtigkeit zu befreien. Die Nachwelt hat ihm alles andere als ein eindeutig positives Zeugnis ausgestellt. Die größten Geister der staatstheoretischen Reflexion, Platon und Aristoteles, brachen den Stab über ihn."

Das Fazit stammt von Alfred Heuß. Was dort vom perikleischen Staat gesagt ist, kann – ungeachtet der Modifikationen der athenischen Verfassungen im 4. Jahrhundert – von der athenischen Demokratie schlechthin gesagt werden. Das Urteil der großen antiken Staatstheoretiker setzt, wie im vorangehenden Teil dieses Buches gezeigt wurde, die prinzipielle Gegnerschaft der alten, aus der Herrschaft verdrängten Elite gegen die direkte Demokratie voraus. An das aus der Antike überlieferte Bild der Demokratie aber knüpfte die Moderne mangels eigener Erfahrung mit dieser Regierungsform an. Mit der bedeutenden Ausnahme von Jean-Jacques Rousseau teilten Staatstheoretiker und Staatsmänner bis zum Ende des 18. Jahrhunderts und noch darüber hinaus das negative Urteil, das sie in der Überlieferung vorfanden.

Um mit einem der großen Staatstheoretiker des 17. Jahrhunderts zu beginnen: John Locke (1632–1704) führte in seinen *Two Treatises on Government* von 1690 den Ursprung aller Staatsgewalt auf das Volk zurück. Darin ist er der Erbe einer Tradition, die bis auf die Antike zurückgeht. Zitiert sei beispielshalber die Staatsdefinition, die Cicero in *De re publica*, seinem Dialog vom Staat, zugrunde legt:

„Es ist also, sprach (Scipio) Africanus, der Staat die Sache des Volkes; Volk aber ist nicht jede beliebige Ansammlung von Menschen, sondern der gesellschaftliche Zusammenschluss, der auf der Gemeinschaft von Recht und Nutzen gegründet ist" (Cic. De re publ. I, 25 (39)).

Unterschieden wurden die drei klassischen Regierungsformen Monarchie, Aristokratie und Demokratie. Diese überlieferten Elemente der Staatstheorie kehren bei John Locke in einem originellen Zusammenhang wieder. Er führt die jeweilige Regierungsform auf eine Entscheidung des Volkes zurück, die Regierungsgewalt einem König oder einer Aristokratie zu übertragen oder sich vorzubehalten. Den Wechsel von der einen zur anderen Verfassung führt er nicht auf einen immanenten Prozess zurück, wie ihn die antike Theorie vom Kreislauf der Verfassungen annimmt. Vielmehr geht er davon aus, dass das Volk als Inhaber der obersten Entscheidungsgewalt, der Legislative, über die Zuteilung dieser Gewalt an einen König, eine Aristokratie oder an das Volk entscheidet und, wenn diese Regelung gegenstandslos geworden ist, neu darüber beschließen kann. Denn das Volk ist als originärer Inhaber der legislativen Gewalt der eigentliche Träger der staatlichen Souveränität:

„Wenn die Mehrheit die legislative Gewalt zuerst nur auf Lebenszeit oder für eine begrenzte Zeit einer einzigen oder mehreren Personen überträgt und die höchste Gewalt wieder an sie zurückfällt, so kann die Gemeinschaft danach wieder über sie verfügen und sie in beliebige Hände legen und so eine neue Regierungsform schaffen. Denn die Form der Regierung richtet sich nach der Zuteilung der höchsten Gewalt, nämlich der Legislative."

John Locke hält sich von der aus der Antike überlieferten Lehre vom Kreislauf der Verfassungen und ihrer angeblichen Gesetzmäßigkeit völlig frei; er macht den Souverän, das Volk, vielmehr zum Herrn der freien Wahl, ob es die volle Regierungsgewalt selbst behalten oder auf einen oder mehrere übertragen will.

Wie im Einführungsteil bereits erwähnt wurde, haben römische Juristen die Rechtssetzungsbefugnis des römischen Kaisers – das heißt seine legislative Befugnis – auf eine Entscheidung des römischen Volkes zurückgeführt, und eine entsprechende Vorstellung liegt zumindest symbolisch der Inthronisation eines neuen Kaisers oder Königs zugrunde, ob nun der Herrscherwechsel in einer erblichen oder in einer Wahlmonarchie geschieht. Aber was ist das Volk im Mittelalter oder der Frühen Neuzeit? Nicht alle zur Bevölkerung zählenden erwachsenen Männer gehörten dazu; Unfreie und Leibeigene zählten nicht, ebenso wenig die Masse der arbeitenden Menschen mit prekärem Status und einem Einkommen am Existenzminimum – oder wie sich ein großer Staatstheoretiker des 18. Jahrhunderts, Charles de Montesquieu (1689-1755), ausdrückt: Ausgeschlossen sind „(alle,) die in einem solchen Elend leben, dass man ihnen keinen eigenen Willen zutraut".

Das Volk musste demnach durch seine Eliten vertreten werden, ob es sich nun um die privilegierten Stände des Adels, der Kirchenfürsten oder der städtischen Obrigkeiten handelte wie in den französischen Generalständen oder wie in England um die beiden im House of Lords und im House of Commons vertretenen Adelsklassen: die Aristocracy, bestehend aus den Familienhäuptern des Hochadels und den Bischöfen, beide mit festem Sitz im Oberhaus, und die gewählten Abgeordneten des niederen Adels, der sogenannten Gentry. In den beiden großen Wahlmonarchien Europas, dem Doppelreich Polen-Litauen und dem Heiligen Römischen Reich Deutscher Nation, waren es höchst unterschiedlich zusammengesetzte Wahlgremien, in Polen-Litauen der Sejm, dessen überwältigende Mehrheit aus Vertretern der Szlachta, des Schwertadels, bestand – und im Heiligen Römischen Reich nach der Wahlordnung der Goldenen Bulle des 14. Jahrhunderts die sieben beziehungsweise später die acht und schließlich die neun Kurfürsten. Dieses kleine Gremium ersetzte die älteren, schwer überschaubaren Wahlversammlungen, aber nicht den aus allen Landesherren und den Vertretern der Reichs- und der Freien Städte bestehenden Reichstag.

Die Vertretung des Volkes durch seine privilegierten Eliten war also die früheste Form der Repräsentativverfassung. Die privilegierten Stände vertraten im europäischen Ancien Régime das Volk gegenüber dem Inhaber der monarchischen Gewalt. Die Erhebung zusätzlicher Steuern und Leistungen, etwa in Kriegszeiten, sowie grundlegende Veränderungen der bestehenden Ordnung wie beispielsweise ein Wechsel der Herrscherdynastie oder im Zeitalter der Reformation und der Religionskriege die Änderung des religiösen Bekenntnisses und der Kirchenverfassung beruhten auf Einigungen zwischen Herrschern und ständischen Vertretungen. Diese wurden im Bedarfsfall einberufen, sie tagten nicht ständig. Ein gutes Beispiel, das die Verhältnisse illustriert, bietet die ältere Geschichte Frankreichs. Während des sogenannten Hundertjährigen Krieges, als die Könige Englands mit den französischen um den Besitz der Krone Frankreichs kämpften, tagten die Generalstände neunmal und in der Epoche der Religionskriege des 16. Jahrhunderts siebenmal, darunter zweimal in mehrjährigen Sitzungsperioden, die von 1576 bis 1577 und von 1588 bis 1589 dauerten. In Frankreich wurden die Generalstände im Zeitalter des von Ludwig XIV. begründeten monarchischen Absolutismus nicht mehr einberufen, aber in anderen Reichen Europas wurden sie zu ständigen Einrichtungen: so im Heiligen Römischen Reich mit dem in Regensburg tagenden Immerwährenden Reichstag, in Polen mit dem Sejm oder in England mit dem Unterhaus nach der Glorious Revolution von 1689 (davon wird noch ausführlicher die Rede sein).

In den modernen Demokratien unserer Zeit sind die Parlamente wie die Ständeversammlungen des Ancien Régime Repräsentationsorgane, die das Volk vertreten. Sie unterscheiden sich von ihren Ursprüngen nur darin, dass alle Männer und Frauen, die das Bürgerrecht besitzen, durch periodisch wiederkehrende allgemeine und gleiche Wahlen die jeweiligen Repräsentanten des Volkes bestimmen. Aber bis es so weit war, vergingen mehrere Jahrhunderte. Selbst die im 18. Jahrhundert entstandenen ersten geschriebenen Verfassungen, die sich gewisser politischer Ideen der Aufklärung bedienten, waren keine Demokratien und sollten es nach dem Willen der Verfassungsväter auch auf keinen Fall sein. Die Spuren, welche die Vorläuferin, die direkte Demokratie der Antike, in der Überlieferung hinterlassen hatte, schreckten von dieser Verfassung ab.

Aber es gab, als Ausnahme, radikale Verfechter des demokratischen Prinzips. Der bedeutendste war Jean-Jacques Rousseau (1712–1768). In seinem 1762 erschienenen Buch *Du contrat social ou Principes du droit politique* von 1762 (Vom Gesellschaftsvertrag oder Grundsätze des Staatsrechts) vertrat er die Überzeugung, dass das versammelte Volk als Träger der Souveränität und des Gemeinwillens, der *volonté générale*, sich nicht durch Repräsentanten vertreten lassen könne. Er selbst formuliert diesen Fundamentalsatz seiner politischen Theorie so:

„Die Souveränität kann aus dem gleichen Grund, aus dem sie nicht veräußert werden kann, auch nicht vertreten werden; sie besteht wesentlich im Gemeinwillen, und der Wille kann nicht vertreten werden: Er ist derselbe oder ein anderer. Die Abgeordneten des Volkes sind also weder seine Vertreter, noch können sie es sein, sie sind nur seine Beauftragten, sie können nicht endgültig beschließen. Jedes Gesetz, das das Volk nicht selbst beschlossen hat, ist nichtig; es ist überhaupt kein Gesetz."

Mit anderen Worten: Für Rousseau konnte es keine repräsentative Demokratie geben, sondern nur die direkte der Antike, in der das versammelte Volk als Träger der Souveränität des Staates in seiner Eigenschaft als Gesetzgeber und Regierung fungiert. Das Volk kann wie in Athen Aufgaben delegieren, aber dann handelt es sich um ein imperatives Mandat, das den Beauftragten keinen eigenen Gestaltungsspielraum lässt. Rousseau ist im Recht, wenn er sich darauf beruft, dass der Antike Volksvertretungen völlig unbekannt waren und eine Institution wie das englische Unterhaus ein Phänomen darstellt, das sich aus dem Ständewesen des Feudalzeitalters herleitet:

„Der Gedanke der Volksvertreter ist modern; wir haben ihn aus dem Feudalzeitalter, dieser ungerechten und widersinnigen Regierungsform, in der die menschliche Art herabgewürdigt und wo das Wort ‚Mensch' (im Original *homme* in der älteren Bedeutung eines Menschen von niedrigem Stand) entehrt ist."

Von der Voraussetzung seiner Souveränitätslehre her ist es nur konsequent, wenn Rousseau das in England praktizierte Repräsentativsystem, in dem das aus periodisch wiederkehrenden Wahlen hervorgehende Unterhaus als Vertretung des Volkes gilt, und den darauf gegründeten Anspruch, dass England ein Land der Freiheit sei, zu bloßer Illusion erklärt:

„Das englische Volk glaubt frei zu sein, es täuscht sich gewaltig, es ist nur frei während der Wahl der Parlamentsmitglieder; sobald diese gewählt sind, ist es dies nicht. Bei dem Gebrauch, den es in den kurzen Augenblicken seiner Freiheit macht, geschieht es ihm recht, dass es sie verliert."

Rousseau definiert Demokratie als eine Herrschaftsform, in der das Volk Gesetzgeber ist und die von ihm gegebenen Gesetze anwendet, das heißt auch die Exekutivgewalt ausübt. Damit kam er dem Inbegriff der direkten Demokratie nach antikem Vorbild ganz nahe; aber er quälte sich geradezu mit dem Zweifel, ob es eine solche Demokratie jemals gegeben habe und geben könne: „Nimmt man den Begriff (der Demokratie) in der ganzen Schärfe seiner Bedeutung, dann hat es niemals eine echte Demokratie gegeben."

Rousseau wendet unter Berufung auf Montesquieus Theorie der Gewaltenteilung gegen den Besitz der ungeteilten Gewalt in den Händen des Souveräns ein, dass es gut sei, wenn die gesetzgebende und die vollziehende Gewalt getrennt sind. Seine Worte lauten: „Es ist weder gut, dass derjenige, der die Gesetze macht, sie ausführt, noch dass die Körperschaft des Volkes ihre Aufmerksamkeit von allgemeinen Gesichtspunkten ablenkt, um sie Einzelgegenständen zuzuwenden." Weitere Einwände sind: Das Mehrheitsprinzip widerstreite, wie er sich ausdrückt, der „natürlichen Ordnung", wenn die Mehrzahl regiert und die Minderzahl der Fremdbestimmung durch diese unterliegt. Denn die natürliche Ordnung ist nach seiner Überzeugung die Einheitlichkeit des Volkswillens, die *volonté générale*. Eine direkte Demokratie, heißt es in Übereinstimmung mit dem allgemeinen Urteil, ist nur in einem kleinen Staat möglich, wo die Entfernungen der Wohnstätten zum Versammlungsplatz des Volkes gering sind. Das war, wie oben gezeigt wurde, schon ein Problem in der athenischen Demokratie; in den modernen Großstaaten wäre eine solche Demokratie ein Ding der Unmöglichkeit. Auch könne man sich nicht vorstellen, dass das Volk ständig versammelt bleibt, um zu regieren, und schließlich wird eingewandt, dass das Volk keine Ausschüsse zu seiner Vertretung einsetzen könne, ohne damit die Regierungsform zu ändern. Denn das Volk kann ja nach Rousseau nicht vertreten werden.

Mit der antiken Demokratiekritik teilt Rousseau den Vorbehalt, dass eine Demokratie Einfachheit der Sitten und der Lebensführung sowie Gleichheit des Besitzes voraussetze. Auch der andere aus der Antike bekannte Einwand gegen die Demokratie fehlt nicht: dass sie anfällig sei für Parteikämpfe, innere

Unruhen und Bürgerkriege. Rousseaus Schlussfolgerung ist: „Wenn es ein Volk von Göttern gäbe, würde es sich demokratisch regieren. Eine so vollkommene Regierung passt für Menschen nicht." Und an anderer Stelle ruft er aus: „‚Das versammelte Volk!', wird man sagen, welches Hirngespinst!" Aber Rousseau brachte es nicht fertig zu resignieren. Er suchte nach Widerlegungen der Einwände gegen die Möglichkeit einer Demokratie – und wer sucht, der findet.

Er fand, was er suchte, in der fernen Vergangenheit, und widerrief auf der Stelle die Aussage, dass unter Menschen keine wirkliche Demokratie möglich sei: „Heute ist das (die Staatsform einer Demokratie) ein Hirngespinst, aber vor zweitausend Jahren war es keines." Als Beleg für diese Behauptung verweist er auf die Volksversammlungen der römischen Republik und beschreibt deren Wirken so:

„(Das Volk) übte nicht nur seine Souveränitätsrechte (als Gesetzgeber), sondern auch zum Teil die der Regierung aus (das heißt: es wendete die Gesetze auf Einzelgegenstände an) ... Dies ganze Volk war auf dem Forum genauso oft Obrigkeit wie Bürger."

Das ist freilich eine allzu positive Einschätzung. Die Volksversammlungen der späten Republik waren das Instrument der Magistrate, vor allem der Volkstribune, um deren politische Vorhaben durchzusetzen. Das Volk durfte deren Anträge ratifizieren, was es so gut wie immer tat, aber es konnte sie weder diskutieren noch verändern. Zu den gesetzgebenden Versammlungen kamen Römer, die in Rom oder in der Nähe der Stadt lebten, und das waren keineswegs alle römischen Bürger. Zur Zeit der späten Republik erstreckte sich das römische Staatsgebiet auf die ganze italische Halbinsel. Viele der über Italien verstreuten römischen Bürger werden indessen wohl nie eine Volksversammlung im fernen Rom besucht haben. Weiterhin verweist Rousseau auf vorgeschichtliche Verhältnisse wie die in Tacitus' *Germania* beschriebenen Heeresversammlungen, deren Rolle freilich nicht der einer Volksversammlung in der direkten Demokratie Athens entsprach. Rousseau hatte in diesem Punkt nicht das Urteil, das den Realitäten entsprach; seine unverdrossene Schlussfolgerung lautete:

„Wie dem auch sei, diese eine unumstößliche Tatsache ist die Antwort auf alle Schwierigkeiten. Der Schluss vom Wirklichen (der Vergangenheit) auf das Mögliche (der Zukunft) erscheint mir gut."

Doch Rousseau hatte das richtige Gefühl, dass die vielen Zweifel, die er an der Realisierungsmöglichkeit einer wahren Demokratie geäußert hatte, mit der Berufung auf eine den Römern und den Germanen zugeschriebene Demokratie nicht beseitigt waren. Er hielt daran fest, dass es dem Souverän nur dann möglich sein werde, seine Prärogativen auszuüben, wenn der Staat der Zukunft in einer Bundesorganisation (*conféderation*) als Ganzes groß und daher nach außen verteidigungsfähig sei und aus vielen einzelnen Gemeinden mit demokratischer Verfassung bestehe. Er beabsichtigte, dies in dem Teil seines Werkes zu behandeln, das diesen Bundesorganisationen gewidmet sein sollte, aber er ist dazu nicht mehr gekommen. Auf diesen Plan nimmt er lediglich in einer Schlussbemerkung Bezug. Sie lautet:

„Dies zu tun hatte ich mir in der Fortsetzung dieses Werkes vorgenommen, sobald ich in der Abhandlung über die auswärtigen Beziehungen bei den Bundesorganisationen angelangt wäre, ein ganz neuer Gegenstand, dessen Grundlagen erst noch zu schaffen sind."

Dieser neue Gegenstand überforderte ihn. In einer Anmerkung, die er der oben ausgeschriebenen Textstelle hinzufügte, heißt es:

„Nachdem die wahren Grundsätze des Staatsrechts aufgestellt sind und versucht wurde, dem Staat seine Grundlage zu geben, wäre jetzt noch übrig, ihn durch seine auswärtigen Beziehungen zu stützen, was die Menschenrechte, den Handel, das Kriegs- und Eroberungsrecht, die Bündnisse, die Verhandlungen und Verträge etc. umfasste. Aber all dies bildet einen neuen, für meinen beschränkten Gesichtskreis zu ausgedehnten Gegenstand; stets hätte ich meinen Blick auf das mir Näherliegende richten sollen."

Ein Menschenalter, nachdem er diese Sätze geschrieben hatte, hätten ihm die neu gegründeten Vereinigten Staaten mit dem Nebeneinander einer Bundesorganisation und der demokratischen Ordnungen in den Gemeinden der Neuenglandstaaten das Untersuchungsobjekt geboten, das im 19. Jahrhundert Alexis de Tocqueville zu seinem großen Werk *De la démocratie en Amérique* inspirierte.

Als Rousseau das Ideal der direkten Demokratie einer kritischen Überprüfung unterzog, verwertete er unter anderem die Lehre von der Gewaltenteilung, die Charles de Montesquieu in seinem Buch *De l'esprit des lois* (Vom Geist der Gesetze) fünfzehn Jahre zuvor publiziert hatte. Heutzutage gelten die von Montesquieu entwickelten Prinzipien der Gewaltenteilung und der Repräsentativverfassung als Grundlagen eines modernen demokratischen Staates. Aber bei ihrem Urheber hatten die beiden Prinzipien einen anderen Sinn, und Montesquieu hat keinen Zweifel daran gelassen, dass in seinen Augen die Gewaltenteilung und das Prinzip der Repräsentation mit der direkten Demokratie – damals die Form, in der sich die Demokratie schlechthin repräsentierte – nicht das Geringste zu tun hatten. Montesquieu hatte längere Zeit in England gelebt und war zu einem Bewunderer der ungeschriebenen Verfassung Englands geworden, sah er doch in der nach seiner Sicht dort herrschenden Gewaltenteilung das Unterpfand der viel gerühmten englischen Freiheit (von der Rousseau, wie oben gezeigt wurde, gar nichts gehalten hat):

„Alles wäre verloren, wenn ein und derselbe Mann beziehungsweise die gleiche Körperschaft entweder der Mächtigsten oder der Adligen oder des Volkes folgende drei Machtvollkommenheiten ausübte: Gesetze erlassen, öffentliche Beschlüsse in die Tat umsetzen, Verbrechen und private Streitfälle aburteilen."

In England sah Montesquieu die Gefahr einer integralen Machtvollkommenheit durch die dort bestehende Gewaltenteilung gebannt. Die Vertretung des Volkes im Parlament übte die Legislative aus, die Exekutive oblag der Krone, und unabhängige Richter sprachen im Namen des Königs Recht. Es kann hier auf sich beruhen, dass seine Sicht den Verhältnissen der sich zu seiner Zeit ausbildenden parlamentarischen Adelsherrschaft nicht ganz gerecht wird; verwiesen sei auf das nächste Kapitel, in dem das Nähere erläutert wird. Im vorliegenden Kontext ist nur die Feststellung wichtig, dass ihm die Demokratie als eine völlig verfehlte Verfassung galt. Die Quintessenz seiner Kritik fasste er in die Worte:

> „Die Mehrzahl der antiken Republiken litt an einem schweren Gebrechen: Dort besaß das Volk das Recht, Beschlüsse, die zugleich Vollzug verlangen, eigenmächtig zu fassen – wozu das Volk vollkommen außerstande ist. Es darf nur durch die Wahl der Repräsentanten an der Regierung mitwirken. So weit reicht sein Horizont."

Nur der kleine Kreis der gewählten Repräsentanten und nicht das Volk ist nach Montesquieus Urteil in der Lage, Gesetzesvorhaben vor der Beschlussfassung sorgfältig zu beraten. Auch unter diesem Gesichtspunkt wird die Herrschaft des Volkes in der direkten Demokratie als verfehlt verworfen:

> „Die Repräsentanten sind in der Lage, die (zur Entscheidung anstehenden) Angelegenheiten zu beraten. Das ist ihr großer Vorteil. Das Volk ist dazu durchaus nicht geeignet. Das ist eine der großen Gebrechen der Demokratie."

Montesquieu war andererseits auch nicht blind für die Gefahren, die dem Gleichgewicht der drei Gewalten durch den exzessiven Gebrauch der Gesetzgebung seitens der Repräsentanten des Volkes drohen. Es bedurfte gewisser Gegengewichte gegen die der legislativen Gewalt immanente Übermacht. In dieser Hinsicht darf Montesquieu als der Erfinder des Prinzips der *checks and balances* gelten, das noch heute in der Verfassung der Vereinigten Staaten eine wichtige Funktion erfüllt und auch, wie neuere Fälle zeigen, in der gegenwärtigen polnischen Verfassung eine Rolle spielt. Das von Montesquieu erfundene Gegenmittel ist das Vetorecht des Inhabers der Exekutive – in den Vereinigten Staaten und in Polen des Präsidenten – gegen Beschlüsse der Legislative:

„Wenn die exekutive Befugnis nicht das Recht besäße, die Unternehmungen der legislativen Körperschaft aufzuhalten, wäre diese letztere despotisch. Sie vermöchte sich alle erdenklichen Vollmachten selber zu verleihen und so alle anderen Befugnisse zunichte zu machen."

Das System von *checks* und *balances* dient auch dazu, die ständische Sonderstellung der Aristocracy, deren Repräsentanten nicht gewählt, sondern nach dem Erstgeburtsrecht bestimmt werden, zu schützen. Montesquieu plädiert zur Erhaltung ihres besonderen Status für ein Vetorecht gegen Beschlüsse des Unterhauses und einen eigenen Gerichtsstand zur Verhinderung einer gegen den Hochadel gerichteten Klassenjustiz. Anderenfalls wäre dieser dem Gesetzgebungsrecht des Unterhauses schutzlos ausgeliefert und könnte nicht verhindern, dass es Beschlüsse zur Beseitigung seiner Sonderstellung fasst; die ähnliche Begründung für die Notwendigkeit, einen eigenen Gerichtsstand für den Hochadel beizubehalten, lautet, dass die Unterwerfung unter eine allgemeine Gerichtsbarkeit die Angehörigen dieses Standes der Despotie von Richtern eines anderen Standes unterwerfen würde.

Mit anderen Worten: Nach Montesquieus Vorstellungen dient das Repräsentationssystem der Vermeidung der Fehler, die der direkten Demokratie vorgeworfen wurden, dient die Lehre von der Gewaltenteilung der Begründung der Freiheit gegen die absolute Macht von Gewalthabern, die über die ungeteilte Staatsgewalt verfügen, mochte dies ein Monarch, eine Aristokratie oder eine Demokratie sein. Und das Vetorecht diente der Verhinderung von Übergriffen, die eine der drei Gewalten zur Änderung der staatlichen oder gesellschaftlichen Ordnung nutzen könnte: Übergriffe der Legislative gegen die Stellung der Exekutive oder gegen den geschützten Status des höchsten Standes, des Hochadels.

Montesquieu zählte die Demokratie zu den despotischen Regierungsformen. Am schärfsten hat diese Verurteilung der Demokratie Immanuel Kant, wohl der größte philosophische Kopf des 18. Jahrhunderts, in seiner Altersschrift *Zum ewigen Frieden. Ein philosophischer Entwurf* von 1795 zum Ausdruck gebracht. Kant befürwortet darin vor dem Hintergrund der Kriege, die eine Koalition der europäischen Mächte gegen das revolutionäre Frankreich geführt hatte, eine Konföderation republikanisch-repräsentativ verfasster Staaten als Voraussetzung eines dauernden Friedenszustandes. Kant hält fest, dass die entscheidende Rolle bei der Entstehung eines ewigen Friedens den Bürgern in Staaten mit republikanischer Regierungsform zukomme, die anders als absolute Monarchen die Folgen eines Krieges für sich und ihre Angehörigen bedenken und aus wohlverstandenem Eigeninteresse wegen seiner schwerwiegenden Folgen keinen Krieg vom Zaune brechen würden. Demgegenüber heißt es von den Kriegen der absoluten Herrscher:

„Da hingegen in einer Verfassung, wo der Untertan nicht Staatsbürger, die also nicht republikanisch ist, es die unbedenklichste Sache von der Welt ist (einen Krieg vom Zaun zu brechen), weil das Oberhaupt nicht Staatsgenosse, sondern Staatseigentümer ist, an seinen Tafeln, Jagden, Lustschlössern, Hoffesten u. dgl. nicht das mindeste einbüßt, diesen also wie eine Art von Lustpartie aus unbedeutenden Ursachen beschließen und der Anständigkeit wegen dem dazu allezeit fertigen diplomatischen Korps die Rechtfertigung desselben gleichgültig überlassen kann."

Kant unterscheidet drei Staats- und zwei Regierungsformen. Die Staatsformen unterscheidet er, der Konvention folgend, nach den Personen, welche die oberste Staatsgewalt innehaben: einen Einzelnen, einige, die wie der Adel unter sich verbunden sind, und die Gesamtheit der bürgerlichen Gesellschaft, also nach üblichem Sprachgebrauch Autokratie, Aristokratie und Demokratie. Als die beiden Formen der Regierung unterscheidet Kant zwischen Republikanism(us) und Despotism(us). Die erste setzt Gewaltenteilung zwischen Legislative und Exekutive voraus (denn diese ist, wie Montesquieu lehrte, das Unterpfand der Freiheit, also einer nichtdespotischen Regierung); die zweite liegt vor, wenn der Inhaber der vollen Staatsgewalt sowohl Gesetze gibt als auch die von ihm erlassenen Gesetze vollzieht. Kant rechnet deshalb die Demokratie – das ist für ihn wie für seine Vorgänger die aus der Antike überlieferte direkte Demokratie, eine repräsentative gab es ja nicht – zu den despotischen Regierungsformen, schlimmer noch: Er hält sie anders als eine Monarchie, ja, anders auch als selbst eine Aristokratie für nicht reformierbar im Sinne einer Annäherung an den Republikanism(us):

„Unter den drei Staatsformen ist die der Demokratie im eigentlichen Verstand des Wortes notwendig ein Despotism(us), weil sie eine exekutive Gewalt gründet, da alle über und allenfalls auch wider Einen (der also nicht mit einstimmt, mithin Alle, die doch nicht Alle sind) beschließen, welches ein Widerspruch des allgemeinen Willens mit sich selbst und mit der Freiheit ist."

Die Voraussetzungen dieses harten Urteils sind von der Nutzanwendung her, die Kant von den Theorien Rousseaus und Montesquieus macht, ohne Weiteres verständlich: Der Gegensatz, der bei demokratischen Abstimmungen zwischen Mehrheit und Minderheit auftritt, ist ein Widerspruch zu Rousseaus Konzept der *volonté générale*, und das Fehlen einer Gewaltenteilung nach Montesquieu bedeutet die Vernichtung der Freiheit.

Ein weiterer Gesichtspunkt in der radikalen Kritik, der Kant die direkte Demokratie unterzieht, ist, dass sie nicht repräsentativ ist. Er erklärt sie deshalb für eine Unform, weil der Urheber der Gesetze nicht ihr Vollstrecker sein dürfe, während ein König sich der republikanischen Regierungsform immerhin annähern könne – Kant zitiert in diesem Zusammenhang mit einigem Vorbehalt das bekannte Wort Friedrichs des Großen, er sei nicht der Herr, sondern nur der oberste Diener des Staates. In einer Demokratie hingegen findet eine Tautologie statt: Das Volk, das abstimmt, ist der Staat, es ist nicht sein Repräsentant. Zu ändern wäre eine solche Verfassung, so Kant, nur durch einen revolutionären Umsturz. In diesem Sinne heißt es:

„Man kann daher sagen: Je kleiner das Personale der Staatsgewalt (die Zahl der Herrscher), je größer dagegen die Repräsentation derselben, desto mehr stimmt die Staatsverfassung zur Möglichkeit des Republikanism(us), und sie kann hoffen, durch allmähliche Reformen sich dazu endlich zu erheben. Aus diesem Grunde ist es in der Aristokratie schon schwerer als in der Monarchie, in der Demokratie aber unmöglich, anders als durch gewaltsame Revolution zu dieser einzigen vollkommen rechtlichen Verfassung zu gelangen."

So endet die Übersicht über die großen staatsrechtlichen Entwürfe der Staatstheorie mit einer Absage an die direkte Demokratie. Wie dies in den ersten geschriebenen Verfassungen im Zeitalter der Amerikanischen und Französischen Revolution nachwirkt, wird im übernächsten Kapitel gezeigt werden. Zunächst aber soll auf den englischen Parlamentarismus eingegangen werden.

Adelsherrschaft und Parlamentarismus in England

Vielfach ist davon die Rede, dass England und die Vereinigten Staaten die ältesten Demokratien der westlichen Welt seien. Das gilt für England mit Sicherheit nicht. Das Land war die Mutter des Parlamentarismus. Dieser war im 18. und auch noch im größten Teil des 19. Jahrhunderts das Instrument der Adelsherrschaft. England war eine Monarchie mit einer nominellen Volksvertretung in Gestalt des gewählten Unterhauses, aber praktisch wurden die Wahlen vom Adel in beiderlei Gestalt, Aristocracy und Gentry, Hochadel und Landadel, beherrscht. Das Wahlrecht war an einen Zensus gebunden, der Arme und die Besitzlosen der arbeitenden Klassen ausschloss. Auch diejenigen Angehörigen des Hochadels, die als Oberhäupter ihrer Familien einen erblichen Sitz im Oberhaus innehatten, waren von den Wahlen zum Unterhaus ausgeschlossen, doch sie nahmen durch Bestechung und Protektion großen Einfluss auf die Zusammensetzung des Unterhauses, der sogenannten gewählten ‚Vertretung des Volkes'. Es gab Mitglieder des Oberhauses, die auf den Wegen der Protektion und Bestechung eine Gefolgschaft von mehreren Unterhausabgeordneten zusammenbrachten. Nachgeborene Söhne der Aristocracy wurden zur Gentry, dem ‚niederen' Adel, gezählt und konnten somit in das Unterhaus gewählt werden. Um ein bekanntes Beispiel aus der jüngeren Vergangenheit zu nennen: Winston Churchill, der englische Kriegspremier von 1940 bis 1945, war der nachgeborene Sohn eines Herzogs von

Marlborough, der den ererbten Sitz der Familie im Oberhaus bekleidete.

Die Masse der Unterhausabgeordneten bestand aus Abkömmlingen des Hochadels und Angehörigen des Landadels, ergänzt um Vertreter des besitzenden Bürgertums der Städte. Diese Zusammensetzung veranlasste Heinrich von Treitschke, in seiner *Deutschen Geschichte im Neunzehnten Jahrhundert* zu der bedauernden Feststellung, dass es in Deutschland keine derartige Institution gegeben habe, in der Adel und Bürgertum zusammenzuwirken lernten. Man muss sich in dieser Hinsicht freilich vor Illusionen hüten. Stadt und Land waren höchst unterschiedlich im Unterhaus vertreten. Eine große Stadt wie Manchester, die im 18. Jahrhundert als eines der Zentren der Frühindustrialisierung ein enormes Bevölkerungswachstum erlebte, war im Unterhaus überhaupt nicht vertreten, während viele heruntergekommene Städte, sogenannte *rotten boroughs*, trotz der im Laufe der Zeit erlittenen Bevölkerungseinbußen noch immer so viele Unterhaussitze zu vergeben hatten wie zu Zeiten ihrer größten Blüte. Eine Parlamentsreform war im 18. Jahrhundert dringend geboten. Aber dazu kam es erst im Jahr 1832. Zu sehr waren die alten Zustände der Garant dafür, dass alles beim Gewohnten blieb: dass Mächtige, König, Regierung und Aristokraten, Unterhaussitze vergeben konnten, wenn nicht mehr als eine zweistellige Zahl von Wählern bestochen werden musste, damit der präsentierte Kandidat auch gewählt wurde. Die Zahl der Wähler war nicht nur durch die Ungleichmäßigkeit eingeschränkt, mit der die Wahlbezirke über das Land verteilt waren, sondern auch durch die Vermögensanforderung, an die das Wahlrecht, von Ausnahmen abgesehen, geknüpft war. Man hat errechnet, dass vor der Parlamentsreform von 1832 von rund viereinhalb Millionen erwachsenen Männern nur etwa zehn

Prozent, also 450 000 Personen, wählen durften. Diese Verhältnisse boten der Krone, der Regierung und den hochadligen Sponsoren beste Möglichkeiten, die Zusammensetzung und die Abstimmungen des Unterhauses mit den Mitteln der Bestechung und Protektion nach ihren Interessen und Vorstellungen zu beeinflussen.

Zur Illustration der Verhältnisse sei kurz auf die Lebensgeschichte eines berühmten Engländers des 18. Jahrhunderts, des Historikers Edward Gibbon (1737–1794), eingegangen. In seiner Autobiographie würdigte er die glücklichen Umstände seiner Herkunft wie folgt:

„Wenn ich das gewöhnliche Schicksal der Sterblichen betrachte, dann muss ich dankbar anerkennen, dass ich in der Lotterie des Lebens ein großes Los gezogen habe. Im weitaus größten Teil des Erdballs herrschen Barbarei und Unterdrückung, und in der zivilisierten Welt ist die große Menge zu Unwissenheit und Armut verurteilt; der doppelte Glücksfall meiner Geburt in einem freien und aufgeklärten Land wie in eine angesehene und wohlhabende Familie ist die Chance von eins zu Millionen."

Ein Angehöriger der Gentry wie Gibbon hatte von Geburt alle Chancen, sich die höhere Bildung seiner Zeit anzueignen – die anders als er viele Standesgenossen höchst unzureichend nutzten – und wie selbstverständlich und ohne besondere Mühen auch Karriere in der Selbstverwaltung der Grafschaften und im Zentrum der Politik, dem Unterhaus, zu machen, ohne dass diese öffentliche Rolle seinen Lebensmittelpunkt gebildet hätte. Stattdessen wurde er der berühmte Historiker des *Verfalls und Untergangs des römischen Imperiums*. Doch immerhin: In der

Schlussphase des englisch-französischen Krieges um die Beherrschung Nordamerikas diente er als Offizier unter seinem Vater, der zum Kommandeur der Miliz in der Grafschaft gewählt worden war, in der die Familie prominent und begütert war. Von militärischer Kompetenz konnte indessen weder beim Vater noch beim Sohn die Rede sein. Nicht zu Unrecht ist gesagt worden, dass die Gentry ihre führende Stellung nicht zuletzt der Rolle verdankte, die sie angesichts der nur schwach ausgebildeten staatlichen Administration in der lokalen Selbstverwaltung, und sei es in der Miliz, spielte.

Als Gibbon nach dem Tod seines Vaters mit dem hinterlassenen Erbe in London einen großen Hausstand gegründet hatte, der es ihm ermöglichte, mit der intellektuellen und politischen Elite der Hauptstadt auf gleichem Fuß zu verkehren, konnte es nicht ausbleiben, dass er dank Protektion einen Sitz im Unterhaus erhielt. Er war nacheinander Abgeordneter von zwei kleinen Wahlbezirken. Doch obwohl er bekannte, durch die Mitgliedschaft im Parlament an Verständnis der Politik gewonnen zu haben, griff er kein einziges Mal in die Debatten ein. Linientreu unterstützte er den Premierminister Lord North, der in Absprache mit König Georg III. den Krieg zur Unterwerfung der abgefallenen Kolonien in Nordamerika (1776–1783) gegen den wachsenden Widerstand der Opposition bis zum bitteren Ende der Niederlage führte, und wunschgemäß schrieb er im Auftrag der Regierung ein Memorandum, das im Oktober 1779 veröffentlicht wurde. Als Belohnung erhielt er eine Sinekure im Board of Trade, die ihm die damals beträchtliche Summe von 750 Pfund im Jahr einbrachte. Aber damit war Schluss, als der Krieg in Amerika verloren war und Lord North als Premierminister zurücktreten musste. Im Jahr dieses politischen Umbruchs, 1783, zog sich Gibbon aus der

Politik zurück, um sein historiographisches Projekt zu Ende zu führen.

England war also gewiss nicht die Mutter einer modernen Demokratie, in der alle, die das Bürgerrecht besitzen, ob Männer oder Frauen, das Parlament als Vertretung des Volkes wählen beziehungsweise wählen können, aber es war die Mutter des Parlamentarismus, das heißt jenes Verfassungstyps, in dem die Regierung das Vertrauen des Parlaments besitzen muss und dementsprechend ihm verantwortlich ist. Die Mehrzahl der heutigen Demokratien gehört diesem Verfassungstyp an. Im England des 18. und auch noch des 19. Jahrhunderts war das gewählte Parlament das Machtzentrum einer Adelsherrschaft, die sich nur sehr allmählich um Angehörige der bürgerlichen Oberschichten erweiterte. Da Fabrikunternehmern die Muße, die elementare Voraussetzung für eine aktive Teilnahme an der Politik, fehlte – Max Weber hat darauf in seiner Abhandlung *Politik als Beruf* hingewiesen –, wurde das Unterhaus in dem Prozess der vorsichtigen Öffnung für neue Schichten nicht gerade eine Domäne von Fabrikanten und Großunternehmern. Von dem im Zuge der Frühindustrialisierung entstehenden Unternehmertum ging kein besonderer Druck zugunsten der überfälligen Parlamentsreform aus. Aber es gab schon im 18. Jahrhundert Bemühungen um eine solche Reform. Ihre Befürworter reichten von einsichtigen Angehörigen der Aristokratie bis zu Anhängern einer radikalen Bewegung zugunsten einer Demokratisierung des Wahlrechts und Verbesserung der Lage der arbeitenden Klassen. Bezeichnend für die politische Orientierung des öffentlichen Lebens am Unterhaus stand diese Institution im Mittelpunkt der Auseinandersetzungen der verschiedenen politischen Einstellungen, der konservativen, auf die Bewahrung des Bestehenden zielenden, der gemäßigt reformorientierten und der radikalen, auf einen Systemwechsel dringenden Richtung. Die radikale Minderheit erwartete von einer Demokratisierung, das heißt der Ausweitung des Wahlrechts auf die bisher davon ausgeschlossenen Schichten, eine Verbesserung der elenden Lage der arbeitenden Klassen. Die neuen Demokraten galten den Herrschenden als eine Gefahr für die bestehende Ordnung, und sie wurden, als sich die Französische Revolution unter Robespierre zur Terrorherrschaft steigerte, geradezu gehasst. Der Dichter William Wordsworth (1771–1850) schrieb im Jahre 1794, noch bevor er von einem Anhänger zu einem Gegner der Revolution wurde: „Ich gehöre zu der verhassten Klasse von Menschen, die man Demokraten nennt." Dies ist eines der Zeichen einer neuen Zeit, in welcher der Begriff der Demokratie aus der Bindung an das antike Verständnis des Wortes, direkte Herrschaft des Volkes, gelöst und auf die Ausweitung der Wahlberechtigten in einem System mit repräsentativer Volksvertretung bezogen erscheint. In der langen Zeit der Kriege gegen das revolutionäre Frankreich und gegen Napoleon waren dann zunächst einmal alle Pläne für eine Parlamentsreform blockiert.

Das änderte sich während der Wirtschaftskrise in den zwanziger Jahren des 19. Jahrhunderts. Damals führte die Not der Unterschichten, vor allem der Industriearbeiter, zu Massendemonstrationen und heftigen Unruhen, die teilweise gewaltsam niedergeschlagen wurden. Unter diesem Eindruck wuchs auch in der herrschenden parlamentarischen Elite die Einsicht, dass eine Reform nötig sei, um das Schlimmste, die Revolution, zu verhindern. Selbstverständlich ging es in deren politischem Denken nicht um die Methode, die Giuseppe Tomasi di Lampedusa in seinem wunderbaren Roman über die Zeit des Risorgimento auf Sizilien Tancredi, dem Neffen des Haupthelden, in den Mund legt, dass sich *alles* ändern müsse, damit *alles* beim

Alten bleibe. Vielmehr ging es darum, dass sich nach Möglichkeit nur weniges ändern müsse, damit möglichst viel des Alten erhalten bleibe. Der damals prominente Historiker Thomas Babington Macauley (1800–1859), ein in der Öffentlichkeit einflussreicher Befürworter notwendig erscheinender Reformen, gab die Losung aus: „Reform that you may preserve", in freier Übersetzung: „Macht Reformen (so), dass ihr euch in eurer Stellung halten könnt."

Die Reformen begannen mit Gesetzen der Jahre 1828 und 1829, mit denen nicht der anglikanischen Hochkirche angehörende Protestanten und Katholiken die rechtliche Gleichstellung mit den Angehörigen der Hochkirche erhielten. Das hieß unter anderem, dass sie zum Universitätsstudium und zur Bekleidung öffentlicher Ämter zugelassen waren. Welche Irritationen Konversionen zum Katholizismus vor den Reformgesetzen auslösten, zeigt das Beispiel des in Oxford studierenden Edward Gibbon. Als der Vater von der Konversion seines Sohnes zum Katholizismus erfuhr, traf er Maßnahmen, die diesen veranlassten, die Konversion rückgängig zu machen und das Abendmahl wieder in beiderlei Gestalt zu nehmen. Sonst hätte dieser in England weder studieren noch Ämter bekleiden dürfen. Dann folgte im Jahr 1832 nach heftigen Auseinandersetzungen die Parlamentsreform.

Diese Reform betraf die Wahlkreiseinteilung und die Zulassung zur Wahl. Die Unterhauswahlen des vorangegangenen Jahres hatten noch einmal die bestehenden Missstände ins Licht gesetzt. In den 204 Wahlbezirken wurden 406 Abgeordnete gewählt, davon 88 in 44 Wahlbezirken mit weniger als 50 Wählern und 152 in 76 Bezirken mit weniger als 100 Wahlberechtigten. Wie grotesk das Missverhältnis zwischen der Zahl der Wähler und der Zahl der Abgeordnetensitze in den sogenannten *rotten boroughs* im Laufe der Jahrhunderte geworden war, möge das Beispiel von Old Sarum in der Grafschaft Wildshire demonstrieren. Der Ort war im Mittelalter eine bedeutende Gemeinde mit einer Vertretung von zwei Abgeordneten im Unterhaus gewesen, hatte aber seitdem an Bedeutung und Bevölkerungszahl stark verloren. Gleichwohl hatte das auf die Zahl der ihm zustehenden Unterhaussitze keine Auswirkungen. So kam es, dass bei den Wahlen von 1831 in Old Sarum sage und schreibe elf Wähler zwei Abgeordnete in das Unterhaus entsandten. Da derartige Zustände, wie oben erwähnt, den Mächtigen erlaubten, Wahlen durch Bestechung und Protektion zu manipulieren, versteht es sich leicht, dass von deren Seite der Parlamentsreform erbitterter Widerstand entgegengesetzt wurde. Dem Herzog von Newcastle wurde nachgesagt, dass er es fertiggebracht habe, sieben der *boroughs* in „seine Tasche" zu bekommen.

Insgesamt wurden durch die Reform 56 *rotten boroughs* aufgehoben und weiteren 30 nicht mehr zwei, sondern nur noch ein Unterhaussitz zugestanden. Statt der aufgehobenen Wahlbezirke wurden neue geschaffen: 19 Bezirke mit jeweils einem einzigen und 19 weitere mit zwei Abgeordnetensitzen. Unter anderem profitierten davon die Zentren der Frühindustrialisierung: Birmingham, Leeds und Manchester – das, worauf bereits hingewiesen wurde, bis dahin gar nicht im Unterhaus vertreten gewesen war, sondern seine Interessen durch Beauftragte wahrnehmen lassen musste. Für sechs Grafschaften wurde die Zahl der Abgeordneten von zwei auf drei erhöht, und 26 Grafschaften wurden in zwei Wahlbezirke aufgeteilt, von denen jeder zwei Abgeordnete ins Unterhaus entsandte. Insgesamt erbrachte die Neuordnung, die alte Rechte aufhob oder beschnitt und neue schuf, eine stärkere Berücksichtigung des Nordens mit seinen industriellen Zentren auf Kosten der bislang überrepräsentierten südlichen Landesteile.

Die Neugliederung der Wahlbezirke bewirkte eine erhebliche Steigerung der Zahl der Wahlberechtigten, in abgerundeten Zahlen ausgedrückt von 440 000 auf 640 000 – oder in Prozenten der erwachsenen Männer in England berechnet: von 10,4 auf 18,4 Prozent. Über die Zulassung oder Nichtzulassung zu den Unterhauswahlen entschied ein Zensus. Wählen durften diejenigen, die ein Haus besaßen oder gemietet hatten, das steuerlich auf mindestens zehn Pfund im Jahr (damals verhältnismäßig viel Geld und nicht vergleichbar mit der heutigen Kaufkraft) veranschlagt war, und die Steuer selbst entrichteten. Aber es gab Verlierer der Neuordnung. Abgesehen von Gemeinden und Grafschaften waren dies Angehörige der Unterschichten, die nach alter Tradition ein Wahlrecht in manchen Gemeinden hatten. Sie verloren es aufgrund der Reform. Dies löste nicht nur bei den Betroffenen Empörung aus, sondern darüber hinaus bei jenen, die sich von der Parlamentsreform eine Ausweitung des Wahlrechts auf breitere Schichten erhofft und darin die Voraussetzung dafür erblickt hatten, dass dem Elend der Industriearbeiter endlich abgeholfen werden könne. In England waren von der adligen Elite bis zu den arbeitenden Klassen politisch alle auf das Parlament fixiert, um ihre Interessen durchzusetzen.

Die Radikalen waren von einer Reform enttäuscht, die sie nicht zu Unrecht als ein Mittel der Aristokratie betrachteten, sich ihre privilegierte Stellung durch einzelne Zugeständnisse im Wesentlichen zu erhalten. Von ihrer Seite ging in den dreißiger und vierziger Jahren die Bewegung der Chartisten aus, die eine Demokratisierung des politischen Systems und eine grundlegende Verbesserung der Lage der arbeitenden Klassen forderten und dafür mit öffentlicher Agitation und teilweise gewalttätigen Demonstrationen kämpften. Diese Verknüpfung von politischen und sozialen Forderungen war eine Folge der Frühindustrialisierung in England. Damals schrieb Friedrich Engels in gesellschaftskritischer Absicht sein grundlegendes Buch *Die Lage der arbeitenden Klasse in England* (Erstausgabe 1845). Die Chartisten reihten ihre Forderungen in den sechs Punkten der Gründungsurkunde auf – daher der Name der Bewegung, abgeleitet von *charter*. Die politischen Forderungen waren: gleiche Größe der Wahlbezirke, allgemeines Wahlrecht, Diäten für Abgeordnete, Abschaffung der Vermögensqualifikation, geheime Wahlen, das hieß: Ersetzung der mündlichen Abstimmung, die es Grundherren und Vorgesetzten erlaubte, das Abstimmungsverhalten abhängiger Personen zu kontrollieren, durch die geheime Wahl in Schriftform, sowie die Verkürzung der Wahlperiode auf ein Jahr. Die sechs Punkte wurden am 18. Februar 1837 in einer Petition der Londoner Arbeiterassoziation publiziert und am 8. August des folgenden Jahres von einer Massenversammlung in Newhall zum offiziellen Programm der Bewegung erklärt.

Es gab andere Stimmen, die der Demokratie das Wort redeten. Eine der bekanntesten war Jeremy Bentham (1748–1832), einer der führenden Köpfe des philosophischen Utilitarismus. In seinem Todesjahr, in dem auch die Parlamentsreform verabschiedet wurde, verfasste er in der von ihm mitbegründeten Zeitschrift *Westminster Review* einen Artikel, in dem nach dem Urteil Heinrich von Treitschkes die wissenschaftlichen Formeln für die Weltanschauung des herannahenden demokratischen Zeitalters propagiert wurden. In Treitschkes Wiedergabe lauten sie:

„Wird der Staat erst demokratisiert, muss schließlich die Macht der Arbeit, der Bildung, der freien Rede den künstlichen, nur durch äußere Umstände bedingten Unterschied zwischen den Personen, den Rassen, den Geschlechtern völlig vernichten."

Was das Schicksal der Chartisten anbelangt, so konnten sie keine ihrer Forderungen durchsetzen. Eine Mischung von repressiver Gewalt und einzelnen Zugeständnissen der Regierung brachte ihrer Bewegung im Jahr 1854 das Ende. Dazu hatte vor allem die Aufhebung der hohen Kornzölle, die zum Vorteil der Landbesitzer und Nachteil der arbeitenden Bevölkerung erhoben wurden, entscheidend beigetragen. Gegen den heftigen Widerstand der im Unterhaus mächtigen agrarischen Interessenvertretung setzte Robert Peel als Premierminister im Jahr 1846 die Beseitigung des hohen Schutzzolls durch und wurde nach Annahme seines Gesetzesantrags prompt gestürzt. Immerhin hatte er bewirkt, dass die Verbilligung des Brotes die Lebenshaltungskosten der arbeitenden Klassen deutlich senkte. Ein anderer Konservativer, Lord Shaftesbury, war für die sozialen Nöte der Arbeiterschaft aufgeschlossen genug, dass er die Anfänge einer Sozialgesetzgebung durch Begrenzung der Arbeitszeit von Frauen und Kindern sowie Verbesserung der Arbeitsbedingungen im Kohlebergbau in Gang brachte.

England war bekanntlich keine Republik, sondern eine Mischverfassung aus Monarchie und Parlamentsherrschaft. Das heißt, dass die Krone als Inhaber der Exekutivgewalt durch die Macht des Parlaments eingehegt war und keine Rede von einer klaren Gewaltenteilung sein konnte, wie sie Montesquieu den politischen Verhältnissen Englands im 18. Jahrhundert entnommen hatte. Realistischer ist die Schilderung der englischen Verfassungswirklichkeit, die John Stuart Mill (1806-1873) in seinen *Considerations on Representative Government*

Zweiter Teil. Die moderne Demokratie

(Erstveröffentlichung 1861) gegeben hat. Seine Analyse der komplizierten Mischverfassung Englands lautet:

„Nach verfassungsmäßigem Recht kann die Krone jedem Parlamentsbeschluss ihre Zustimmung verweigern; sie kann gegen den Widerstand des Parlaments Minister ernennen und im Amt halten. Die in die Verfassung eingegangene Moral des Landes macht die Befugnis jedoch dadurch zunichte, dass sie ihre Anwendung von vornherein verhindert, und durch ihren Anspruch, dass das Staatsoberhaupt faktisch immer vom Unterhaus ernannt sein sollte, wird diese Körperschaft zur eigentlichen souveränen Staatsgewalt. Diese ungeschriebenen Regeln, die den Gebrauch gesetzlich verankerter Befugnisse einschränken, können nur dann wirksam werden und sich durchsetzen, wenn sie mit dem tatsächlichen politischen Kräfteverhältnis in Einklang stehen."

Dieses Kräfteverhältnis hatte sich infolge der Glorious Revolution des Jahres 1689 eingestellt. Jenes Ereignis, das mit einem Dynastiewechsel verbunden war, beendete das Königtum der Stuarts, deren Herrschaft, pauschal betrachtet, durch das Bemühen gekennzeichnet war, den Einfluss des Parlaments zurückzudrängen und die Rückkehr des Landes zum Katholizismus zu begünstigen. Es ist hier nicht der Ort, die bewegte Geschichte Englands im 17. Jahrhundert nachzuzeichnen. Es genügt, daran zu erinnern, dass der Konflikt zwischen Königtum und Parlament sowie zwischen protestantischer Staatskirche und unterdrücktem Katholizismus auch mit Waffengewalt ausgetragen wurde und England nach der Hinrichtung Karls I. (1649) bis zur Restauration der Monarchie (1660) unter Cromwells Führung eine Republik wurde. Das endgültige Ende der Dynastie trat ein, nachdem der letzte Herrscher aus dem Hause Stuart, Jakob II., den vergeblichen Versuch unternommen hatte, nach dem Vorbild Ludwigs XIV. auch in England einen monarchischen Absolutismus zu begründen und eine Rekatholisierung zu erreichen. Er scheiterte am Widerstand des Parlaments und an der Intervention des Generalstatthalters der Niederlande, Wilhelms III., aus dem Hause Oranien, der eine Tochter Jakobs II., des letzten Stuarts auf dem Thron Englands, geheiratet hatte. Unter dem Namen William III. und Mary I. wurden beide auf Parlamentsbeschluss zu Königen gekrönt. Bei dieser Gelegenheit trat das Unterhaus besonders in Erscheinung, indem es den neuen Herrschern den Eid abnahm, worin sie sich verpflichteten, in Übereinstimmung mit dem legislatorischen Willen des Parlaments zu regieren: „to govern the people of this kingdom of England ... according to the statutes in parliament agreed on, and the laws and customs of the same".

Auf der Grundlage dieser Selbstverpflichtung kam eine Entwicklung in Gang, die dazu führte, dass die Krone bei der Bildung ihrer Regierung dem Willen des Unterhauses folgte. Natürlich gab es Zwischenstufen der Entwicklung, bis das Endergebnis erreicht war. Noch Georg III. aus dem Hause Hannover konnte mit Lord North seinen Kandidaten für das Amt des Premierministers an der Macht halten und den aussichtslosen Krieg gegen die dreizehn abgefallenen Kolonien sieben Jahre fortsetzen lassen. Doch als der Widerstand gegen die lange verzögerte, im Parlament umkämpfte Parlamentsreform von 1832 gebrochen werden musste, war die Rolle König Wilhelms IV. darauf beschränkt, dass er die erbittertsten Gegner der Reform in Privatbriefen aufforderte, der endgültigen Abstimmung im Oberhaus fernzubleiben, und so der Ratifikation der Reform Bill zum Sieg verhalf. Je länger, desto mehr wurde die königliche Gewalt in die

Parlamentsherrschaft eingehegt, in das System *king in parliament*, wie es im Englischen genannt worden ist. Zu der Frage, wie diese Einhegung der Inhaber der exekutiven Gewalt gelingen konnte, gab John Stuart Mill folgende Antwort:

„Verfassungsregeln werden eingehalten und funktionieren in der Praxis nur, solange sie im Rahmen der Verfassung derjenigen Macht die Herrschaft sichern, die auch in der Verfassungswirklichkeit die stärkste ist. Diese Macht ist in England die Macht des Volkes."

Da kehrt die Berufung auf die Volkssouveränität zurück. Deren reinster Ausdruck war die Demokratie, aber eine Demokratie war England noch längst nicht. Das vermittelnde Glied zwischen dem Prinzip der Volkssouveränität und einer vom Adel dominierten Parlamentsherrschaft war das Modell der Repräsentation des Volkes durch seine Elite. Das Prinzip der Repräsentation war der Schlüsselbegriff, der Vertretung des Volkes und Herrschaft der Elite als vereinbar zu denken erlaubt.

Was die Parlamentsreform von 1832 und ihre Wirkungen betrifft, so stabilisierte sie auf der einen Seite die parlamentarische Adelsherrschaft; auf der anderen bewirkte sie aber auch, dass Forderungen des demokratischen Radikalismus in die Masse der Arbeiterschaft getragen wurden und zur Abwendung einer Revolution vom Parlament die ersten Ansätze zu sozialen Reformen zugunsten der arbeitenden Klassen in Gang gesetzt wurden. Immerhin: Die Anhänger der alten Ordnung hatten sich, aufs Ganze gesehen, behauptet, und ihre Erwartungen gingen dahin, dass weitere Reformen für lange Zeit unnötig sein würden. Der gerade einmal dreißigjährige Macaulay schrieb 1832 an einen Freund, noch bevor das Reformgesetz verabschiedet war, dass eine weitere Reform hoffentlich erst in der Zeit ihrer Enkel notwendig werden würde. Die Hoffnung trog. Schon eine Generation später, im Jahr 1867, kam die nächste Reform.

Geschriebene Verfassungen im Zeitalter der Französischen Revolution

Die beiden ersten Verfassungen, die nach Ausbruch der Französischen Revolution in Europa entstanden, waren die polnische vom 3. Mai 1791 und die französische vom 11. September 1791. Beide waren nach dem von Montesquieu entworfenen Modell der Gewaltenteilung konstruiert, aber ihr Hintergrund und ihre Zielsetzung waren denkbar verschieden. In Polen-Litauen ging es darum, im Inneren die Blockierungen der Handlungsfähigkeit des Landes aufzuheben und nach außen die Unabhängigkeit beziehungsweise die territoriale Integrität des ausgedehnten Doppelreiches gegen seine mächtigen Nachbarn Russland, Preußen und Österreich wahren zu können. In Frankreich war die absolute Monarchie des Ancien Régime durch eine konstitutionelle zu ersetzen und die Macht der Exekutive durch die gesetzgebende Gewalt einer Nationalversammlung, der Vertretung einer von der Revolution geschaffenen freien und gleichen Bürgergesellschaft, zu begrenzen und einzuhegen. Davon konnte in Polen-Litauen nicht die Rede sein. Dort bekräftigte die Verfassung zwar die traditionelle Stellung des Adels als Vertretung des Volkes, aber sie sorgte zugleich dafür, dass die Macht des Adels nicht länger zur Blockierung der staatlichen Handlungsfähigkeit und zugunsten der Einflussnahme des Zarenreiches, des mächtigsten Nachbarn, missbraucht werden konnte.

Geschriebene Verfassungen im Zeitalter der Französischen Revolution

Beide Verfassungen sollen nacheinander in der Reihenfolge vorgestellt werden, in der sie verkündet wurden, also zuerst die polnische, dann die französische. Polen-Litauen wurde anstelle der traditionellen Wahlmonarchie zu einer erblichen erklärt. Die zukünftige Dynastie sollte aus dem Haus der sächsischen Kurfürsten stammen, das im 18. Jahrhundert bereits zweimal die gewählten Könige gestellt hatte. Der Sinn der Änderung liegt auf der Hand: Die Wahlmonarchie war die Einfallspforte für Bestechung der Wähler und Einflussnahme durch Russland. Damit sollte Schluss sein. Der letzte gewählte König, Stanisław II. August aus dem Hause Poniatowski, war 1764 noch als Günstling der Zarin Katharina der Großen auf den polnischen Thron gelangt. Die wichtigste Reform, die Abschaffung des sogenannten *liberum veto*, hob das Einspruchsrecht jedes einzelnen Vertreters der Szlachta, des Schwertadels, gegen Beschlüsse des Sejms, des Reichstags, auf und beseitigte damit die ständige Gefahr von Blockierungen dieses Gremiums. Hinzu kam das Verbot der Koalitionsbildung. Es galt den hochadligen Magnaten, den Inhabern der großen Reichsämter, und nahm ihnen die Möglichkeit, sich mit Standesgenossen zusammenzuschließen, um partikulare Interessen gegen die des Gesamtstaates, unter Umständen auch mit Waffengewalt, durchzusetzen. Dass damals die schon früher angestrebten Reformen verabschiedet werden konnten, hängt nicht zuletzt mit der scheinbaren Gunst der außenpolitischen Konstellation zusammen. Zwischen 1787 und 1791 führten Russland und Österreich einen Koalitionskrieg gegen das Osmanische Reich. Das Engagement beider Mächte auf dem Balkan und die zeitweilige Annäherung zwischen Preußen und Polen, die sogar in ein, freilich kurzfristiges, Bündnis mündete, nährte bei den Reformern um König Stanisław II. August die Erwartung, ungestört von äußerer Einflussnahme das

Reformprojekt durchzusetzen und den gordischen Knoten zu durchschlagen, der Polen in Fesseln hielt. Schon im Oktober 1788 war im Vorfeld der Verfassungsreform eine massive Heeresverstärkung beschlossen worden, um das Reich verteidigungsfähig gegenüber den Nachbarn zu machen. In der Präambel der Verfassungsurkunde wurden die Motive der Reform wie folgt dargelegt:

„Da wir überzeugt sind, dass unser aller gemeinschaftliches Schicksal einzig und allein von der Gründung und Vervollkommnung der Nationalverfassung abhängt und durch eine lange Erfahrung die verjährten Fehler unserer Regierungsverfassung kennengelernt haben; da wir die Lage, worin sich Europa befindet, und den zu Ende eilenden Augenblick, der uns wieder zu uns selbst gebracht hat, zu benutzen wünschen; da wir, frei von den schändenden Befehlen auswärtiger Übermacht, die äußere Unabhängigkeit und innere Freiheit der Nation, deren Schicksal uns anvertraut ist, höher schätzen als unser Leben ..., so beschließen wir ... gegenwärtige Verfassung und erklären sie durchaus für heilig und unverletzbar."

Stillschweigend hob die Verfassung die Sonderstellung Litauens auf und verwandelte so das Doppelreich in das einheitliche Königreich Polen. Das eigentliche Ziel der neuen, schriftlich niedergelegten Verfassung aber war die Sicherung der Handlungsfähigkeit des Staates und der äußeren Unabhängigkeit. Eine revolutionäre Veränderung der Gesellschaft wurde dagegen, anders als in Frankreich, weder vorausgesetzt noch angestrebt. Dafür war in Polen die Zeit einfach noch nicht reif (obwohl in der Reformdiskussion auch radikale, von der Französischen Revolution inspirierte Stimmen gehört wurden). Die Nation bildete nicht die Gemeinschaft freier und gleicher Bürger, sondern wurde repräsentiert durch den Schwertadel der Szlachta, der, allerdings eine Ausnahme im europäischen Adel, weit verbreitet war und ungefähr 700 000 Köpfe umfasste. Deren führende Stellung wurde in der Verfassung eigens festgeschrieben:

„Mit Hochachtung des Andenkens unserer Vorfahren, der Stifter unseres freien Staates, garantieren wir dem Adelsstande aufs Feierlichste alle seine Gerechtsamen, Freiheiten und Prärogativen und den Vorrang im Privatleben und öffentlichen Leben."

Ebenso wurde im ersten Artikel der Verfassung an der religiösen Tradition festgehalten. Der Katholizismus wurde zur Staatsreligion erklärt. Andersgläubigen Christen wurde zwar Duldung gewährt, aber der Abfall von der katholischen Staatsreligion sollte durch ein besonderes Gesetz unter Strafe gestellt werden. Über die Vertretung des Schwertadels, der Szlachta, in der Landbotenstube des Reichstags, die man von der englischen Analogie her als das polnische ‚Unterhaus' neben dem ‚Oberhaus' des aus Kirchenfürsten und Magnaten bestehenden Senats bezeichnen könnte, heißt es in der Präambel von Abschnitt VI der Verfassung, der betitelt ist „Der Reichstag oder die gesetzgebende Gewalt":

„Die Landbotenstube soll, als Repräsentant und Inbegriff der Souveränität der Nation, das Heiligtum der Gesetzgebung sein; daher soll auch zuerst in der Landbotenstube über alle Projekte dezidiert werden."

Um die passive Bestechlichkeit einzudämmen, die unter den zahlreichen Verarmten des Adels gang und gäbe war und deren Unabhängigkeit infrage stellte, wurde durch ein der Verfassung vorangehendes Gesetz, möglicherweise nach englischem und amerikanischem Vorbild, ein Zensus eingeführt. Diejenigen Adligen, die unterhalb der Mindestanforderung blieben, büßten das Wahlrecht zur Landbotenstube ein. Angeblich verloren von den rund 700 000 Angehörigen des Standes schätzungsweise 300 000 ihre politischen Rechte, das sind knapp 43 Prozent. Dieser Zensus wurde im Übrigen auch auf die Bürger der königlichen Städte wie beispielsweise Danzig ausgedehnt, denen eine Vertretung im Reichstag und ein auf städtische Angelegenheiten beschränktes Mitwirkungsrecht in der Landbotenstube zugestanden wurde.

Eine ähnliche Mischung traditioneller und neuer Elemente fand auch bei der Ausgestaltung der exekutiven Gewalt statt. Ihr Inhaber, der König, sollte die Regierungsgewalt zusammen mit einem Staatsrat ausüben, an dessen Spitze der Primas von Polen, der ranghöchste Geistliche, stehen sollte. Das entsprach dem Herkommen. Eine Neuerung war, dass das moderne Ressortprinzip Anwendung fand: Fünf Minister und zwei Staatssekretäre sollten zu Mitgliedern des Staatsrates ernannt werden. Besondere Aufmerksamkeit schenkte die Verfassung dem Zusammenwirken von Legislative und Exekutive. In der Verteilung der *checks and balances* war, so scheint es, den Einflussmöglichkeiten der gesetzgebenden Gewalt der Vorrang eingeräumt, womit deren überlegener Gewalt Rechnung getragen war. Das Nähere kann hier auf sich beruhen.

Zusammenfassend bleibt festzuhalten: Die polnischen Verfassungsgeber verfolgten nicht das Ziel eines revolutionären Umsturzes der Gesellschaft, sondern wollten eine Stärkung der

Staatsgewalt in der Absicht, die den inneren Zuständen des Landes geschuldete Handlungsunfähigkeit zu überwinden und den entsprechend reformierten Staat zur Selbstverteidigung nach außen zu befähigen. Die weiter gehenden, an dem Vorbild der Französischen Revolution orientierten Vorschläge, die eine kleine intellektuelle Minderheit in die Verfassungsdiskussion einbrachte, hatten keine Chance der Realisierung. Das hinderte jedoch die Zarin Katharina, die überall das Gespenst der Revolution am Werk sah, nicht daran, im Zusammenwirken mit einer Adelskonföderation durch russische Truppen die Rücknahme der Verfassung zu erzwingen. Russland und Preußen einigten sich auf die zweite Teilung Polens, und nach der polnischen Reaktion, dem Aufstand von 1794/95, wurde der Rest des Reiches aufgeteilt und die Eigenstaatlichkeit der polnischen Nation für die Dauer von 120 Jahren ausgelöscht.

Auch die französische Verfassung vom 11. September ist nach dem Schema der Gewaltenteilung organisiert. Aber der Zweck, der mit dieser Verfassung verfolgt wurde, ist ein ganz anderer als beim polnischen Gegenstück. Was festgeschrieben werden sollte, war die Machtverschiebung von der absoluten Monarchie des Ancien Régime zur Nationalversammlung, der Vertretung der freien und gleichen bürgerlichen Gesellschaft, die sich aller Privilegien der Geburt und des Standes entledigt hatte. Zu Beginn des Jahres 1789, am Vorabend des Zusammentritts der alten, nach Adel, Geistlichkeit und Bürgerstand gegliederten Generalstände, hatte Emmanuel Joseph Sieyès (1748-1836) seinen berühmten Traktat zu der Frage „Was ist der dritte Stand?" (Originaltitel: *Qu'est-ce que le Tiers Etat?*) mit drei Fragen und Antworten beginnen lassen: „1. Was ist der dritte Stand? Alles. 2. Was ist er bis jetzt in der politischen Ordnung gewesen? Nichts. 3. Was verlangt er? Etwas zu sein."

Die Beantwortung der ersten Frage, mit der auf die Beschreibung der aktuellen Lage verwiesen wird, lautet zusammengefasst: Der dritte Stand umfasst alle Menschen, deren Tätigkeiten die Existenz und das Gedeihen von Staat und Gesellschaft bewirken. Im Einzelnen unterscheidet der Autor die Arbeit des dritten Standes nach den drei Sektoren der Volkswirtschaft und zählt folgende Tätigkeiten auf: Urproduktion, das sind Ackerbau, Viehzucht und Bergbau, dann die Sekundärproduktion, das heißt die Verarbeitung und Veredlung der Urprodukte zum Gebrauch der Konsumenten, und schließlich den Handel als Instrument der Güterverteilung, ferner das weite Feld der Dienstleistungen, die als vierte Klasse zusammengefasst werden: „Die vierte Klasse umfasst die geachtetsten wissenschaftlichen und freien Berufe bis hinunter zu den am wenigsten geschätzten häuslichen Dienstleistungen."

Hinzu kommen die Funktionsträger in Staat und Religion: Armee, Justiz, Verwaltung und Kirche. Insgesamt werden nach Sieyès' Feststellung neunzehn Zwanzigstel dieser Arbeit von Angehörigen des dritten Standes geleistet. Trotzdem sind sie, so heißt es, von den Stellen, die Ehre und Gewinn bringen, ausgeschlossen; denn diese sind den Angehörigen der privilegierten Stände vorbehalten. Der Autor erklärt diese Privilegierung für ein Verbrechen am dritten Stand und nutzlos für Staat und Gesellschaft. Die logisch zwingende Schlussfolgerung ist die Forderung nach Beseitigung aller Privilegien:

„Es genügt hier der Hinweis, dass der angebliche Nutzen eines privilegierten Standes nichts anderes als ein Hirngespinst ist; dass alles Mühsame, dass es in diesem Dienst gibt, durch den dritten Stand erledigt wird, und zwar ohne den privilegierten Stand; dass die höheren Stellen unendlich viel besser besetzt wären ohne ihn; dass sie naturgemäß die Bestimmung und die Belohnung der anerkannten Begabungen und Dienste sein müssten; und dass, wenn es den Privilegierten gelungen ist, alle Stellen, die Gewinn und Ehre bringen, an sich zu reißen, dies zugleich eine hassenswerte Ungerechtigkeit gegen die Allgemeinheit der Bürger und ein Verrat an der öffentlichen Sache ist."

An die Stelle der Geburt in einen privilegierten Stand sollen also Talent und Verdienst treten, und alles wäre besser, so Sieyès, wenn die Vorrechte des Adels beseitigt wären. „Was wäre er (der dritte Stand) ohne den privilegierten Stand? Alles, aber ein freies und blühendes Alles. Nichts kann ohne ihn gehen; alles ginge besser ohne die anderen."

Am 17. Juni 1789 war es erreicht. Auf Antrag des Abbé de Sieyès erklärten sich die Abgeordneten des dritten Standes zur Nationalversammlung; am 4. August regten die zur bürgerlichen Nationalversammlung übergetretenen Angehörigen des Adels und des Klerus an, an diesem denkwürdigen Tag zu beschließen, dass die Feudalrechte aufgehoben seien. Am 28. August kam die Erklärung der Menschen- und Bürgerrechte. Im Jahr darauf wurde der Adel als Stand aufgehoben und fielen die Güter der Kirche an den Staat. Die Verfassung vom 6. September 1791 besiegelte diesen Umsturz der alten Ordnung und verwandelte Frankreich in eine konstitutionelle Monarchie auf der Grundlage einer Gewaltenteilung zwischen König, Nationalversammlung und einem unabhängigen Richterstand.

In der Einleitung bekräftigte die Verfassung die Abschaffung aller Einrichtungen, die, wie es heißt, das Prinzip der Freiheit und Gleichheit verletzen, und zählt in „Titel I. Grundeinrichtungen, von der Verfassung verbürgt" die ‚natürlichen', das heißt allgemein menschlichen, und die politischen Rechte der Bürger Frankreichs auf. Unter dem Begriff der Gleichheit werden alle Staatsbürger „zu allen Stellungen und Beamtungen ohne einen anderen Unterschied als den ihrer Tugenden und Talente" zugelassen sowie die gleichmäßige Besteuerung unter Berücksichtigung der Vermögensverhältnisse und die Bestrafung von Verbrechen ohne Unterschied der Person verbürgt. Dann folgt die Aufzählung der die Freiheit begründenden und sichernden Rechte. Dazu gehören Freizügigkeit, Meinungsfreiheit, Religionsfreiheit, Versammlungsfreiheit und das Recht, unterzeichnete – also nicht anonym gehaltene – Bittschriften an die Behörden zu richten. Die Garantie dieser Rechte hat folgenden Wortlaut:

„Die Verfassung verbürgt als natürliche und bürgerliche Rechte:
die Freiheit jedes Menschen, zu gehen, zu bleiben, zu reisen, ohne verhaftet oder gefangen gehalten zu werden als in den durch die Verfassung festgelegten Formen;
die Freiheit jedes Menschen, zu reden, zu schreiben, zu drucken und seine Gedanken zu veröffentlichen, ohne dass seine Schriften irgendeiner Zensur oder Aufsicht vor ihrer Veröffentlichung unterworfen sein dürfen, und den religiösen Kult auszuüben, dem er anhängt;
die Freiheit der Bürger, sich friedlich und ohne Waffen zu versammeln in Übereinstimmung mit den Polizeigesetzen;
die Freiheit, an die errichteten Behörden persönlich unterzeichnete Bittschriften zu richten."

Alle in Titel I aufgeführten Grundrechte werden ausdrücklich vor Beeinträchtigungen oder Hinderungen durch die gesetzgebende Gewalt geschützt. Sie sind unveränderbar und dürfen nicht aufgehoben werden. Mit dieser Erklärung der Menschen- und Bürgerrechte ist die französische Verfassung von 1791 das Vorbild aller modernen europäischen Verfassungen geworden. Aber als die Grundrechte formuliert und unter den Schutz der Verfassung gestellt wurden, dachte niemand an Demokratie. Gleichheit bei der Ausübung des aktiven und passiven Wahlrechts der Bürger zur Nationalversammlung war geradezu verpönt. Der Grund war, dass die Väter der Verfassung davon ausgingen, dass die Bürger nicht gleich waren, was Tugend und Bildung anbelangt. Beides galt als Voraussetzung für ein begründetes Urteil über öffentliche Angelegenheiten und für die Fähigkeit, an der verantwortungsvollen Aufgabe der Gesetzgebung mitzuarbeiten. Nach Beseitigung der ständischen Gliederung der Gesellschaft kam dafür nur die Schicht der Besitzenden infrage. Denn erfahrungsgemäß besaßen deren Angehörige am ehesten Muße und diejenige Bildung, die sie zur Übersicht über die öffentlichen Angelegenheiten und zur verantwortlichen Mitarbeit an der Gesetzgebung befähigte, während die einfachen Leute zur Arbeit verurteilt waren, um sich und die Angehörigen zu erhalten. Auch in Polen und England, zwei Staaten mit dominanter Adelsherrschaft, war gleichwohl zusätzlich zur privilegierten Geburt die Ausübung politischer Rechte an ein Mindestvermögen geknüpft. Aber nirgends war der Zensus – das Wort stammt von dem lateinischen *census* und bedeutet so viel wie Vermögensschätzung beziehungsweise Einordnung in eine bestimmte Vermögensklasse – so penibel geregelt wie im revolutionären Frankreich, wo der Adel als Stand und mit ihm das Feudalsystem abgeschafft waren. Das Zensuswahlrecht blieb bis ins 19. Jahrhundert und teilweise bis zum Ende des Ersten Weltkriegs das Mittel der Wahl, durch das die allgemeine bürgerliche Rechtsgleichheit mit der speziell politisch herausgehobenen Stellung der Besitzenden verbunden war.

Im Einzelnen war das Zensuswahlrecht in der französischen Verfassung von 1791 wie folgt geregelt: Die Wahl der Abgeordneten zur Nationalversammlung geschah indirekt durch 45 000 Wahlmänner. Von diesen repräsentierte jeder ungefähr hundert Aktivbürger, alle zusammen also viereinhalb Millionen Personen, das war etwa ein Sechstel der damaligen Gesamtbevölkerung Frankreichs. Ein Aktivbürger war derjenige, der „in irgendeinem Ort des Königreichs eine direkte Steuer zahlte, die wenigstens dem Wert von drei Arbeitstagen gleichkam, und darüber eine Quittung vorlegen konnte. Darüber hinaus durfte er nicht dem Stand der Bediensteten angehören, das heißt Lohndiener sein (diesen wurde unterstellt, von ihrer ‚Herrschaft' abhängig zu sein), und die Wahlberechtigten mussten im Rathaus ihres Wohnsitzes in der Liste der Nationalgarde, der Miliz des Königreichs, eingetragen sein und den Bürgereid geleistet haben (Abschnitt II, Artikel 2 der Verfassung).

Weitaus höher waren die Anforderungen, die an die 45 000 Wahlmänner, die die Abgeordneten der Nationalversammlung wählten, gestellt wurden. Sie gehörten zweifellos einer wohlhabenden bürgerlichen Elite an. In Abschnitt II, Artikel 7 wird ihr Kreis so bestimmt:

> „Keiner soll zum Wahlmann gewählt werden können, der nicht mit den notwendigen Bedingungen für das aktive Bürgerrecht folgende verbindet:
> in Städten über 6000 Einwohnern die, Besitzer oder Nutznießer eines Grundstücks zu sein, das zur Steuerrolle mit einem Einkommen veranlagt ist, das dem örtlichen Wert von 200 Ar-

beitstagen gleichkommt, oder Mieter einer Wohnung zu sein, die zur gleichen Rolle mit einem Einkommen, das dem Wert von 750 Arbeitstagen gleichkommt, veranlagt ist;

in Städten unter 6000 Einwohnern die, Besitzer oder Nutznießer eines Vermögens zu sein, das dem örtlichen Wert von 200 Arbeitstagen gleichkommt, oder Mieter einer Wohnung zu sein, die zur gleichen Rolle mit einem Einkommen, das dem Wert von 100 Arbeitstagen gleichkommt, veranlagt ist;

und auf dem Lande die, Besitzer oder Nutznießer eines Gutes zu sein, das zur Steuerrolle mit einem Einkommen veranlagt ist, das dem örtlichen Wert von 150 Arbeitstagen gleichkommt, oder Pächter oder Meier von Gütern zu sein, die zur gleichen Rolle mit 400 Arbeitstagen veranlagt sind."

Die gewählten Wahlmänner waren dazu ausersehen, die Abgeordneten der Nationalversammlung zu wählen. Die Abgeordneten mussten Aktivbürger in dem oben genannten Sinn sein, unterlagen aber im Übrigen keinerlei weiteren Vermögens- und Einkommensvorschriften. In Abschnitt III, Artikel 3 der Verfassung heißt es dazu: „Alle aktiven Bürger, gleich welchen Standes, Berufes oder welcher Steuerleistung, können zu Abgeordneten der Nation gewählt werden."

Durch das indirekte Wahlsystem hatte die Verfassung dafür gesorgt, dass die Vermögenden, soweit sie den Mindestanforderungen an Besitz und Einkommen entsprachen, die Wahl der Abgeordneten in der Hand hatten. Die Nationalversammlung war die eigentliche Inhaberin der staatlichen Souveränität, nicht der König. Dieser unterlag zahlreichen Beschränkungen in der Ausübung der ihm zugesprochenen exekutiven Gewalt. Vor allem aber: Die Verfassung bestimmte, dass es in Frankreich keine Autorität gab, die über dem Gesetze stand: „Der König regiert nur durch dieses" (Kapitel II, Abschnitt I, Artikel 3). Er war also das Werkzeug der gesetzgebenden Gewalt. Er hatte bei seiner Thronbesteigung „der Nation in Gegenwart der gesetzgebenden Körperschaft den Eid zu leisten, der Nation und dem Gesetze treu zu sein" (Artikel 4). Das Recht, aus eigener Machtvollkommenheit einen Krieg zu erklären, war ihm entzogen, aber er besaß ein beschränktes Initiativrecht. Dazu heißt es in Kapitel III, Abschnitt 1, Artikel 2: „Der Krieg kann nur durch ein Dekret der gesetzgebenden Körperschaft, das auf förmlichen und notwendigen Vorschlag des Königs erlassen und von ihm bestätigt wird, beschlossen werden." Dementsprechend hat die Kriegserklärung des Königs folgenden Wortlaut: „Jede Kriegserklärung soll in dieser Form geschehen: ‚Vonseiten des Königs der Franzosen im Namen der Nation'" (Abschnitt III, Artikel 2). Der König ist zudem durch die Verfassung gehalten, während eines Krieges einem etwaigen Ersuchen der Nationalversammlung nach Aufnahme von Friedensverhandlungen zu entsprechen. Weiterhin ordnet die Verfassung an, dass alle Verträge, die von der vollziehenden Gewalt ausgehandelt werden, erst nach ihrer Ratifikation durch die gesetzgebende Körperschaft in Kraft treten.

Was dem König allerdings zugestanden wird, ist ein aufschiebendes Veto gegen Beschlüsse der Nationalversammlung. Dieses Zugeständnis beherzigt die von Montesquieu aufgestellte Mahnung, dass sonst die stärkere, die gesetzgebende Gewalt ihre Rechte zulasten der schwächeren, der vollziehenden, ausweiten und so die Gewaltenteilung außer Kraft setzen könnte. Mit deren Eigenständigkeit war es in der französischen Verfassung von 1791 ohnehin nicht gut bestellt. Das ist anders in der einige Jahre vorher verabschiedeten amerikanischen Verfassung, in der das Gleichgewicht der Gewalten durch das vorbildliche System der *checks and balances* besser austariert ist, und dazu gehört auch, dass in ihr das Vetorecht des Präsidenten nach Montesquieus Lehre bis zum heutigen Tag verankert ist.

Zusammenfassend soll festgehalten werden: Die ersten schriftlichen Verfassungen Europas, die polnische und die französische, beide konstitutionelle Monarchien, sind nach dem Prinzip der Gewaltenteilung konzipiert wie auch die der Vereinigten Staaten, deren Präsident tatsächlich die Funktion eines republikanischen Monarchen ausübt. Aber das Gleichgewicht der Gewalten war durch das Übergewicht der Legislative, die von der Vertretung des Souveräns, also im Namen des Volkes, wahrgenommen wird, von vornherein mehr oder weniger prekär. Das gilt auch, wie oben im vorigen Kapitel dargelegt ist, für die parlamentarische Monarchie Englands zu Montesquieus Zeiten. Der König und ‚seine' Regierung waren vom Parlament abhängig, wie heutzutage Exekutive und Legislative in allen parlamentarischen Demokratien eng miteinander verwoben sind. Anders verhält es sich mit der Unabhängigkeit der Justiz. Diese ist in funktionierenden Demokratien tatsächlich eine unabhängige Gewalt. Gleichwohl gilt das nicht für jedes Land, das sich Demokratie nennt: Neuere Fehlentwicklungen in der Türkei und Polen sprechen eine andere Sprache.

Die Französische Revolution hatte die Adelsprivilegien und die Feudalrechte beseitigt und dafür das freie und gleiche Bürgerrecht aller Franzosen geschaffen. Dieser Paradigmenwechsel zog die dem Erbe der Aufklärung verpflichtete Erklärung der Menschen- und Bürgerrechte als unabdingbare Normen der Verfassung nach sich und schuf damit das Vorbild für alle heutigen demokratischen Verfassungen. Was allerdings die Wahrnehmung der Vertretung des Volkes in den damaligen Repräsentativverfassungen anbelangt, so sind alle von einem allgemeinen und gleichen Wahlrecht für alle männlichen Staatsbürger (von den Frauen ganz zu schweigen) und damit von einer modernen Demokratie weit entfernt. Auf diesem Feld blieb es bei verschiedenen Formen der Vertretung des Volkes durch Eliten, den Adel oder die Bourgeoisie auf der Grundlage von Herkunft und Besitz.

Die Vereinigten Staaten von Amerika. Republik statt Demokratie

Die Verfassung der Vereinigten Staaten vom 17. September 1787 war die erste in der westlichen Welt, die in Schriftform fixiert wurde. Wie die französische vom 6. September 1791 ist sie revolutionären Ursprungs, aber die Revolution, der sie ihre Entstehung verdankt, war ganz anders verursacht als in Frankreich. In den dreizehn englischen Kolonien an der Ostküste Nordamerikas gab es anders als in Frankreich vor 1789 keinen Adel als Stand und keine Standesprivilegien, sondern hier herrschte die Rechtsgleichheit aller Bürger, schon damals bei großen Unterschieden von Besitz, Vermögen und Einkommen. Revolution bedeutete die Loslösung vom Mutterland, die Gründung eines Staatenbundes, der seine Unabhängigkeit in einem siebenjährigen Krieg gegen das Mutterland (1776-1783) mit französischer Unterstützung gewann, um sich dann von einem lockeren Staatenbund in einen Bundesstaat mit geschriebener Verfassung zu verwandeln.

Die Loslösung der Kolonien vom Mutterland bedurfte einer Begründung. Gegeben wurde sie in der *Declaration of Independence*, die am 4. Juli 1776 in Philadelphia von den Vertretern der Kolonien angenommen und publiziert wurde. Der 4. Juli wird noch heute als Nationalfeiertag in den Vereinigten Staaten begangen. Das Dokument, das im Wesentlichen aus der Feder von Thomas Jefferson (1743-1826) stammt, enthält eine lange Liste von Rechtsverstößen der englischen Krone, nicht zuletzt die Missachtung des in angelsächsischen Ländern geheiligten Grundsatzes, dass ohne Zustimmung der Betroffenen keine Steuern erhoben werden dürfen – das Londoner Parlament hatte aus eigener Machtvollkommenheit den Amerikanern Steuern auferlegt, um die Schulden zu tilgen, die England im Krieg gegen Frankreich um den Besitz Nordamerikas während des europäischen Siebenjährigen Krieges aufgehäuft hatte. Die Präambel, die der Liste der englischen Rechtsverstöße vorangestellt ist, enthält das berühmte Manifest von Menschenrechten, deren Verletzung dem neu definierten Staatszweck zuwiderläuft und das Recht auf Sezession begründet. Jeffersons berühmte Worte lauten in deutscher Übersetzung:

„Folgende Wahrheiten erachten wir als selbstverständlich: dass alle Menschen gleich geschaffen sind; dass sie von ihrem Schöpfer mit gewissen unveräußerlichen Rechten ausgestattet sind; dass dazu Leben, Freiheit und das Streben nach Glück gehören; dass zur Sicherung dieser Rechte Regierungen unter den Menschen eingesetzt werden, die ihre rechtmäßigen Gewalten aus der Zustimmung der Regierten ableiten; dass, wenn immer irgendeine Regierung sich als diesen Zielen abträglich erweist, es das Recht des Volkes ist, sie zu ändern oder abzuschaffen und eine neue Regierung einzusetzen und diese auf solche Grundsätze aufzubauen und ihre Gewalten in der Form zu organisieren, wie es ihm zur Gewährleistung seiner Sicherheit und seines Glücks geboten erscheint."

Gewiss: Die Negersklaven, von denen es damals Hunderttausende gab, waren stillschweigend von den allen Menschen zustehenden Rechten ausgeschlossen. Sie waren zwar auch Menschen, aber sie zählten nicht, weil sie das Eigentum ihrer Herren waren. Doch von diesem Geburtsfehler der Vereinigten Staaten einmal abgesehen war hier das Prinzip aufgestellt, dass der Zweck des Staates die Sicherung der Grundrechte der Menschen ist und nicht der Mensch dazu geschaffen ist, einem Staat untergeordnet zu sein, der die Menschenrechte mit Füßen tritt.

Es versteht sich beinahe von selbst, dass Montesquieus Lehre von der Gewaltenteilung das Grundmuster der Verfassung bildet, die der verfassungsgebende Kongress am 17. September 1787 verabschiedete und die dann einen langwierigen Ratifikationsprozess in den einzelnen Staaten durchlief, der erst im Jahr der Französischen Revolution zum Abschluss kam. Vielleicht die wichtigste Rechtfertigung der Verfassung bildet eine Artikelserie in Zeitungen, die 1787/88 in New York den Ratifikationsprozess begleitete und dann gesammelt unter dem Titel *Federalist Papers* erschien (erstmals 1788 in zwei Bänden). Ihre drei Verfasser gehören zu den angesehensten Gründervätern der Vereinigten Staaten, und die Lektüre ihrer Artikel besticht noch immer durch ihr hohes sprachliches und inhaltliches Niveau. Ihre Namen sind Alexander Hamilton (1755-1804), John Jay (1745-1828) und James Madison (1751-1836).

Die Generation der Gründerväter nannte den neuen Bundesstaat, an dessen Spitze kein Monarch, sondern ein auf Zeit gewählter Präsident stand, nicht Demokratie, sondern Republik. Von der Demokratie – das war die aus der Antike bekannte Form der vom Volk ausgeübten Staatsgewalt – distanzierten sie sich ausdrücklich. Insbesondere James Madison, später der vierte Präsident des Landes (1809-1817), ist nicht müde geworden, den Lesern seiner Artikel den Unterschied zwischen einer republikanischen und einer demokratischen Verfassung einzuschärfen. Wie das überwältigende Gros aller Staatsdenker und obwohl selbst ein Verehrer der Demokratie wie Jean-Jacques Rousseau ging Madison von der ebenso richtigen wie banalen Einsicht aus, dass in einem ausgedehnten Territorialstaat wie den Vereinigten Staaten eine direkte Demokratie unmöglich praktiziert werden könne. Aber er blieb bei diesem Einwand nicht stehen, sondern lehnte die Demokratie als eine schlechte, der Republik unterlegene Regierungsform ab, weil sie, wie er den antiken Staatstheoretikern entnahm, früher oder später den unvermeidlichen Parteikämpfen anheimfallen werde und letztlich dem Untergang geweiht sei. Als Ursache betrachtete er, wiederum von der Demokratiekritik der Antike angeregt, das demokratische Gleichheitsstreben, das notwendigerweise in inneren Auseinandersetzungen und im Umsturz der Verfassung enden werde. In den *Federalist Papers* Nr. 10 schrieb er:

„Die politischen Theoretiker, die sich zum Anwalt dieser Regierungsform gemacht haben, sind dem Irrtum erlegen, man könne die Menschheit durch die Gewährung völlig gleicher Rechte auch in Bezug auf Besitz, Anschauungen und Leidenschaft vollkommen einander angleichen."

Den grundlegenden Unterschied zwischen Demokratie und Republik sieht Madison darin, dass in jener die gesamte Staatsgewalt von ihrem Souverän, dem Volk, ausgeübt wird, in dieser hingegen von den Repräsentanten des Volkes. Im Anschluss an den oben zitierten Text heißt es bei ihm:

„Eine Republik, also ein Repräsentativsystem, eröffnet andere Möglichkeiten und verspricht das gesuchte Heilmittel (für die Mängel der direkten Demokratie). Wenn wir untersucht haben, worin sich die Republik von der reinen Demokratie unterscheidet, werden wir sowohl das Wesen des Heilmittels erkennen als auch die Wirksamkeit, die ihm aus der Union (so nennt er die Vereinigung von Einzelstaaten zu einem Bundesstaat) erwachsen muss. Die beiden großen Unterschiede zwischen einer Demokratie und einer Republik sind erstens die Übertragung der Regierungsverantwortung auf eine kleine Zahl von Bürgern, die von den übrigen gewählt werden, und zweitens die größere Zahl von Bürgern und das größere Gebiet, über das die republikanische Herrschaft ausgedehnt werden kann."

Gegen die Demokratie wendet Madison nach dem Vorbild Montesquieus weiterhin ein, dass in den Massenversammlungen des Volkes keine geregelten Beratungen stattfinden könnten und eine solche Versammlung ständig der Gefahr ausgesetzt sei, demagogischen Verführern anheimzufallen, sodass am Ende die Demokratie in die Tyrannis des skrupellosesten Volksverführers münden könne. Madison beschwört damit eine Gefahr, die ihm aus antiken Quellen, vornehmlich von Platon und Polybios, vermittelt wurde. In den *Federalist Papers* Nr. 48 lässt er sich so vernehmen:

„In einer Demokratie, in der eine Vielzahl von Menschen die legislativen Funktionen in Person ausüben und durch ihr Unvermögen, geregelte Beratungen abzuhalten und Maßnahmen aufeinander abzustimmen, fortwährend den ehrgeizgetriebenen Intrigen ihrer Obrigkeit in der Exekutive ausgesetzt sind, kann sehr wohl befürchtet werden, dass die Tyrannei in irgendeiner sie begünstigenden Notsituation auch aus dieser Richtung kommen könnte."

Madison rechnete mit der Möglichkeit, dass in einer Demokratie, wie er sich ausdrückt, „Männer, getrieben von Parteiinteressen, lokalpatriotischen Vorurteilen oder schädlichen Absichten, mit unlauteren Mitteln Wählerstimmen gewinnen" und dann „die Interessen des Volkes verraten". Davor werden, so die Erwartung, die Repräsentativverfassung einer Republik, eine durch moralische Tugend und politische Einsicht ausgezeichnete Elite sowie die Größe der aus mehreren Staaten bestehenden Union der Vereinigten Staaten das Land bewahren. Dazu heißt es:

> „Der Effekt des ersten Unterschieds (dass eine Republik, anders als eine Demokratie, auf einem Repräsentativsystem beruht) kann einerseits sein, dass die öffentliche Meinung differenzierter und umfassender wird, weil sie das Medium einer ausgewählten Körperschaft von Bürgern passiert, deren Klugheit die wahren Interessen des Landes am besten erkennen lässt und deren Patriotismus und Gerechtigkeitsliebe sie am wenigsten Gefahr laufen lässt, dieses Interesse kurzfristigen oder parteiischen Rücksichten zu opfern. So kann es geschehen, dass die Stimme des Volkes, wenn sie von seinen Vertretern erhoben wird, eher zum Wohl des Ganzen ertönt, als wenn das Volk selber spricht, das zu diesem Zweck zusammentritt."

Madisons Grundüberzeugung ist, dass nicht die Masse des Volkes, sondern am ehesten seine Elite in politischer Hinsicht qualifiziert ist, das Land „nach seinen wahren Interessen" zu regieren, und er spricht die Erwartung aus, dass sich in einem großen Staat wie der Union der Vereinigten Staaten eine quantitativ zahlreichere und qualitativ auf höherem Niveau stehende Elite finden wird als in jedem der Einzelstaaten, aus denen die Union besteht:

„Daran zeigt sich ganz deutlich, dass derselbe Vorteil, den eine Republik hinsichtlich der Möglichkeit, die Auswirkung von Parteiungen zu kontrollieren, gegenüber einer Demokratie hat, auch einer großen Republik gegenüber einer kleinen zukommt – der Union zukommt gegenüber den Staaten, aus denen sie sich zusammensetzt. Besteht dieser Vorteil darin, Volksvertreter einsetzen zu können, deren aufgeklärte Sicht und charakterliche Stärke sie über lokal bedingte Vorurteile und ungerechte Vorhaben erhaben sein lässt? Es wird wohl niemand bestreiten, dass die Volksvertreter innerhalb der Union am ehesten die erforderlichen Qualitäten aufweisen werden."

Nicht nur James Madison, sondern auch seine Mitautoren der in den *Federalist Papers* gesammelten Artikel rechtfertigten das Bestreben der Verfassung, eine durch moralische und politische Tugend ausgezeichnete Elite durch Wahlen an die Spitze der neuen Republik zu bringen. Sie hatten für den neu gegründeten Bundesstaat das Leitbild vor Augen, dass Persönlichkeiten eines elitären Zuschnitts durch Wahlen in die Schlüsselstellungen der Republik und ihrer Teile, der Einzelstaaten, gebracht würden. Zu diesem Zweck sollte mithilfe eines Zensus, dessen Höhe die Einzelstaaten bestimmten und nicht der Bund, eine Vorauswahl derjenigen Bürger stattfinden, denen das aktive Wahlrecht zustand. Das Ideal war für einen der herausragenden Gründerväter, Thomas Jefferson, eine Republik von Landbesitzern, welche die Gewähr dafür bildeten, dass die Vertreter des Volkes und die Inhaber der Exekutivgewalt, der Präsident der Vereinigten Staaten und die Gouverneure der Einzelstaaten, Angehörige einer herausgehobenen Elite waren.

Ausdrücklich warnt Madison in den *Federalist Papers* Nr. 58 davor, die repräsentativen Versammlungen der gesetzgebenden Körperschaften durch große Abgeordnetenzahlen aufzublähen. Denn dies bedeute unweigerlich, dass die Zahl der Abgeordneten mit geringer Qualifikation steige und damit auch die Wirkungsmöglichkeit von Demagogen, die mit den Mitteln der Beredsamkeit schädliche Ziele verfolgten. Wieder wird auf das warnende, aus der antiken Überlieferung bekannte Bild verwiesen, das die antike Demokratie bot:

„Nun sind es, wie man weiß, Charaktere dieser Art, auf die Eloquenz und Gewandtheit der wenigen mit aller Macht wirken. In den Republiken der Antike, in denen sich das ganze Volk in Person versammelte, hat man allgemein gesehen, dass ein einzelner Redner oder ein gewiefter Staatsmann mit der gleichen Machtvollkommenheit regierte, als wäre in seine Hände ein Szepter gelegt."

Madison meinte freilich, dass der Antike ansatzweise, in Gestalt gewählter Magistrate, Repräsentanten des Volkes nicht ganz unbekannt gewesen seien, aber er betont den grundlegenden Unterschied zwischen dem rudimentären Repräsentationssystem der Antike und dem voll ausgebildeten in der zur Ratifikation anstehenden Verfassung der Vereinigten Staaten. Seine Worte in den *Federalist Papers* Nr. 63 lauten:

„Der wahre Unterschied zwischen diesen (den politischen Verfassungen der Antike) und den amerikanischen Regierungssystemen (der Plural bezieht sich auf die Verfassungen der Einzelstaaten und des Bundes) liegt darin, dass in den letzteren das Volk in seiner Eigenschaft als Kollektiv von jedem Anteil an der Regierung ausgeschlossen ist, und nicht darin, dass in den erstgenannten die Repräsentanten des Volkes gänzlich von der Regierung ausgeschlossen waren."

Gegen eine Ratifizierung der Bundesverfassung war eingewandt worden, dass darin gegen das Prinzip der Gewaltenteilung verstoßen werde und somit die Grundlagen der Freiheit infrage gestellt würden. Diese Kritik bezog sich auf das System der *checks and balances*, noch heute ein Ruhmestitel der amerikanischen Verfassung, und gab zu bedenken, dass nach dem Verfassungstext eine der drei Gewalten Zuständigkeiten der anderen an sich ziehen und so das die Freiheit verbürgende System der Gewaltenteilung aus dem Gleichgewicht bringen könnte. Madison setzt sich in einer Artikelserie, die in den *Federalist Papers* Nr. 47-51 abgedruckt ist, mit dieser Kritik auseinander und widerlegt ihre Berechtigung. Dazu beruft er sich auf Montesquieu, das, wie er sagt, Orakel der Lehre, dass Legislative, Exekutive und Judikative im Interesse der Freiheit strikt voneinander getrennt sein müssten, der diese Lehre aber zugleich in Hinblick auf ihr notwendiges Zusammenspiel im Interesse des Ganzen modifiziert habe. Madison gibt zu bedenken, dass nach Montesquieus Beobachtungen zur englischen Verfassung, dem „Spiegel der Freiheit", die Trennung der Gewalten nicht absolut sei, sondern in Hinblick auf ihr notwendiges Zusammenwirken abgewandelt werde. Dieser Gesichtspunkt wird in der Musterung der in den einzelnen Staaten der Union geltenden Verfassungen verfolgt und das Ergebnis dann mit den einschlägigen Bestimmungen der Bundesverfassung verglichen. Unterm Strich ergibt sich, dass diese sowohl mit der Lehre Montesquieus als auch mit den in den Vereinigten Staaten geltenden Verfassungen der Einzelstaaten übereinstimmt.

Von den Einzelheiten der Argumentation kann hier abgesehen werden – mit einer Ausnahme, die das Recht des Präsidenten betrifft, ein aufschiebendes Veto gegen Beschlüsse der legislativen Körperschaft einzulegen. In der Rechtfertigung dieses Vorbehalts zugunsten der exekutiven Gewalt schließt sich Madison voll und ganz Montesquieu an, der sich zu der angeschnittenen Frage, wie oben zitiert, so geäußert hatte:

„Wenn die exekutive Befugnis nicht das Recht besäße, die Unternehmungen der legislativen Körperschaft aufzuhalten, wäre diese letztere despotisch. Sie vermöchte sich alle erdenklichen Vollmachten selber zu verleihen und so alle anderen Befugnisse zunichte zu machen."

Was den Präsidenten, den Inhaber der exekutiven Gewalt, anbelangt, so hat sich die Sorge um das moralische und intellektuelle Niveau seiner Person, des mächtigsten Mannes im Staat und seit dem vorigen Jahrhundert in der Welt, in den von der Verfassung vorgesehenen Wahlbestimmungen besonders niedergeschlagen. Er sollte von den wahlberechtigten Bürgern nicht direkt wie die Repräsentanten des Volkes gewählt werden, sondern indirekt nach folgendem Verfahren: In jedem der dreizehn Bundesstaaten wurden so viele Wahlmänner gewählt, wie der betreffende Staat Abgeordnete in Repräsentantenhaus und Senat entsenden durfte. Die Gewählten bestimmten dann zwei Vertreter für das Gremium, das den Präsidenten zu wählen hatte – mit der Maßgabe, dass einer der beiden Gewählten aus einem anderen Bundesstaat als dem entsendenden stammte. Den

Sinn des Verfahrens hat John Jay in einem Artikel der *Federalist Papers* Nr. 64 so beschrieben:

„Da die ausgewählten Gremien für die Wahl des Präsidenten sich im Allgemeinen ebenso wie die gesetzgebenden Körperschaften der Staaten, die Senatoren ernennen, aus den aufgeklärtesten und respektabelsten Bürgern zusammensetzen werden, besteht Grund zu der Annahme, dass sich ihre Aufmerksamkeit und ihre Stimme auch nur auf Männer konzentrieren werden, die sich durch ihre Fähigkeiten und ihre Tugend am meisten ausgezeichnet haben und denen zu vertrauen das Volk gute Gründe hat. Die Verfassung bekundet ganz besondere Aufmerksamkeit in Bezug auf diesen Punkt ... Die sich aus diesen Überlegungen mit natürlicher Notwendigkeit ergebende Schlussfolgerung ist, dass der Präsident und die Senatoren, die auf diese Weise gewählt werden, immer zu denen zählen werden, welche unsere nationalen Interessen – sei es in Bezug auf die einzelnen Staaten, sei es in Beziehung auf fremde Nationen – am besten kennen, die am besten dazu in der Lage sind, diese Interessen zu fördern, und deren Ruf, integer zu sein, Vertrauen einflößt und auch verdient."

Das Wahlmännerverfahren hat sich bis heute erhalten, aber es lässt sich wohl nicht mehr behaupten, dass es aus den aufgeklärtesten und respektabelsten Bürgern besteht und die Wahl zum Präsidenten den trifft, der sich durch seine Tugenden und Fähigkeiten am meisten ausgezeichnet hat. Die letzte Präsidentenwahl hat die Welt eines Schlechteren belehrt. Der amerikanische Schriftsteller Joshua Cohen hat zu der Wahl in einem Artikel, der in der Ausgabe der Frankfurter Allgemeinen vom 11.

November 2016 ins Deutsche übersetzt ist, den Wandel der Zeit auf den Punkt gebracht:

> „Nach dem Bürgerkrieg (zwischen den Nord- und Südstaaten 1861–1865) änderte sich das jedoch (die Wahl eines Präsidenten nach den in der Verfassung festgelegten Regeln), weil die Parteiapparate damit begannen, eigene Wahlmänner zu stellen, die dann nicht mehr ihrem Gewissen verantwortlich waren, sondern Vorgaben hatten – man erwartete von ihnen, nicht mehr ‚abzuwägen', so (Alexander) Hamiltons Begriff, sie hatten nur noch zu bestätigen. Sie besiegelten den Volkswillen ... Indem sie Trump wählten ..., haben diejenigen Leute, denen die Gründerväter nie getraut hatten, ihre Revanche genommen: Amerikas gebildete Elite ist überlistet ..."

Es mag sein, dass die im letzten Drittel des 19. Jahrhunderts entstehende Parteiendemokratie das Konzept der Gründerväter ruinierte. Die Gründerväter schufen eine großartige Verfassung, aber sie konnten den Geburtsfehler der neuen Republik, die Sklaverei und ihre Folgen, nicht heilen. Nicht nur, dass ihre Existenz in krassem Widerspruch zu den hochfliegenden Prinzipien der in der Unabhängigkeitserklärung verkündeten Menschenrechte stand; die Sklaverei brachte auch den einzelnen Wählern in den sklavenhaltenden Südstaaten einen Vorteil, der ihnen ein größeres Gewicht verschaffte als den Wählern im Norden der Union. Die Zahl der Sklaven in den betreffenden Staaten der Union wurde nämlich mit drei Fünfteln der Zahl der weißen Bevölkerung hinzugerechnet, und danach wurde die Zahl der Abgeordnetensitze auf der Grundlage der so errechneten Größe festgelegt. Was das bedeutete, kann am Beispiel des Staates Virginia, der Heimat von George Washington,

Die Vereinigten Staaten von Amerika. Republik statt Demokratie

Thomas Jefferson und vieler anderer, die die Frühphase der Vereinigten Staaten prägten, erläutert werden. Die Daten der Bevölkerungsstatistik aus dem Jahr 1782, die Thomas Jefferson in seinen *Betrachtungen über den Staat Virginia* mitteilt (Originalausgabe 1785 unter dem Titel *Notes on the State of Virginia*), beziffern die Gesamtbevölkerung des Staates auf rund 570 000 Personen, davon 300 000 Weiße und 270 000 Negersklaven. Von dieser letztgenannten Zahl gingen nach der besagten Regelung rund 160 000 in die Bezugsgröße zur Berechnung der Abgeordnetensitze ein, die Virginia zustanden. Die Wähler der Südstaaten entsandten also mehr Abgeordnete in die verschiedenen Parlamente, als ihrer Zahl entsprochen hätte. Sie waren somit gegenüber den Wählern der Nordstaaten, in denen es die Sklaverei nicht gab, begünstigt.

Die Quintessenz dieses Kapitels lässt sich folgendermaßen zusammenfassen: Die Verfassung der Vereinigten Staaten hat die junge Republik in geradezu klassischer Weise auf die Prinzipien des Repräsentativsystems und der Gewaltenteilung festgelegt. Diese Teilung ist durch die Zuweisung der Exekutive an einen gewählten Präsidenten, gewissermaßen einen republikanischen Monarchen auf Zeit, viel klarer und konsequenter ausgefallen als in der parlamentarischen Monarchie Englands oder in den heutigen parlamentarischen Demokratien. Beide Aspekte der Lehre von der Gewaltenteilung, ihre Trennung und ihr durch *checks and balances* geregeltes Zusammenspiel, waren und sind in der Verfassungswirklichkeit vorbildlich realisiert.

Vorausgegangen war der Verabschiedung und Ratifizierung der Verfassung eine auf höchstem Niveau geführte Debatte über die Grundlagen, auf denen sie beruht. Als Demokratie hat sich der neue Staat nicht verstanden, sondern als Republik. Eine direkte Demokratie, wie sie die Antike gekannt hatte, wird ausdrücklich verworfen. Die neue Republik wurde auf ein Repräsentativsystem gegründet, in dem alle staatliche Gewalt von gewählten Vertretern des Volkes ausgeübt wurde. Auffallend ist die besondere Sorgfalt, mit der das Führungsproblem in einer Republik freier und rechtlich gleicher Bürger nicht nur erörtert, sondern auch unter Berücksichtigung der Zeitverhältnisse gelöst wurde. Selbstverständlich kamen für die Führungsrolle, wie anderenorts auch, Leute aus der Masse des Volkes, die recht und schlecht von ihrer Hände Arbeit lebte und der die notwendige Muße und Bildung fehlten, nicht infrage. Die Elite, der die notwendigen charakterlichen und intellektuellen Voraussetzungen zugetraut wurden, war sozusagen eine bürgerliche Aristokratie der Besitzenden und Gebildeten.

Von einer Demokratie im modernen Sinn war dieses aus dem 18. Jahrhundert stammende Konzept der amerikanischen Verfassung noch sehr weit entfernt. Aber die Vereinigten Staaten sollten sich schneller als die Staaten Europas zu einer Demokratie mit allgemeinen und gleichen Wahlen weiterentwickeln. Davon wird im übernächsten Kapitel die Rede sein, nachdem zunächst als Kontrast ausgewählte Beispiele der Verfassungsgeschichte Deutschlands in der ersten Hälfte des 19. Jahrhunderts zur Sprache gekommen sind.

Landständische Verfassungen und Repräsentativverfassungen in Deutschland

Dieses Kapitel ist der Auseinandersetzung um die in der Überschrift genannten Verfassungsmodelle und um eine Demokratisierung in der Zeit vom Wiener Kongress (1814/15) bis zum Ende des Deutschen Bundes gewidmet. Zunächst sei in wenigen Sätzen an die Ausgangslage erinnert. Auf dem Wiener Kongress versuchten die Siegermächte, die der Herrschaft Napoleons ein Ende gesetzt hatten, zusammen mit dem besiegten Frankreich so weit wie möglich an die vorrevolutionäre Ordnung anzuknüpfen. In Frankreich wurde die Monarchie der Bourbonen wiederhergestellt. In Deutschland aber erwies es sich als unmöglich, zu den territorialen Verhältnissen und zur Verfassung des Heiligen Römischen Reiches Deutscher Nation zurückzukehren. Der einzige Fürsprecher, der sich dafür auf dem Wiener Kongress einsetzte, der Vertreter des wiederhergestellten Kirchenstaats, Kardinal Ercole Consalvi (1757–1824), stand auf verlorenem Posten. Es blieb in Deutschland, von der Vergrößerung Preußens auf Kosten Sachsens und seiner Westverschiebung an den Rhein abgesehen, im Wesentlichen bei der Erhaltung der von Napoleon geschaffenen Rheinbundstaaten. Was Polen angeht, so erlangte es trotz eines englischen Vorstoßes zu seiner Wiederherstellung weder die Unabhängigkeit noch die territoriale Einheit zurück. Die alten Teilungsmächte Russland, Preußen und Österreich einigten sich auf eine Neuverteilung ihrer Beute aus der Zeit der Französischen Revolution.

Auch in Hinblick auf Gesellschaft und staatliche Verfassung gelang die Restauration vorrevolutionärer Verhältnisse nur unvollkommen. Das Erbe der Französischen Revolution, bürgerliche Rechtsgleichheit ohne Adel und Standesprivilegien und eine gesetzgebende Körperschaft, die als Vertretung der einen und unteilbaren Nation konzipiert war, wirkte als Leitbild über die Grenzen Frankreichs hinaus. Auch der restaurierten Monarchie der Bourbonen war es dort nicht mehr möglich, an die vorrevolutionären Verhältnisse anzuknüpfen. Was Deutschland anbelangt, so wurden Erwartungen, die auf staatliche Einheit über der Vielheit der Länder gerichtet waren, ebenso enttäuscht wie die auf Repräsentativverfassungen als Vertretungen des gesamten Volkes. Die Frage nach einer Verfassung Deutschlands und seiner Einzelstaaten war immerhin aufgeworfen. Die öffentliche Meinung geriet nach Aussage von Heinrich Treitschke im ersten Band seiner *Deutschen Geschichte im Neunzehnten Jahrhundert* bereits in den Bann der Vorstellung, Verfassung und Repräsentativsystem seien gleichbedeutende Begriffe.

Anders als in Frankreich gab es in Deutschland weiterhin den Adel als privilegierten Stand. Genau genommen bestand er aus zwei Klassen, zum einen dem landsässigen Adel in den landesherrschaftlichen Gebieten des Alten Reiches und zum anderen den sogenannten Standesherren, das heißt den Angehörigen der Familien, die ihre Herrschaftsrechte an die von Napoleon dominierten Rheinbundstaaten verloren hatten und sie anders als Kurhessen auf dem Wiener Kongress nicht wiedergewinnen konnten. Immerhin garantierte diesen die Verfassung des Deutschen Bundes, des Zusammenschlusses der deutschen Staaten zu einem lockeren Staatenbund, in Artikel 14 der Bundesakte besondere Vorrechte; und in Hinblick auf die künftigen Verfassungen der Einzelstaaten stipulierte der Artikel 13 der Bundesakte: „In allen Bundesstaaten wird eine landständische Verfassung stattfinden." Die ebenso knappe wie auslegungsbedürftige Bestimmung konnte in dem Sinn gedeutet werden, dass in den Landtagen wie in vorrevolutionärer Zeit die Stände und nicht das Volk gleicher Bürger vertreten sein sollten. Dies war die Interpretation, die der österreichische Staatskanzler Fürst Metternich auf der Karlsbader Konferenz des Jahres 1821 für verbindlich erklären lassen wollte. Dabei stützte er sich auf das Gutachten, das sein treuer Gefolgsmann, der Publizist Friedrich von Gentz (1764–1832), unter dem Titel *Über den Unterschied zwischen den landständischen und Repräsentativ-Verfassungen* im Jahre 1819 erstellt hatte. Darin vertrat er die These, dass „die ehemaligen deutschen Landstände auf dem von Gott selbst (sic!) gestifteten Standes- und Rechtsunterschieden beruhten, das fremdländische Repräsentativsystem dagegen auf dem revolutionären Wahn der Volkssouveränität und der allgemeinen Rechtsgleichheit".

Die ersten Verfassungen, die seit 1815 gemäß Artikel 13 der Bundesverfassung entstanden, die des kleinen thüringischen Großherzogtums Sachsen-Weimar und der süddeutschen Staaten Baden, Bayern, Württemberg und Hessen-Darmstadt, hatten die von Gentz und Metternich nachträglich statuierte Unvereinbarkeit von landständischer und repräsentativer Verfassung noch nicht ahnen können und waren schlicht und einfach von der Vorstellung ausgegangen, dass auch eine landständisch organisierte Deputiertenkammer das Volk als Ganzes repräsentiere. Beispielsweise sah die älteste der Verfassungen, die von

Sachsen-Weimar, vor, dass Ritterschaft, Städte und Landgemeinden ihre Vertretungen getrennt wählten, die Gesamtheit der Abgeordneten, 31 an der Zahl, aber eine einzige Kammer bildete, die als Vertretung des ganzen Volkes gelten sollte. Auch die süddeutschen Verfassungen berücksichtigten die besondere Stellung des Adels so weit, dass sie in ihrer relativen Modernität stärker der Idee eines allgemeinen Repräsentationssystems entsprachen. Als Metternich auf der Konferenz von Karlsbad, auf der die berüchtigten Beschlüsse gegen die Umtriebe von Demagogen beschlossen wurden, von den süddeutschen Staaten eine Korrektur ihrer Verfassungen im Sinne der Denkschrift von Gentz verlangte, konnte er sich damit nicht durchsetzen. Deren Vertreter verneinten, dass ihre Verfassungen aus der revolutionären Idee der Volkssouveränität hervorgegangen seien, und machten geltend, dass die mühsam ausgehandelten Verfassungen nicht wieder rückgängig gemacht werden könnten. In dieser Frage also scheiterte Metternich, aber er konnte immerhin verhindern, dass bis zur Pariser Julirevolution von 1830 im Deutschen Bund Verfassungen nach dem Modell des Repräsentativsystems entstanden.

Doch rührte sich in der öffentlichen Meinung und auch in den gesetzgebenden Kammern weiterhin Opposition gegen den Ständestaat, das heißt in erster Linie gegen die Privilegierung des Adels. Beispielsweise ging im badischen Landtag der Abgeordnete Ludwig Georg Winter so weit, zu behaupten, dass im Artikel 13 der Bundesverfassung nicht eine altständische Verfassung, sondern ein Repräsentativsystem nach dem Vorbild der französischen Charte von 1814 gemeint sei und folglich die Rechtsgleichheit aller Bürger vorausgesetzt werde. Deshalb seien, so argumentierte er, die den Standesherren in Artikel 14 der Bundesverfassung zugesprochenen Vorrechte im

Rechtssinn ungültig und dürften dementsprechend nicht realisiert werden.

Die Julirevolution von 1830 schuf in Frankreich eine neue Situation, die erhebliche Rückwirkungen auf Deutschland hatte. In Frankreich wurde das monarchische Prinzip, wonach der König als Inhaber der Staatsgewalt aus eigenem Ermessen eine Verfassung erlassen kann, in der den Untertanen bestimmte Mitwirkungsrechte zuerkannt werden, infrage gestellt. Der Abgeordnete Alphonse Thiers (1797–1877), später, seit 1871, der erste Präsident der dritten Republik, vertrat in der Nationalversammlung den Standpunkt, dass der König nur herrsche, aber nicht regiere. Er fragte: „Was wollten wir vor dem Juli (1830)?" und antwortete: „die konstitutionelle Monarchie mit einem Herrscherhaus, das ihre Bedingungen anerkennen und deshalb uns (das heißt der Nationalversammlung) verdanken soll". Es waren die Repräsentanten des Volkes, die Louis Philippe aus der Nebenlinie Orléans des Hauses Bourbon zum ‚Bürgerkönig' in Frankreich machten und damit die Erinnerung an die Glorious Revolution in England weckten, in der das Londoner Parlament den Generalstatthalter der Niederlande und seine Frau auf den englischen Thron hob.

In Deutschland kam es in einigen Staaten zu revolutionären Erschütterungen, aber letztlich nicht zu einer Beseitigung des monarchischen Prinzips. Es blieb bei Artikel 57 der Wiener Schlussakte von 1820, der die monarchisch verfassten Staaten des Deutschen Bundes auf dieses Prinzip eingeschworen hatte. Der genannte Artikel hat folgenden Wortlaut:

„Da der Deutsche Bund ... aus souveränen Fürsten besteht, so muss dem hierdurch gegebenen Grundbegriffe zufolge die gesamte Staats-Gewalt in dem Oberhaupt des Staates vereinigt bleiben, und der Souverän kann durch die landständische Verfassung nur in der Ausübung bestimmter Rechte an die Mitwirkung der Stände gebunden werden."

In der Folge der Pariser Julirevolution kam es in einigen Staaten des Deutschen Bundes zu Unruhen, deren Stärke sich aus dem Unmut über die politischen Zustände und aus der verbreiteten wirtschaftlichen Not der Bevölkerung speiste. In Kurhessen musste der unbeliebte Kurfürst Wilhelm II. dem Druck der Straße wenigstens so weit nachgeben, dass er unter Beachtung des oben zitierten Artikels der Wiener Schlussakte am 5. Januar 1831 dem Land eine Verfassung gewährte. Nominell war sie vom Landesherrn aus freien Stücken gegeben. Doch in Wahrheit war sie das Ergebnis eines Kompromisses, der zwischen Reformern innerhalb des Regierungsapparats und liberalen Wortführern gemäßigter und radikaler Provenienz ausgehandelt worden war. Der Kurfürst hatte dem Kompromiss nur widerwillig zugestimmt. Die Präambel des Verfassungsdokuments trug seinem mühsamen Zustandekommen in gewundenen Formulierungen noch erkennbar Rechnung:

„Von Gottes Gnaden, Wir Wilhelm IIte, Kurfürst von Hessen ..., sind daher mit aufrichtiger Bereitwilligkeit (!) den Bitten und Wünschen Unseres Volkes entgegengekommen, welches in einer landständischen Mitwirkung an den inneren Staats-Angelegenheiten von allgemeiner Wichtigkeit die kräftigste Gewährleistung unserer landesväterlichen Gesinnung (!) und eine dauernde Sicherstellung seines Glückes erblickt."

Sylvester Jordan, Professor in Marburg und einer der Väter der kurhessischen Verfassung, hatte in den vorausgehenden Verhandlungen die Formulierung vorgeschlagen: „... ist zwischen Uns und Unseren getreuen Ständen eine vollkommene Einigung zustande gekommen". Das wurde verworfen, weil es zu offen kenntlich machte, dass die Verfassung das Ergebnis von Verhandlungen war, die das Prinzip der Gewährung aus eigener Initiative des Landesherrn infrage stellten.

Die Verfassung selbst stellt einen komplizierten Kompromiss zwischen den Vorgaben des Deutschen Bundes und den in der Öffentlichkeit erhobenen Forderungen nach Freiheit, Gleichheit und Repräsentation des Volkes dar. Schon die Überschrift des dritten Teils (§§ 19-48) „Von den allgemeinen Rechten und Pflichten der Unterthanen" spricht ganz nach dem Brauch des fürstlichen Obrigkeitsstaates von Untertanen und nicht von Bürgern. Einerseits wird die Gleichheit aller Einwohner proklamiert, und andererseits schränken Vorbehalte sie ein, die von der Verfassung und Gesetzen vorgegeben sind:

> „Alle Einwohner sind in so weit vor den Gesetzen einander gleich und zu gleichen staatsbürgerlichen Verbindlichkeiten verpflichtet, als nicht gegenwärtige Verfassung oder sonst die Gesetze eine Ausnahme begründen."

Die Ausnahmen vonseiten der Verfassung betrafen die privilegierte Stellung des Adels, der Standesherren und ehemaligen Reichsritter sowie die im 16. Jahrhundert gegründete Korporation der althessischen Ritterschaft (§§ 49-50). Davon wird unten noch ausführlicher die Rede sein.

Die kurhessische Verfassung übernahm einige Vorschriften aus dem Katalog der Menschen- und Bürgerrechte, deren Ursprung in der französischen Verfassung von 1791 liegt. Sie garantierte Religions- und Gewissensfreiheit, Freiheit der Person und des Eigentums, das Recht auf freie Meinungsäußerung in Wort und Schrift sowie die Freiheit der Presse. Immer wird freilich an die Grenzen im Gebrauch der zugestandenen Rechte erinnert. In § 30 wird stipuliert, dass „die Religion nicht als Vorwand gebraucht werden darf, um sich irgend einer gesetzlichen Verbindlichkeit zu entziehen". Von der Freiheit der Person und des Eigentums heißt es in § 31, dass sie „keiner anderen Beschränkung (unterliegt), als welche das Recht und die Gesetze bestimmen". Das Recht auf freie Meinungsäußerung findet nach § 39 seine Grenze an Vergehen und Rechtsverletzungen. Die Freiheit der Presse und des Buchhandels wird in § 37 „in ihrem vollen Umfange" garantiert, doch unter folgenden Vorbehalt gestellt: „Es soll jedoch zuvor gegen Preßvergehen ein besonderes Gesetz alsbald erlassen werden."

Teil VII der Verfassung handelt von den Landständen, die zusammen den Landtag bilden (§§ 63–105). Seine Zusammensetzung entsprach den Vorgaben von § 13 der Bundesverfassung. Freilich bildeten genau genommen nur die beiden Adelsgruppen einen – privilegierten – Stand im Sinne der Verfassung. Die Masse der nichtadligen Wähler wurde nach dem Wohnort in Stadt- und Landbewohner unterteilt. Das aktive Wahlrecht war in Kurhessen an keinen Zensus gebunden. Das war eines der Elemente, die Metternichs Irritation über die kurhessische Verfassung verständlich macht. Er nannte sie in einem 1847 geschriebenen Brief an den Kurfürsten „sehr demokratisch". Was das passive Wahlrecht anbelangt, so wurde in § 62 eine Zweiteilung getroffen: Für jeweils die Hälfte der Abgeordnetensitze war eine Vermögensqualifikation erforderlich, für die andere Hälfte nicht. Es gab also beides, Privilegierung der Besitzenden und das demokratische Prinzip, dass kein Zensus für die Wahl zum Abgeordneten vorgesehen war. Soweit die Vergabe eines Abgeordnetensitzes an einen

Landständische Verfassungen und Repräsentativverfassungen

Zensus geknüpft war, wurde zwischen Stadt und Land unterschieden: Der Mindestzensus für Stadtbewohner war ein Vermögen im Wert von 6000 Talern oder ein Einkommen von 400 Talern jährlich; derjenige der Landbevölkerung war an die Zahlung einer Grundsteuer oder ein Vermögen von mindestens 5000 Talern geknüpft. Zusätzlich war festgelegt, dass die Haupterwerbsquelle der Landbewohner aus der Landwirtschaft stammen musste. Für die Besetzung von insgesamt 16 Abgeordneten der Städte und des Landes galt nach § 67 gleiches Wahlrecht:

„Die Wahl der übrigen acht Abgeordneten der Städte sowie der übrigen acht Abgeordneten der Landbezirke kann ohne Unterschied auf einen jeden fallen, welcher überhaupt wählbar (siehe § 67) und in dem Strombezirke wohnhaft ist."

Die kurhessische Verfassung enthielt also Bestimmungen zum Wahlrecht mit und ohne Zensus, von Gleichheit nach demokratischer Art und partieller Berücksichtigung von Besitz und Einkommen. Insofern stellte sie eine Mischung aus zwei im Verständnis der Zeit modernen Wahlvarianten dar. Ganz rückwärtsgewandt aber war die bevorzugte Stellung, die dem Adel eingeräumt wurde. Er bildete zwar keine eigene Vertretung in einem Zweikammersystem, wie es anderenorts der Fall war, sondern war Teil eines gemeinsamen Landtags, aber er war in geradezu grotesker Weise insofern überprivilegiert, als er so viele Abgeordnete entsendete wie jeder der beiden anderen ‚Stände', obwohl er nur ein dreistelliges Wählerpotenzial gegenüber dem sechsstelligen der nichtadligen Stadt- und Landbewohner besaß. Hinzu kommt, dass die Adelskurie über einige Landtagssitze verfügte, die an keine Wahl, sondern an eine Stellung in uralten Institutionen geknüpft waren.

Der größte Teil der adeligen Wähler wurde von der Korporation der althessischen Ritterschaft gestellt, die um 1831 nach der Zählung einer Spezialuntersuchung zum kurhessischen Adel aus dem Jahr 1987 (Gregory W. Pedlow, *The Survival of the Hessian Nobility 1770–1870*) aus 42 Familien bestand. Die Mitglieder dieser Körperschaft wählten fünf Abgeordnete, je einen in den fünf Strombezirken der Diemel, Fulda, Schwalm, Werra und Lahn. Hinzu kamen drei weitere gewählte Vertreter aus Landesteilen, die erst nach Gründung der genannten Korporation im 16. Jahrhundert hessisch geworden waren, einer aus dem kurhessischen Teil der Grafschaft Schaumburg an der Weser sowie jeweils einer aus dem ehemals reichsunmittelbaren Adel im Bistum Fulda sowie in der ehemaligen Grafschaft Hanau. In der Grafschaft Schaumburg hatte die Wahl, wie § 63 der Verfassung vorschrieb, „unter Mitbestimmung der adelichen Stifter Fischbeck und Obernkirchen" zu erfolgen.

Diesen acht gewählten Vertretern des Adels standen acht weitere gegenüber, die von Geburt oder von Amts wegen Mitglieder der Adelskurie im Landtag waren: ein Prinz des kurfürstlichen Hauses aus einer der mit einer Apanage abgefundenen Nebenlinien, die Oberhäupter der ehemals regierenden fürstlichen und gräflichen Familien mit einer Standesherrschaft in Kurhessen, der Senior der freiherrlichen Familie von Riedesel, in der das Adelsamt des (gesamt)hessischen Erbmarschalls erblich war (ungeachtet der Tatsache, dass die Familie vornehmlich im hessen-darmstädtischen Oberhessen begütert war), ein Vertreter der Universität Marburg, in der Regel ein bürgerlicher Professor, sowie einer der beiden Obervorsteher der in der Reformationszeit gegründeten adligen Stifte Kaufungen und Wetter. Erwähnt wurde bereits, dass der Abgeordnete des schaumburgischen Adels unter Mitbestimmung der beiden dort gelegenen adeligen Stifte gewählt werden musste.

Diese teils moderne, teils hochaltertümlich zusammengesetzte Ständeversammlung verfügte über Rechte, die ebenfalls teils der Tradition entsprachen und teils ohne Vorbild in anderen landständischen Verfassungen Deutschlands waren. Nicht nur die Erhebung neuer Steuern erforderte die Zustimmung der Stände, sondern auch der Staatshaushalt und alle gesetzgeberischen Akte. Dazu besaß nicht nur die Regierung das Initiativrecht, sondern auch die Ständeversammlung. Einmalig im Deutschen Bund war die Bestimmung, dass die Stände gegen Minister und deren Stellvertreter wegen Verstoßes gegen die Verfassung vor dem höchsten Gericht des Landes, dem Oberappellationsgericht in Kassel, Anklage erheben konnten. Bevor ein neuer Landesherr die Huldigung der Stände empfing, hatte er einen Eid auf die Aufrechterhaltung der Verfassung zu leisten und zu versichern, ihren Bestimmungen gemäß zu regieren (§ 90 mit Bezug auf § 6). Allen Staatsbediensteten einschließlich des Offizierskorps wurde vor Amtsantritt ein Eid auf die Verfassung abgenommen (§ 156). Auch die Abgeordneten der Ständeversammlung hatten einen Eid zu leisten und darin zu geloben, nicht partikulare Standesinteressen zu vertreten, sondern das Wohl des Landes und des Fürsten im Auge zu behalten. Insofern wurden sie auf eine Vertretung nicht ihres Standes, sondern im Sinne des Repräsentativsystems auf das Ganze des Staatswohles festgelegt.

Die kurhessische Verfassung, landständisch organisiert, doch mit Elementen des Repräsentativsystems und anderen modernen Bestandteilen durchsetzt, hielt Metternich für „sehr demokratisch", und es waren nur bloße Zweckmäßigkeitsrücksichten, die ihn davon abhielten, sich 1847 auf die Zumutung des letzten hessischen Kurfürsten einzulassen, ihm bei der geplanten einseitigen Aufhebung der Verfassung Hilfestellung zu leisten. Im reaktionären Milieu ging im Vormärz ohnehin die Furcht vor dem Gespenst der Demokratie als Ausdruck der Volkssouveränität um, und als im Jahre 1834 in Spanien eine verhältnismäßig moderne Verfassung eingeführt wurde, meldete sich der stockkonservative Staatsrechtslehrer Karl Ludwig Haller zu Wort und fasste das Credo der Reaktion in die Worte:

„Fliehet das Wort Constitution, es ist Gift in Monarchien, weil es eine demokratische Grundlage voraussetzt, den inneren Krieg organisiert und zwei auf Leben und Tod gegeneinander kämpfende Elemente schafft."

In Preußen wurde das Verfassungsversprechen des Königs unter anderem wegen derartiger Bedenken nie erfüllt. Der Verfassungsplan des Staatskanzlers Hardenberg scheiterte, weil eine Kommission im Jahre 1820 den Entwurf aus grundsätzlichen Überlegungen ablehnte, indem sie feststellte:

„Es bleibt da, wo eine Verfassungsurkunde verliehen werden soll, nur die offene Wahl, entweder das rein monarchische Prinzip festzuhalten und daher sich auf beratende Landstände zu beschränken, oder ihm das demokratische Element wirklich beizufügen."

Noch unmittelbar vor der Märzrevolution von 1848 bekräftigte ein anderer stockkonservativer Staatsrechtslehrer, Friedrich Julius Stahl, die Ablehnung des Repräsentativsystems in seiner Schrift über das monarchische Prinzip, und König Friedrich Wilhelm IV., der im Jahre 1840 den preußischen Thron bestiegen hatte, beharrte seinerseits auf dem Standpunkt der Reaktion. Dazu schreibt Heinrich von Treitschke im fünften Band seiner *Deutschen Geschichte im Neunzehnten Jahrhundert*:

„Jener künstliche Gegensatz des revolutionären Repräsentativsystems und des legitimen Ständewesens, welchen Gentz einst in der Karlsbader Denkschrift vom Jahre 1819 geschildert hatte, erschien ihm (dem König) als eine unumstößliche Wahrheit ..., so glaubte er an ein historisches Recht der Stände, das, ohne Zutun der Staatsgewalt entstanden, auch von ihr nur anerkannt, nicht aufgehoben werden könne ... Wenn er (der König) von Freiheit sprach, so meinte er sein althistorisches Ständerecht ..., während seine Zuhörer an das Repräsentativsystem dachten, das man allmählich für die einzige eines gesitteten Volkes würdige Staatsform ansah."

Doch beflissene Federn der Presse schrieben dem König nach dem Munde: „Nun endlich", hieß es im Berliner Wochenblatt, „wird (durch den König) dem revolutionären Repräsentativsystem des Auslandes etwas Positives gegenübergestellt, der Patrimonialstaat." Es dauerte nicht mehr lange, und die Revolution fegte den Patrimonialstaat und das Ständewesen hinweg, und die Demokratie erlebte zum ersten Mal in Deutschland einen Durchbruch. Ausgerechnet aufgrund eines Gesetzes, das vom Zentralorgan des Deutschen Bundes, dem Bundestag in Frankfurt, beschlossen worden war, wurde die erste deutschlandweite Wahl nach einem im Wesentlichen allgemeinen und gleichen Wahlrecht durchgeführt. Sie galt einer Vertretung des deutschen Volkes in einer Nationalversammlung, der aufgegeben war, eine Verfassung für ein staatlich geeintes Deutschland auszuarbeiten und zu verabschieden. Die in mehrere Einzelstaaten gespaltene Nation sollte auf politischer Ebene die Einheit gewinnen, die sie als Sprach- und Kulturgemeinschaft längst besaß, und so verband sich das Konzept der Mobilisierung des Volkes durch Teilhabe am öffentlichen Leben mit dem Ideal, die Einheit der Nation durch Gründung eines gemeinsamen Staates zu vollenden. Nirgends ist das besser auf den Punkt gebracht als in der dritten Strophe des Deutschlandliedes, das Hoffmann von Fallersleben auf der damals englischen Insel Helgoland verfasste, heute Deutschlands Nationalhymne: „Einigkeit und Recht und Freiheit für das deutsche Vaterland".

In dem ebenfalls in viele Staaten zerrissenen Italien, das zudem noch teilweise unter österreichischer Herrschaft stand, gab es ähnliche Bestrebungen. Und selbst in Dänemark entstand im Zuge einer informellen Demokratisierung eine nationalistische Bewegung, die sich zum Ziel gesetzt hatte, die Einheit von Volk und Staat durchzusetzen. Die sogenannten Eiderdänen (genannt nach der Flussgrenze zwischen dem Deutschen Bund und Dänemark) waren bereit, auf das zum Deutschen Bund gehörende Holstein zu verzichten, um das staatsrechtlich zu Dänemark gehörende Schleswig aus der ständischen Verbindung mit Holstein zu lösen und so die Einheit von dänischem Volk und dänischem Staat zu erreichen. Dass die Rechnung nicht aufging, kann hier auf sich beruhen. Auch für die Befreiung des geteilten Polen arbeitete von Frankreich aus eine Bewegung, die sich „Demokratischer Verein" nannte und das Ziel verfolgte, das Volk mit der Parole „Freiheit und Gleichheit" gegen die Fremdherrschaft der Teilungsmächte zu mobilisieren.

Im Anschluss an die Pariser Julirevolution von 1830 kam es im November zu einem polnischen Aufstand, der seinen Schwerpunkt im russischen Teil Polens hatte. Zar Nikolaus I. ließ mit Unterstützung der beiden anderen Teilungsmächte den Auf-

Landständische Verfassungen und Repräsentativverfassungen

stand niederwerfen und traf mit ihnen im Jahr 1833 im mährischen Münchengrätz und Töplitz Abreden zur Niederhaltung der polnischen Demokratie- und Unabhängigkeitsbestrebungen. Der russische Staatsmann Karl Robert Graf Nesselrode, ein Baltendeutscher, sprach in einer Denkschrift zum 25. Regierungsjubiläum des Zaren im Jahr 1850 von einem „Deich gegen die Fluten der ständig anwachsenden Demokratie", den der Jubilar damit für mehrere Jahre in Folge errichtet habe: „C'est dans ce but, qu'on été conçues les mémorables transactions de München-Graetz et Toeplitz – transactions qui, plusieurs années de suite, ont opposé une digue aux flots de la démocratie toujours croissante ..."

In Deutschland war der Damm zwei Jahre vor dem Regierungsjubiläum des Zaren Nikolaus I. gebrochen, aber der monarchische deutsche Bundesstaat, für den die Frankfurter Nationalversammlung noch Anfang des Jahres 1849 eine Verfassung verabschiedete, scheiterte mit dem Anliegen, den Deutschen Bund mitsamt den außerhalb gelegenen Gebietsteilen Preußens mit ihrer zahlreichen polnischen Bevölkerung zu einem deutschen Bundesstaat mit dem preußischen König als erblichem Kaiser zu verwandeln.

Trotzdem hatte die Revolution von 1848 auch teilweise Erfolge zu verzeichnen. Sie brachte den Durchbruch zu bürgerlicher Rechtsgleichheit sowie zur Beseitigung des Ständewesens und der Reste des Feudalismus, und sie bewirkte, dass das Repräsentativsystem eindeutiger als bisher als die Vertretung des ganzen Volkes konzipiert wurde. Das Selbstverständnis der Verfassungsväter schlug sich unter anderem in dem umfangreichen Katalog der „Grundrechte des deutschen Volkes" in den §§ 130–173 der ausgearbeiteten Verfassung nieder. Die noch immer vorhandenen Reste der alten Feudalordnung wurden beseitigt, alle auf Grund und Boden lastenden Abgaben und Leistungen wurden für ablösbar erklärt und noch bestehende Beschränkungen von Eigentumsrechten aufgehoben. Patrimonialgerichte und gutsherrliche Polizei, Einrichtungen der Gutsherrschaft, wurden in § 167 zusammen mit den aus diesen Einrichtungen fließenden Einnahmen ersatzlos gestrichen:

„Ohne Entschädigung sind aufgehoben: 1) Die Patrimonialgerichtsbarkeit und die gutsherrliche Polizei, sammt den aus diesen Rechten fließenden Einnahmen, Exemtionen und Abgaben. 2) Die aus dem guts- und schutzherrlichen Verband fließenden persönlichen Abgaben und Leistungen."

Auch die landständischen Verfassungen in den deutschen Staaten verschwanden fast überall. Nur die beiden Großherzogtümer von Mecklenburg blieben bis in die Zeit des Ersten Weltkriegs die letzten Bastionen des adligen Ständestaats. Im Übrigen gilt: Der Adel verlor seine Privilegien und war, Mecklenburg ausgenommen, als Stand in den Abgeordnetenkammern nicht mehr vertreten. Das Konzept der bürgerlichen Rechtsgleichheit, das zuerst nach der Französischen Revolution in der Verfassung von 1791 festgeschrieben worden war, siegte auch in Deutschland nach der Märzrevolution. Obwohl König Friedrich Wilhelm IV. noch unmittelbar vor der Revolution eine Lanze für den Ständestaat gebrochen hatte, bestimmte die revidierte preußische Verfassung vom 31. Januar 1850 in Titel II, Artikel 4:

„Alle Preußen sind vor dem Gesetz gleich. Standesvorrechte finden nicht statt. Die öffentlichen Ämter sind, unter Einhaltung der von den Gesetzen festgestellten Bedingungen, für alle dazu Befähigten zugänglich."

Dann folgten weitere Bestimmungen, die in der revolutionären Tradition der Menschen- und Bürgerrechtserklärungen stehen. Garantiert wurden die persönliche Freiheit (Artikel 5), die Unverletzlichkeit der Wohnung (Artikel 6) und des Eigentums (Artikel 9). Eine Ausnahme von der letztgenannten Garantie sollte nur im Interesse des öffentlichen Wohls und gegen Entschädigung nach Maßgabe der Gesetze möglich sein:

„Es (das Eigentum) kann nur aus Gründen des öffentlichen Wohls gegen vorgängige, in dringenden Fällen wenigstens vorläufig festzustellende Entschädigung nach Maßgabe der Gesetze entzogen oder beschränkt werden."

Titel V der preußischen Verfassung handelt unter dem Titel „Von den Kammern" von Herrenhaus und gewählter Volksvertretung. Diese bestand aus 350 Abgeordneten, die in indirekter Wahl ihr Mandat erhielten. Im ersten Wahlgang wurden die Wahlmänner bestimmt. An diesen Primärwahlen konnte jeder männliche Preuße teilnehmen, der das 25. Lebensjahr vollendet hatte und in Besitz der bürgerlichen Ehrenrechte war. Das Stimmrecht war jedoch nicht gleich, sondern nach der Höhe der Steuerleistung unterschiedlich gewichtet. Die Gesamtheit der Wähler wurde in drei Gruppen eingeteilt, von denen jede ein Drittel zum staatlichen Steueraufkommen beisteuerte. Die wenigen Höchstbesteuerten der ersten Klasse wählten genauso viele Wahlmänner wie die um ein Vielfaches größere Zahl derjenigen, die in eine der beiden folgenden Klassen eingeordnet waren. Wollte man das System graphisch als Dreieck mit zwei in gleicher Entfernung voneinander befindlichen horizontalen Trennlinien abbilden, würde das so entstandene breite untere Feld die Klasse der gering Besteuerten bezeichnen, das schmälere Mittelfeld die Angehörigen der nächsthöheren Steuerklasse und die sich stark verjüngende Spitze die wenigen Höchstbesteuerten. Dieses System begünstigte Besitzende und Großverdiener, benachteiligte Arme und Geringverdienende. Die so gewählten Abgeordneten gehörten mehrheitlich dem gehobenen, politisch liberalen Bürgertum an, sie waren die neue Elite, die den Adel in dieser Stellung ablöste. Über das Vorrecht der Geburt siegten Besitz und Bildung. Das preußische sogenannte Dreiklassenwahlrecht, das bis in den Ersten Weltkrieg hinein Bestand hatte, wurde im Lauf der Zeit als Inbegriff reaktionärer Klassenherrschaft geschmäht; aber als es eingeführt wurde, entsprach es der verbreiteten Norm eines Zensuswahlrechts, das, in verschiedener Form im Einzelnen, doch im Kern der Sache in gleicher Weise den Zugang zu den Vertretungen des Volkes regelte.

Wieder soll neben dem großen Preußen als Beispiel für den Umbruch, der nach der Märzrevolution in deutschen Mittelstaaten eintrat, Kurhessen dienen. Die privilegierte Stellung des Adels wurde ebenso beseitigt wie die ständische Struktur des Landtags. An die Stelle der Adelskurie traten die 750 Höchstbesteuerten des Landes. Ihnen standen die Wähler aus den Städten und Landbezirken gegenüber. Jede der drei Gruppen wählte die gleiche Anzahl von Abgeordneten. Das bedeutete, dass der Gruppe der 750 eine sechsstellige Wählerzahl aus den beiden anderen Gruppen gegenüberstand. Diese Regelung stieß bei Liberalen und Demokraten auf heftige Kritik und wurde im Zuge der in Kurhessen ausgelösten Reaktion wieder aufgehoben und durch andere Modelle des Zensuswahlrechts ersetzt.

In allen Staaten des Deutschen Bundes wurde die Repräsentativverfassung mit einem nach Steuerleistung differenzierten

Zensuswahlrecht die Regel – auf die Ausnahme in Mecklenburg wurde oben verwiesen. Der aus der Schweiz stammende Staats- und Völkerrechtslehrer Johann Caspar Bluntschli (1808–1881), Professor in Heidelberg und prominentes Mitglied in der zweiten Kammer des badischen Landtags, bezeichnete in dem Artikel „Demokratie" seines mehrbändigen *Deutschen Staatswörterbuchs* die Repräsentativverfassungen mit einem nach dem Zensus abgestuften Wahlrecht als „veredelte" Demokratie. Seine Worte lauten:

„Die reine und unmittelbare Demokratie (der Antike) ist aber nur möglich unter einem kleinen Volk, welches nicht mit alltäglichen Nahrungssorgen zu kämpfen hat und Muße hat, sich oft zu politischer Beratung zusammenzufinden. Da die heutigen Staaten fast alle auf einem weiten Land ruhen und die großen Massen auch der Arbeiter persönliche Freiheit und Staatsbürgerrecht erwerben, aber nicht Muße und Bildung haben, um den Staat verwalten zu können, so ist diese Staatsform nicht möglich, und die veredelte Form der repräsentativen Demokratie an ihre Stelle getreten als die moderne Art der Demokratie."

Niemand würde heute eine Repräsentativverfassung ohne allgemeines und gleiches Wahlrecht, das Männer und Frauen einschließt, als Demokratie bezeichnen. Aber eine Verfassung, die auf Freiheit und Gleichheit aller in Hinblick auf das Staatsbürgerrecht gegründet war, konnte vom zeitgebundenen Standpunkt aus demokratisch genannt werden. Die Modifizierung, die mit dem Zusatz „veredelt" vorgenommen wurde, bezog sich auf den Anspruch, dass sie das Führungsproblem, mit dem nach verbreiteter Überzeugung die direkte Demokratie der Antike nicht zurechtgekommen war, gelöst habe, indem das Volk, Ursprung und Souverän aller Staatsgewalt, sich von einer Elite der Besten und Tauglichsten vertreten ließ, von Männern, die durch ihre Bildung den Überblick über die öffentlichen Angelegenheiten hatten und durch die Muße, die sie aufgrund ihres Vermögens besaßen, Zeit für ein politisches Engagement aufwenden konnten. Bluntschli hat den springenden Punkt so ausgedrückt:

„Das Prinzip der repräsentativen Demokratie ist: Das Volk beherrscht sich selbst (sic!), aber indem es die gesamte Staatsverwaltung an seine Repräsentanten überträgt, die es zu diesem Zweck als die Besten und Tauglichsten auswählt."

Im 18. Jahrhundert wäre ein solches System als Republik, nie und nimmer, wie das Beispiel der in Amerika eingeführten Verfassung lehrt, als Demokratie bezeichnet worden. Der Begriff Demokratie war damals der antiken Form vorbehalten, in der das versammelte Volk die Regierungsgewalt ausübte. Das war, wie allgemein bewusst war, unter modernen Verhältnissen nicht möglich, und so konnte es Herrschaft des Volkes nur indirekt in einem traditionellen Repräsentativsystem geben, das ein Erbe des Ancien Régime war. Als die Repräsentation des Volkes nicht mehr von privilegierten Ständen wahrgenommen wurde, musste nach einer neuen Elite gesucht werden. Diese sollte aus der Gesamtheit des Volkes hervorgehen, aber sich auszeichnen durch Bildung und Leistung, Zeit und Interesse für die bestmögliche Gestaltung des öffentlichen Wohls. Das war das Konzept der sogenannten veredelten Demokratie.

Dieses Konzept entsprach dem Stand der Verfassungsentwicklung nach der Revolution von 1848 nicht nur in Deutschland, sondern im Wesentlichen auch, abgesehen von den Besonderheiten Englands, in Westeuropa. Die Vereinigten Staaten von Amerika waren in der Zeit der Märzrevolution schon weiter. Davon soll im nächsten Kapitel die Rede sein.

Die Vereinigten Staaten von Amerika. Von der Republik zur Demokratie

Nach dem Willen der Gründerväter sollten die Vereinigten Staaten eine Republik sein, deren Verfassung auf den Grundsätzen von Gewaltenteilung und Repräsentativsystem beruhte, aber keine Demokratie, in der das Volk nach antikem Vorbild die volle Staatsgewalt ausübt. Denn nach Überzeugung der Gründerväter war angesichts einer Millionenbevölkerung, die auf einem riesengroßen Territorium verstreut lebte, eine direkte Demokratie nicht nur wirklichkeitsfremd, sondern auch qualitativ einem Repräsentativsystem weit unterlegen. Das Wahlrecht zu den Vertretungen des Volkes war, differenziert nach den einzelnen Bundesstaaten, vornehmlich den Landeigentümern vorbehalten, deren wirtschaftliche Eigenständigkeit sie nach herrschender Vorstellung qualifizierte, sich selbst und den Staat zu regieren. Es dauerte freilich nur ein gutes Menschenalter, und die Vereinigten Staaten konnten Europa als das Muster einer Demokratie vorgestellt werden, als Schrittmacher auf dem Weg in eine Zukunft, die nach Tocquevilles Überzeugung das Schicksal der Welt werden würde.

Zum Analytiker der frühen amerikanischen Demokratie und Propheten ihrer künftigen Verbreitung wurde Alexis de Tocqueville, ein französischer Adliger, der von seiner Regierung 1831 an sich nur mit dem Studium des amerikanischen Gefängnis- und Strafsystems beauftragt worden war. Er entledigte sich dieses Auftrags in einem Auslandsaufenthalt, den er zu Reisen in Nordamerika nutzte, aber das Feld, das ihn an den Vereinigten Staaten wirklich faszinierte, waren die demokratischen Verhältnisse in einer Gesellschaft, die im Aufbruch in das riesige Land jenseits der Appalachen begriffen war. Tocqueville hatte sich vornehmlich in den Neuenglandstaaten aufgehalten, aber er hatte im Jahr 1831 zusammen mit einem Freund auch eine große Reise, damals noch durch dichte Urwälder, bis zu den Großen Seen im Nordwesten unternommen und dabei das Leben der Siedler in den neuen Staaten und Territorien kennengelernt. Einen Teil seiner Erlebnisse und Eindrücke hat er in einer Art Reisetagebuch festgehalten. Ursprünglich war beabsichtigt, diesen Text im Anhang zum zweiten Band seines großen Werkes *De la démocratie en Amérique* (Erstausgabe 1835/1840) zu publizieren und damit einen Einblick in die Entstehungsgeschichte des Hauptwerkes zu geben. Daraus wurde nichts. Der Reisebericht wurde vielmehr 1861 zwei Jahre nach seinem Tod unter dem Titel *Quinze jours dans le désert. Voyage au lac Onéida* (deutsch: Vierzehn Tage in der Wildnis. Reise zum Oneidasee) veröffentlicht. Tocqueville entdeckte ein Land, in dem bei größten Unterschieden von Besitz und Einkommen im alltäglichen Umgang von Menschen aller Schichten die größtmögliche Gleichheit und Ungezwungenheit zu beobachten waren. So berichtet er beispielsweise von seinen Beobachtungen, die er bei einem Wirtshausbesuch in einer dem Urwald abgerungenen Siedlung in Michigan gewonnen hatte:

„... und man geleitete uns wie hierzulande üblich in den *bar-room* genannten Raum. Es ist das eine Stube, in der Getränke ausgeschenkt werden und wo der einfachste Arbeiter wie der reichste Händler des Ortes sich einfinden, um auf dem Fuß völliger äußerer Gleichheit zu rauchen, zu trinken und über Politik zu reden."

Er sprach in seinem Hauptwerk weniger von den Institutionen als von den Sitten und Gewohnheiten – eines seiner Lieblingsworte lautet dementsprechend *mœurs* –, die den gesellschaftlichen Untergrund der Demokratie als politischer Verfassung des Staates bildeten.

Schrittmacher der gesellschaftlichen Demokratisierung waren die Ausdehnung der Union nach Westen und die Entstehung neuer Territorien jenseits des Gebirgszuges, der die am Atlantik gelegenen Staaten nach Westen begrenzt hatte. Ein Strom von Einwanderern und landsuchenden Einheimischen ergoss sich in die Weiten der westlich gelegenen waldbedeckten Ebenen; diese Entwicklung verstärkte sich, nachdem der dritte Präsident des Landes, Thomas Jefferson, der alten Kolonialmacht Frankreich durch den sogenannten *Louisiana Purchase* von 1803 das riesige Gebiet zwischen Mississippi und den Rocky Mountains abgekauft hatte. Schnell folgte auf die Bildung von Territorien die Gründung neuer Staaten, sobald eine Mindestzahl von Bewohnern als Voraussetzung registriert war. In den Wirren des amerikanischen Unabhängigkeitskrieges hatte sich das umstrittene Territorium zwischen New York und New Hampshire unter der Bezeichnung Vermont für unabhängig erklärt, aber im Jahr 1791 wurde es als vierzehnter Staat in die Union aufgenommen. Der neue Bundesstaat hatte zwischen seiner Gründung im Jahre 1771 und seiner Aufnahme in die Union 1791 durch Zuwanderung eine unglaubliche Bevölkerungsexplosion von etwa 7000 auf 85 525 Personen erlebt. In Vermont wurde zum ersten Mal in der Geschichte der Vereinigten Staaten auf eine Begrenzung des Wahlrechts durch einen

Zensus verzichtet. Schon ein Jahr später folgte als fünfzehnter Staat Kentucky, in dem ebenfalls wegen der vielen Neusiedler, die um ihre wirtschaftliche Existenz zu kämpfen hatten, kein Zensus für das Wahlrecht vorgesehen war. Dann kamen Tennessee (1796) und Ohio (1803) hinzu. So ging es weiter in schneller Folge. Als Tocqueville Amerika verließ, hatte sich die Zahl der Bundesstaaten annähernd verdoppelt. Sie war von 13 auf 25 gestiegen. In den neuen Staaten waren alle Verhältnisse im Fluss. Alteingewurzelte Eliten wie an der Ostküste gab es im Mittelwesten noch nicht, und dementsprechend fehlten dort die Voraussetzungen für eine Begrenzung der politischen Rechte nach Vermögen, Einkommen und Bildung.

Bedeutsam für den Fortschritt der Demokratisierung waren die Wirtschaftskrise von 1819, eine Folge der europäischen nach dem Ende der Napoleonischen Kriege, und die Präsidentschaft von Andrew Jackson in den Jahren von 1829 bis 1837. Die Wirtschaftskrise traf vor allem die Farmer, die Land gekauft und unter Mühen den jungfräulichen Boden urbar gemacht hatten. Dafür hatten sie sich verschuldet, und so kam es, dass sie in eine Existenzkrise gerieten. Sie konnten die Kredite nicht mehr bedienen, die sie aufgenommen hatten, aber die Banken, allen voran die privilegierte Bank of America, blieben unerbittlich. Diese Bank wurde als das Ungetüm angeprangert, das die kleinen Farmer zu verschlingen drohte. Die Folgen zeigten sich bei den Präsidentschaftswahlen von 1824. Von den vier Kandidaten konnte keiner die Mehrheit erringen, sodass die Wahl gemäß der Verfassung im Repräsentantenhaus vorgenommen werden musste. Die meisten Stimmen waren auf Andrew Jackson aus Tennessee, einem der neuen Staaten des Westens, entfallen, doch wurde er bei der Wahl übergangen. Gewählt wurde aufgrund von internen Absprachen ein typischer Repräsentant der

Ostküstenelite, John Quincy Adams – seines Herkommens ein Sohn des zweiten Präsidenten der Vereinigten Staaten. Doch Jackson ließ sich nicht entmutigen. Bei der Kampagne des Jahres 1828 trat er als Kandidat mit der ständig wiederholten Klage auf, bei der letzten Wahl sei das Volk betrogen worden. Dieses Mal wurde er gewählt.

Andrew Jackson stammte, wie gesagt, aus Tennessee, dem ersten neuen Sklavenstaat in der Union. Er selbst war Sklavenhalter, aber nicht von der Art der Plantagenbesitzer mit aristokratischem Lebensstil. Vielmehr war er Militär und hatte sich nicht zuletzt in den Indianerkriegen bewährt, in denen die Ureinwohner, soweit sie überlebt hatten, aus ihren angestammten Wohnsitzen verdrängt und in das Land westlich des Mississippi umgesiedelt wurden. Als Präsident gab er die Losung aus, mit ihm beginne in Amerika die „Ära des kleinen Mannes". Er begann damit, Mitarbeiter für seine Administration aus den neuen Staaten zu rekrutieren, und bezeichnete diese Neuerung als notwendige demokratische Ämterrotation, während seine Gegner dies als „Beutesystem" zugunsten ungebildeter Hinterwäldler verurteilten. Sie blieben bei dieser Schmähung nicht stehen, sondern versuchten, ihn als „lahme Ente" vorzuführen, indem sie ein Gesetz einbrachten, das ausgerechnet für die Bank of America, das den kleinen Kreditnehmern verhasste Ungetüm, das alle zu verschlingen drohte, eine Verlängerung ihrer privilegierten Konzession vorsah. Jackson brachte mit seinem Veto dessen Verabschiedung zu Fall und machte zur Befriedigung der kleinen Leute geltend, dass seine Gegner es nur eingebracht hätten, um die Reichen und Mächtigen der Ostküstenelite noch reicher und mächtiger zu machen. In seiner Präsidentschaft beschleunigte sich folgerichtig der Prozess der Beseitigung von Zensusvorschriften, die ohnehin nicht einheitlich waren, sondern von Staat zu Staat variierten oder wie in Vermont und Kentucky schon weggefallen waren.

Während der kolonialen Phase war das Wahlrecht zu den Volksvertretungen nach englischem Vorbild auf folgenden Personenkreis beschränkt: auf Eigentümer von Land in einer Größenordnung, die ihnen wirtschaftliche Unabhängigkeit sicherte, sodass nach allgemeiner Überzeugung davon ausgegangen werden konnte, dass der Betreffende die Voraussetzungen und das Interesse besaß, an der Gestaltung der öffentlichen Verhältnisse mitzuwirken. Ausgeschlossen waren in der Regel Arbeiter, Pächter, Bedienstete und die Unfreien auf Zeit. Dies waren Arbeitnehmer, nicht zuletzt Einwanderer, die sich einem Kreditgeber auf Zeit verdingt hatten, bis der Wert der geleisteten Dienste dem gewährten Kredit entsprach. An die Stelle von Landeigentum konnten Steuerzahlungen treten. Deren Höhe erfuhr in der Zeit des Unabhängigkeitskrieges und danach eine Entwertung durch Inflation und Papiergeld, das nicht zum Nennwert, sondern nur mit einem Abschlag angenommen wurde.

Die Komplexität der Voraussetzungen spiegelt sich in den unterschiedlichen Zahlen der Wahlberechtigten wider. Nach neueren Schätzungen bewegte sich ihr prozentualer Anteil an der erwachsenen männlichen Bevölkerung in einer Spannweite von 95 bis etwa 60 Prozent oder noch weniger. Am restriktivsten war die Regelung in den beiden Staaten, deren Eliten damals eine führende Rolle in der Union spielten: in Virginia und New York. Dann folgten die übrigen: In drei Staaten – Maryland, Rhode Island und Connecticut – waren zwischen 65 und 70 Prozent wahlberechtigt; in drei weiteren – Massachusetts, Delaware und South Carolina – waren es etwa 80 Prozent; und in fünf Staaten – New Hampshire, New Jersey, Pennsylvania, North Carolina und Georgia – waren es etwa 90 Prozent. Abgeschafft wurden die Zensusvorschriften zwischen 1832 und 1850 in sechs weiteren Staaten: Mississippi (1832), Tennessee (1834), New Jersey (1844), Connecticut und Ohio (1850/51). Fünf Jahre später, 1856, hob North Carolina als letzter Staat das Zensuswahlrecht auf.

Amerika war damit das erste Land, das für die männliche weiße Bevölkerung das allgemeine gleiche Wahlrecht eingeführt hatte. Unter dem Gesichtspunkt, dass eine Ausdehnung des Wahlrechts auf die Frauen damals eine völlig utopische Vorstellung war, hatte Amerika dem Bau seiner Verfassung das Element hinzugefügt, das die Republik in eine institutionalisierte Demokratie verwandelte. Vielerorts war die Einführung des demokratischen Wahlrechts freilich das Signal für gewalttätige Ausschreitungen, Fälschungen von Wahllisten, Stimmenkauf und -verkauf, Mobilisierung von Einwanderern ohne Bürgerrecht zur Stimmabgabe an den Wahlurnen. Die nebenstehende New Yorker Karikatur aus dem Jahr 1844 ist eine der besten Illustrationen jener Kinderkrankheiten der Demokratie.

Dem neuen demokratischen Selbstverständnis Amerikas hat Präsident Abraham Lincoln während des amerikanischen Bürgerkriegs im November 1863 klassischen Ausdruck verliehen, als er bei der Trauerfeier für die Gefallenen der Nordstaaten auf dem Schlachtfeld von Gettysburg das Schlusswort sprach. Dabei mahnte er:

„Es ist vielmehr an uns, der großen Aufgabe geweiht zu werden, die noch vor uns liegt – auf dass uns die edlen Toten mit wachsender Hingabe erfüllen für die Sache, der sie das höchs-

Kinderkrankheiten der Demokratie: Wahlschlachten nach Einführung des allgemeinen Wahlrechts für Männer in einer New Yorker Karikatur aus dem Jahr 1844.

te Maß an Hingabe erwiesen haben –, auf dass wir hier feierlich beschließen, dass diese Toten nicht vergebens gestorben sein sollen: auf dass diese Nation, unter Gott, eine Wiedergeburt der Freiheit erleben soll; und auf dass die Regierung des Volkes, durch das Volk und für das Volk, nicht von der Erde verschwinden möge."

Die Losung einer Wiedergeburt der Freiheit bezog sich auf die mit Wirkung vom 1. Januar 1863 vollzogene Aufhebung der Sklaverei, das heißt auf eine Neubelebung der Freiheit, auf der die Demokratie zusammen mit der Gleichheit beruht. Der Bewahrung dieser Staatsform galt der abschließende Wunsch, dass sie nie von der Erde verschwinden möge: die Regierung, die eine des Souveräns ist, des Volkes in seiner Gesamtheit, die durch das Volk, das heißt durch die vom Volk bestellten Repräsentanten, und zum Wohle des Volkes ausgeübt wird. Das war das hochgemute Manifest der amerikanischen Demokratie, die sich dazu durchgerungen hatte, für die Einheit der Nation zu kämpfen und die Unfreiheit in Gestalt der Sklaverei zu beseitigen.

Die Vereinigten Staaten waren vor dem Bürgerkrieg in zwei Sektoren gespalten, in die freien Staaten des Nordens und die sklavenhaltenden des Südens. Abraham Lincoln hatte in seiner Wahlkampfrede vom 16. Juni 1858 ausgesprochen, dass ein geteiltes Haus nicht bestehen könne, und die Erwartung geäußert, dass die Union erhalten bleiben und die Spaltung zugunsten der einen oder der anderen Seite aufgehoben werde. Seine berühmt gewordenen Worte lauten:

> „Ein in sich geteiltes Land kann keinen Bestand haben. Ich glaube, dass dieser Staat nicht zur Hälfte aus Sklaven und zur Hälfte aus Freien bestehen kann. Ich erwarte nicht, dass die Union aufgelöst wird; ich erwarte nicht, dass das Haus zusammenbricht; aber ich erwarte, dass es aufhören wird geteilt zu sein. Es wird in Gänze entweder das eine oder das andere sein."

Die politische Einheit des Landes und die Beseitigung der Sklaverei wurden unter Präsident Lincolns Führung in einem verheerenden Bürgerkrieg erkämpft. Nach Beendigung des Krieges im Jahr 1865 wurde das Verbot der Sklaverei im Zusatzartikel XIII der Verfassung verankert. Aber das Ende der Sklaverei war nicht das Ende der Probleme, die sich aus dem

Geburtsfehler der Vereinigten Staaten ergaben. Es gab und gibt den weißen Rassismus. Seine Spuren sind in der Geschichte des Landes bis auf den heutigen Tag allgegenwärtig. Die Nachkommen der Sklaven wurden entgegen der Verfassung oft genug gesellschaftlich und politisch diskriminiert, und trotz der Erfolge, welche die Bürgerrechtsbewegung der sechziger Jahre des vorigen Jahrhunderts auf institutioneller Ebene errungen hat, ist von der offenen oder unterschwelligen Diskriminierung der farbigen Bevölkerung noch vieles spürbar und wirksam. Aber zur Ehre der amerikanischen Demokratie soll auch gesagt werden, dass sie schon in den Jahren unmittelbar nach Beendigung des Bürgerkriegs den Kampf gegen die Benachteiligung der ehemaligen Sklaven und ihrer Nachkommen aufnahm. Der Zusatzartikel XIV der Verfassung aus dem Jahr 1868 erklärte in Abschnitt 1 alle Personen zu Bürgern der Vereinigten Staaten, die, im Lande geboren und eingebürgert, ihrer Gesetzeshoheit unterstehen, und verbot jegliche Beschränkung der Vorrechte und Freiheiten des so definierten Personenkreises:

„Keiner der Einzelstaaten darf Gesetze erlassen oder durchführen, die die Vorrechte oder Freiheiten von Bürgern der Vereinigten Staaten beschränken, und kein Staat darf irgendjemandem ohne ordentliches Gerichtsverfahren nach Recht und Gesetz Leben, Freiheit oder Eigentum nehmen oder irgendjemandem innerhalb seines Hoheitsgebietes den gleichen Schutz durch das Gesetz versagen."

Doch diese Bestimmung wurde umgangen, und es wurde weiterhin vieles unternommen, um Afroamerikanern oder Einwanderern aus Mexiko das Wahlrecht zu verkürzen oder zu verweigern. Auf diese Verstöße gegen den Wortlaut und den Geist der Verfassung reagierte der Zusatzartikel XV zur Verfassung aus dem Jahr 1870:

„Das Wahlrecht der Bürger der Vereinigten Staaten darf von den Vereinigten Staaten oder einem Einzelstaat nicht aufgrund von Rassenzugehörigkeit, der Hautfarbe oder des vormaligen Dienstbarkeitsverhältnisses (im Status der Sklaverei) versagt oder beschränkt werden."

Die amerikanische Demokratie bewährte sich darin, dass auf der politisch-institutionellen Ebene des Wahlrechts die Gleichheit aller Bürger, der farbigen wie der weißen, in der Verfassung verankert wurde. Aber sie konnte den unter Weißen verbreiteten Rassismus, der, um mit Tocqueville zu sprechen, in den *mœurs*, den Sitten und Gewohnheiten, angesiedelt ist, nicht mit gesetzlichen Vorschriften beseitigen. Es gab und gibt teilweise noch immer in Einzelstaaten Versuche, die Vorschriften der Verfassung zu unterlaufen, indem unerwünschten Minderheiten das Wahlrecht, wenn nicht verwehrt, so doch verkürzt wird. Die praktizierten Methoden sind Einschüchterung, die Forderung nach Bildungsvoraussetzungen, die zumindest von Teilen der betreffenden Minderheiten angeblich oder tatsächlich nicht erfüllt werden können, oder die Einteilung der Wahlbezirke entlang der Grenzen verschiedenrassiger Wohngebiete. Doch in den Jahren 1963 und 1964 zeigte sich, welche Möglichkeiten in dem Engagement von Teilen der Zivilgesellschaft steckten, der Benachteiligung von farbigen Mitbürgern, wenn nicht ein Ende, so doch Grenzen zu setzen. Mit Demonstrationen und spektakulären Aktionen wurden damals in ehemaligen Sklavenhalterstaaten die Registrierung von Afroamerikanern als Wählern, die

Aufhebung der Rassentrennung in öffentlichen Verkehrsmitteln, Restaurants, Schulen und Universitäten erkämpft. Ebenso wurden die Erhebung einer Steuer und das Bestehen eines Schreibtests als Voraussetzungen zur Ausübung des Wahlrechts abgeschafft. Auch wurde gegen die Versuche vorgegangen, unliebsame Wähler von der Ausübung des Wahlrechts durch Anwendung oder Androhung von Gewalt abzuschrecken. Trotzdem trüben noch immer der im Lande virulente Rassismus und die gesellschaftliche Diskriminierung bestimmter Minderheiten das Bild der ersten und größten Demokratie der westlichen Welt.

Die Entstehung der modernen Parteiendemokratie

Die Entstehung der modernen Parteiendemokratie beruht auf grundlegenden Veränderungen in Politik und Gesellschaft seit der zweiten Hälfte des 19. Jahrhunderts. Als Stichworte sind Industrialisierung und Kapitalismus, Liberalismus, Sozialismus und Konfessionalismus sowie Demokratisierung zu nennen. Diese Phänomene bildeten den Hintergrund für die Gründung organisierter Parteien seit 1860/70. Die Parteien verschrieben sich bestimmten langfristigen Zielen: der Einheit Deutschlands und dem Aufbau einer liberalen inneren Ordnung; der Selbstbehauptung des Katholizismus gegen die ihn bekämpfenden Kräfte in Staat und liberaler Presse; der Besserung der sozialen Lage der Arbeiterklasse und der Erwartung einer revolutionären Vernichtung der bürgerlichen Klassengesellschaft. Demokratie und organisierte Parteien gehören auf das Engste zusammen, und es sind aus ihrem Bündnis der Sozialstaat und ein neues politisches Establishment entstanden, dessen Kern Berufspolitiker bilden.

Das Grundgesetz der Bundesrepublik Deutschland vom 8. Mai 1949 ist die erste und, wenigstens nach meiner Kenntnis, die einzige demokratische Verfassung, welche die Mitwirkung demokratischer Parteien an der Gestaltung der Politik in den Rang einer Verfassungsvorschrift erhebt. Dies war eine Reaktion auf Führerdiktatur und nationalsozialistische Gewaltherrschaft in der Zeit von 1933 bis 1945, in der alle Parteien außer der Partei des Diktators verboten waren. Artikel 21 Absatz 1 des

Grundgesetzes bedient sich einer Formulierung, die erkennen lässt, dass die Privilegierung der Parteien einem demokratischen Mehrparteiensystem gilt, keinesfalls einem Einparteiensystem welcher Provenienz auch immer: „Die Parteien wirken bei der politischen Willensbildung des Volkes mit. Ihre Gründung ist frei." Zudem werden in Absatz 2 „Parteien, die nach ihren Zielen oder nach dem Verhalten ihrer Anhänger darauf ausgehen, die freiheitliche demokratische Grundordnung zu beeinträchtigen oder zu beseitigen oder den Bestand der Bundesrepublik Deutschland zu gefährden" für verfassungswidrig erklärt. Artikel 21 Absatz 1 des Grundgesetzes setzt die Kenntnis, wie die Parteien bei der politischen Willensbildung des Volkes mitwirken, offenbar voraus; jedenfalls beschreibt er nicht näher, was unter Mitwirkung zu verstehen ist. Deshalb sollen zunächst einige Bemerkungen zum Erscheinungsbild der Parteiendemokratie vorausgeschickt werden.

Die heutigen Parteien sind Personalverbände mit hohem Organisationgrad, die miteinander darum konkurrieren, Parlamentswahlen zu gewinnen, die Regierung zu stellen oder mit anderen Parteien an einer Koalitionsregierung beteiligt zu sein. Sie besitzen Vereinscharakter mit Statuten, Parteiprogrammen, eingeschriebenen Mitgliedern und Vorständen. Die Mitglieder leisten Beiträge zur Finanzierung ihrer Partei, deren Organisation hierarchisch gegliedert ist. An der Spitze der Partei steht ein gewählter Vorstand, neuerdings unter dem Gesichtspunkt des Geschlechterproporzes mitunter eine Doppelspitze. Für die Erfüllung ihrer Aufgaben stützt sich die Parteiführung auf ein Funktionärskorps. Die auf Parteitagungen beschlossenen Wahlprogramme dienen der Mobilisierung von Anhängern und Wählern. Bei den periodisch wiederkehrenden Wahlen konkurrieren mehre Parteien um die Stimmen der

Wählerschaft. Die vom Volk vollzogene Wahl bestimmt die Stärke der Parteien im Parlament und schafft damit die Voraussetzung für die Regierungsbildung. Das Wahlvolk ist, von dem in Deutschland extrem seltenen Fall eines Volksentscheids abgesehen, weder an der Regierungsbildung noch an der Gesetzgebung noch an der Regierungstätigkeit beteiligt. Nach vollzogener Wahl ist alles Weitere Sache der Parteien: Sie treffen Absprachen über Koalitionen und die personelle Zusammensetzung der Regierung, und sie vereinbaren Regierungsprogramme und Gesetzgebungsvorhaben.

Dies alles geschieht nicht ohne Rückbindung an die Öffentlichkeit: mittels Verlautbarungen der Parteien, Meinungsumfragen, Nachrichten und Kommentaren in Presse und sozialen Netzwerken, Rundfunk und Fernsehen sowie in der parlamentarischen Auseinandersetzung zwischen der Regierungsmehrheit und der Minderheit der Opposition, deren Hauptaufgabe darin besteht, die Regierungstätigkeit kritisch zu prüfen und Alternativen aufzuweisen. Aus den Parteien geht die zur politischen Führung bestimmte Elite hervor; denn nur über die Nominierung durch eine Partei kann ein Aspirant in eine führende Stellung gelangen. Insofern treten Parteileute an die Stelle der Angehörigen jener Eliten, die in vordemokratischer Zeit die Funktion der Vertretung des Volkes in den Repräsentativkörperschaften innehatten. Anstelle des Adels, des privilegierten Standes des Ancien Régime, oder der Besitzenden und Gebildeten des bürgerlichen Zeitalters bilden Mitglieder oder Anhänger der Parteien die Rekrutierungsbasis der neuen politischen Elite des demokratischen Zeitalters.

Das Gegen- und Miteinander, das die regierende Mehrheit und die oppositionelle Minderheit aneinander bindet, ist der Meinungsstreit über die beste – oder zugkräftigste – Antwort

Die Entstehung der modernen Parteiendemokratie

auf die jeweils zu lösenden politischen Fragen. Insoweit kommt in dieser Konstellation die ursprüngliche Bedeutung des Wortes „Partei" zum Vorschein. Das Wort, von lateinisch *pars* abgeleitet, bezeichnet den Teilnehmer an einem Meinungs- beziehungsweise Interessenstreit. Bezogen auf Auseinandersetzungen vor Gericht ist das zusammengesetzte Wort „Prozesspartei" ein juristischer Fachausdruck geworden. Aus der römischen Rechtssprache stammt bekanntlich die Forderung, dass „auch die andere Partei gehört werden möge" (*audiatur et altera pars*).

Diese Bedeutung steht auch am Anfang der Entwicklung, die zu dem modernen politischen Parteibegriff geführt hat. Von Parteiorganisation, voneinander abgegrenzten Parteiprogrammen und Fraktionszwang konnte damals noch gar keine Rede sein. Entstanden sind Meinungsstreitigkeiten aus konkreten Anlässen, die zu Polarisierung unter den Repräsentanten des Volkes führten, in England beispielsweise angesichts des Konflikts zwischen König und Parlament, der zur Glorious Revolution von 1689 führte, oder in den noch jungen Vereinigten Staaten anlässlich der Auseinandersetzungen um die Ratifizierung des Verfassungsentwurfs.

Die Streitpunkte, an denen sich im englischen Parlament des 17. Jahrhunderts die Parteien schieden, betrafen die absolutistische und eine Rekatholisierung begünstigende Tendenz der beiden letzten Könige aus dem Hause Stuart. Eine der beiden aristokratischen Gruppierungen widersetzte sich der Thronfolge Jakobs II., der zum Katholizismus konvertiert war, und bekämpfte die Versuche der Krone, ihren Einfluss im Parlament durch Stimmenkauf und Patronage auszuweiten. Sie hießen mit Namen „Whigs". Auf der anderen Seite standen die sogenannten „Tories", heute der inoffizielle Name der Konservativen Partei. Diese verteidigten damals das Königsrecht der Stuarts auf den Thron und die königlichen Herrschaftsansprüche. Whigs und Tories sind herabwürdigende Bezeichnungen, erfunden von den jeweiligen Gegnern. Beide waren ursprünglich Schimpfworte. Tories bedeutete so viel wie irische Straßenräuber; Whigs ist gälischen Ursprungs und bezeichnete schottische Viehtreiber. Die mit diesen Namen verbundenen politischen Assoziationen liegen auf der Hand: Die Tories unterstützten den zum Katholizismus übergetretenen Jakob II. und die Ansprüche seines Hauses auf den englischen Thron, Whigs hießen in übertragener Bedeutung die schottischen Anhänger der presbyterianischen Kirche, die den von den Stuarts begünstigten Katholizismus bekämpften. Im Grunde reflektieren die betreffenden Schimpfworte noch den Geist der im 17. Jahrhundert ausgetragenen Religionskriege.

Mit der Glorious Revolution wurde in der Interpretation der Whigs die Stellung des Protestantismus und des Parlaments mit Glanz und Gloria wiederhergestellt – Revolution, ein Wort, das bekanntlich der Fachsprache der Astronomie entlehnt ist, bedeutete so viel wie die Rückkehr der Planeten zum Ausgangspunkt ihrer Laufbahn um die Sonne, in Übertragung auf die politische Welt Wiederherstellung des Ursprungs, nicht gewaltsamen Aufbruch zu einer neuen Ordnung. Die Geschichte der Gruppierungen im englischen Parlamentarismus kann und braucht hier nicht verfolgt zu werden. Es genügt die Feststellung, dass weder die Partei der Whigs noch die der Tories den festgefügten Organisationen glich, die heute mit dem Begriff einer politischen Partei assoziiert werden. Es handelt sich eigentlich um politische Orientierungen innerhalb einer Elite, die sich ihrer Parlamentssitze sicher sein konnte, ohne einer wie auch immer gearteten Partei verpflichtet zu sein. Dementsprechend war es den Parlamentsabgeordneten ohne Weiteres möglich, sich von Fraktionszwängen unbehelligt frei zu bewegen und ihren eigenen Überzeugungen zu folgen.

Ein eindrucksvolles Beispiel bietet der berühmte Reformer Robert Peel (1788-1850), Premierminister in den Jahren 1834-1835 und 1841-1846. Der Vater war als Baumwollfabrikant zu Reichtum gelangt, hatte sich großen Landbesitz zugelegt und war geadelt worden. Als der Sohn sein Studium an der Universität Oxford mit ausgezeichnetem Erfolg in den Fächern Klassische Philologie und Mathematik beendet hatte, kaufte ihm der Vater im Jahre 1809 den Unterhaussitz eines in Irland gelegenen Wahlbezirks. Die geringe Zahl der Wähler, die es dort gab, insgesamt 24, machte die Bestechungssumme erschwinglich. Robert Peel wechselte den Parlamentssitz mehrfach, bewährte sich und wurde vom Herzog von Wellington, dem Sieger in der Schlacht von Waterloo, protegiert. Als dieser im Jahr 1828 als Premierminister sich die Emanzipation der Katholiken zum Ziel gesetzt hatte, unterstützte ihn Peel, seinem langjährigen Widerstand gegen diese Reform zum Trotz, weil er sich schließlich von ihrer Notwendigkeit überzeugt hatte, und wurde von seinen Wählern prompt mit dem Entzug seines Parlamentssitzes bestraft, mit dem er damals die Universität Oxford im Unterhaus vertrat. Er wechselte in einen anderen der damals käuflichen Wahlkreise, deren Existenz die Parlamentsreform von 1832 freilich ein Ende setzte. Peel selbst kämpfte 18 Monate gegen die Annahme des Reformgesetzes. Dabei machte er zugunsten der unhaltbar gewordenen alten Regelung geltend, dass England der Käuflichkeit von Unterhaussitzen eine stattliche Reihe bedeutender Premierminister verdanke. Er selbst sollte der letzte in dieser Reihe werden.

Robert Peel akzeptierte am Ende die neuen Verhältnisse und wurde, nachdem er sich öffentlich zu einer Politik moderater Reformen bekannt hatte, zum Führer einer neuen Sammlungsbewegung, die sich aus Tories und Whigs zusammensetzte und mit dem Namen ihres Führers „Peeliten" genannt wurde. König Wilhelm IV. ernannte ihn zum Premierminister einer Minderheitsregierung. Doch da diese im Parlament gegen die Opposition der Mehrheit nicht ankam, trat sie nach einer Amtszeit von einem Jahr zurück. In seiner zweiten Amtszeit als Premierminister vollzog Robert den Übergang von der Schutzzoll- zur Freihandelspolitik und berücksichtigte auch gewisse Forderungen der unter den Arbeitsbedingungen im Zeitalter der Frühindustrialisierung leidenden Arbeiterschaft. Eingeführt wurden erste Sicherheitsstandards für die Arbeit an Maschinen und eine Begrenzung der Arbeitszeit für Frauen und Kinder. Als er im Jahr 1846 dann ein Gesetz zur Aufhebung der hohen Getreidezölle betrieb und damit im Interesse der Armen und Geringverdienenden die Verbilligung des Brotpreises im Auge hatte, verweigerte die ihn bis dahin unterstützende Gruppierung des Parlaments die Gefolgschaft. Doch mithilfe einer veränderten Gruppierung gelang es ihm, die parlamentarischen Hürden zu nehmen und die Annahme des Getreidegesetzes durchzusetzen – und prompt wurde er anschließend gestürzt. Zu krass hatte er den im Parlament mächtigen agrarischen Interessen zuwidergehandelt. Robert Peel war zwar ein Konservativer alten Schlages, öffnete sich aber der Einsicht, dass Veränderungen im wohlverstandenen konservativen Interesse notwendig seien, und handelte entsprechend, ohne sich fest an eine Parteizugehörigkeit zu binden.

Vergleichbar war die Lage in den jungen Vereinigten Staaten. Auch hier gab es keine modernen Parteien mit fester Organisationsstruktur, wohl aber gab es Meinungsverschiedenheiten, nicht zuletzt darüber, ob die neue Republik eher als ein locker gefügter Staatenbund oder als Bundesstaat mit eigenen Organen und Zuständigkeiten in Exekutive und Legislative zu organisieren sei. Der darüber ausgebrochene Meinungsstreit wurde in Diskussionszirkeln, in Zeitungsartikeln sowie in beschließenden Versammlungen wie dem in Philadelphia tagenden verfassungsgebenden Kongress sowie in den Ratifikationsverfahren der Einzelstaaten ausgetragen. Daran waren Wortführer der Elite beteiligt, die alle im öffentlichen Leben formell oder informell eine herausgehobene Rolle spielten. Die Argumente, die in diesem Streit ausgetauscht wurden, sind in zwei Sammelwerken, den *Federalist* und *Antifederalist Papers*, nachzulesen. Einen authentischen Eindruck von der Eigenständigkeit führender Köpfe der damaligen Zeit gibt eine Äußerung von Thomas Jefferson, dem Verfasser der Unabhängigkeitserklärung von 1776, in der er die Bindung an eine Partei ablehnt und sich auf die eigene Urteilsfähigkeit beruft:

„I am not a Federalist, because I never submitted the whole system of my opinions to the creed of any party of men whatever, in religion, in philosophy, in politics, or in anything else, where I was capable of thinking for myself. Such an addiction is the last degradation of a free and moral agent. If I could not go to heaven but with a party, I would not go there at all. Therefore, I am not of the party of Federalists."

Thomas Jefferson neigte der Position der Antiföderalisten zu, aber er tat es aus eigener Überzeugung: Nicht als Gefolgsmann einer Partei hielt er an der starken Stellung der Einzelstaaten fest. Seine erste Loyalität galt Virginia, seinem

Heimatstaat. Bezeichnenderweise erwähnt er auf seinem Grabstein unter seinen Ruhmestiteln nicht die amerikanische Unabhängigkeitserklärung, sondern nur die Verdienste um seine Heimat: die Deklaration der Religionsfreiheit in seinem Heimatstaat und die Stiftung der Universität von Virginia in Charlottesville.

Auf der anderen Seite des Meinungsstreites stand Alexander Hamilton aus New York. Im Unabhängigkeitskrieg war er Washingtons Stabschef gewesen. Mit dem realistischen Blick des erfahrenen Finanzmannes erkannte er die Notwendigkeit, dem Bund der Einzelstaaten eine effektive gemeinsame Organisation zu geben, damit er sich nach innen und außen behaupten könne. Die Einzelstaaten wurden mit der großen Schuldenlast nicht fertig, die der Krieg mit England hinterlassen hatte; darüber war das Geldwesen in Zerrüttung geraten. Hier Abhilfe schaffen konnte nach Überzeugung der Föderalisten nur ein handlungsfähiger Bundesstaat. Auch im Interesse der inneren und äußeren Sicherheit, der Abwicklung und des Schutzes des Außenhandels sowie der Organisation der Territorien jenseits der Appalachen erschien das notwendig. Dagegen befürchteten die Antiföderalisten, dass ein starker Bundesstaat eine Bedrohung der im Unabhängigkeitskrieg gegen England errungenen Freiheit bedeute, ja dass er die Entstehung einer Despotie der Union anstelle der des englischen Königs und des Londoner Parlaments bewirken könne.

In gewisser Hinsicht nahm James Madison, später der vierte Präsident der Vereinigten Staaten (1809–1817), eine Zwischenstellung ein. Er teilte den Standpunkt, dass die Gründung eines handlungsfähigen Bundesstaates notwendig sei, aber er nahm die Warnungen vor einer Tyrannei der Mehrheit ernst und vermittelte in dem Meinungsstreit zwischen Föderalisten und Antiföderalisten. Er war souverän genug, dem Standpunkt der Gegenseite Rechnung zu tragen, dass eine starke Zentralregierung dem Bürger das hohe Gut der Freiheit verkürzen könnte – eine Gefahr, die später in anderer Weise Alexis de Tocqueville als Bedrohung der Demokratie wahrnahm und in seinem Buch *De la démocratie en Amérique* thematisierte. Die Reaktion auf den Meinungsstreit waren die ersten zehn Zusatzartikel der Verfassung aus dem Jahr 1791, die unter führender Mitwirkung von James Madison ausgearbeitet und in Kraft gesetzt wurden. Sie enthielten einen Katalog von Bürger- und Menschenrechten, die die Dispositionsgewalt des Staates beschränkten. So hieß es in Zusatzartikel I:

„Der Kongress darf kein Gesetz erlassen, das die Einführung einer Staatsreligion zum Gegenstand hat, die freie Religionsausübung verbietet, die Rede- und Pressefreiheit oder das Recht des Volkes einschränkt, sich friedlich zu versammeln und die Regierung durch Petition um Abstellung von Missständen zu ersuchen."

Zu den in die Zusatzartikel aufgenommenen Rechten gehört auch, dass das Volk berechtigt ist, Waffen zu besitzen und zu tragen – wie man weiß, ist es ein Recht im Verfassungsrang, das die vielen Tötungsdelikte in den heutigen Vereinigten Staaten begünstigt. Gedacht war es ursprünglich nach dem Wortlaut des Zusatzartikels II als integraler Bestandteil der Wehrverfassung:

„Da eine gut ausgebildete Miliz für die Sicherheit eines freien Staates erforderlich ist, darf das Recht des Volkes, Waffen zu besitzen und zu tragen, nicht beeinträchtigt werden."

Was Deutschland anbelangt, so bieten auch die Debatten, die nach der Märzrevolution von 1848 in der Frankfurter Paulskirche über die Verfassung des geplanten deutschen Nationalstaats geführt wurden, ein gutes Beispiel für eine vormoderne, nicht organisatorisch verfestigte Parteienbildung. Dort bildeten sich informelle Gruppierungen mit bestimmter politischer Orientierung, demokratisch, liberal in unterschiedlichen Ausprägungen und konservativ, was damals eine Position bezeichnete, die am monarchischen Prinzip und an einer ständischen Repräsentation festhielt. Diese Vereinigungen versammelten sich in verschiedenen Gasthöfen Frankfurts, nach denen sie auch benannt wurden, nicht nach den Namen von Parteien, die es ja in organisierter Form noch gar nicht gab. Das Abstimmungsverhalten der Abgeordneten war durch die Gruppenzugehörigkeit nicht festgelegt und konnte sich je nach verhandelten Gegenständen ändern. Dies geschah vor allem, als die Alternative einer groß- oder kleindeutschen Lösung der staatlichen Einheit Deutschlands zur Debatte stand oder die Frage erörtert wurde, ob ein Erb- oder Wahlkaiser an der Spitze des neuen Reiches deutscher Nation stehen solle. Die Abgeordneten stimmten keineswegs immer einheitlich im Sinne ihrer Gruppenzugehörigkeit ab, und in der Frage eines Erb- oder Wahlkaisertums fiel die Entscheidung zugunsten des Erbkaisertums der preußischen Könige mit 267 zu 263 Stimmen denkbar knapp aus.

Die Frankfurter Nationalversammlung war ein Parlament von Honoratioren, darunter viele Gelehrte, nicht zuletzt Germanisten, deren Elite sich als Vertreter einer *nationalen*, jedoch nicht engherzig nationalistischen Wissenschaft verstand. Ihre größte Koryphäe, Jacob Grimm, war Mitglied der Nationalversammlung (freilich ohne sich an den Debatten besonders zu beteiligen). Das vielfach geäußerte Urteil, dass die Gruppenbildung in der Frankfurter Nationalversammlung eine Vorstufe des pluralistischen Parteiensystems moderner Prägung darstellt, mag man gelten lassen; doch sollte bewusst bleiben, dass diese Gruppenbildung der Entstehung organisierter Parteien vorausliegt.

In der Frankfurter Nationalversammlung war umstritten, ob das Wahlrecht zur zweiten Kammer, dem sogenannten Volkshaus, an einen Zensus geknüpft sein oder die Zulassung aller volljährigen Männer zu den Wahlen vorsehen solle. Der Meinungsstreit ging um nichts Geringeres als um die Frage, ob die Vertretung des Volkes wie in Amerika nach rein demokratischem Prinzip verbürgt oder die Beteiligung an politischer Mitwirkung nach Maßgabe der sogenannten „veredelten Demokratie" durch ein Zensuswahlrecht beschränkt sein sollte. Diese Frage ist mit dem im vorangehenden Abschnitt erörterten Thema insofern eng verbunden, als ein restriktives Zensuswahlrecht eng mit dem Typus der Honoratiorenelite verschwistert ist, das freie und gleiche Wahlrecht hingegen die Parteienbildung moderner Art begünstigt.

Der Verfassungsausschuss der Nationalversammlung arbeitete einen Entwurf aus, der ganz im Sinne des Konzepts der „veredelten Demokratie" vorsah, dass Handwerksgesellen, Fabrikarbeiter, Tagelöhner und Dienstboten, dazu alle Empfänger von Armenunterstützung nicht an Wahlen teilnehmen durften. Das wurde mit überwältigender Mehrheit abgelehnt. Es blieb bei dem allgemeinen und gleichen Wahlrecht für Männer, nach dem auch die verfassungsgebende Versammlung nach einem Gesetz des Deutschen Bundes gewählt worden war. Dafür hatten gegen ihre Überzeugung zum Schluss auch konservative Abgeordnete gestimmt – in der Hoffnung, dass die Einzelstaaten die Ratifikation der Wahlrechtsbestimmungen zu Fall bringen würden.

Die verfassungsgebende Versammlung scheiterte bekanntlich mit der Absicht, die Einheit Deutschlands zu einem Bundesstaat mit einem Erbkaiser an der Spitze zu erreichen. Der zweite Anlauf gelang, unter Ausschluss der von Deutschen besiedelten Teile in der österreichischen Reichshälfte der Habsburger Doppelmonarchie, nach dem Deutsch-Französischen Krieg von 1870/71. Die Gründung des Kaiserreichs war das Ergebnis einer Einigung der deutschen Fürsten und der drei Stadtrepubliken Bremen, Hamburg und Lübeck, aber sie erfüllte das im Volke virulente Streben nach der Einheit Deutschlands. Sogar das demokratische Wahlrecht wurde aus der Frankfurter Verfassung von 1849 in die Reichsverfassung übernommen. Entsprechendes war auf Bismarcks Betreiben schon bei der Gründung des Norddeutschen Bundes nach dem Preußisch-Österreichischen Krieg von 1866 geschehen – wie man weiß, allerdings nicht in der Absicht, den neuen Bundesstaat als parlamentarische Monarchie zu gründen, sondern in der Erwartung, dass das allgemeine gleiche Wahlrecht die Wahlchancen der Liberalen, der Partei des Bürgertums, mindern würde, mit denen Bismarck einen schweren Verfassungskonflikt in Preußen ausgetragen hatte. Der betreffende Satz der Reichsverfassung von 1871 lautet in Artikel 20: „Der Reichstag geht aus allgemeinen und direkten Wahlen mit geheimer Abstimmung hervor."

Beide Bundesverfassungen, die von 1849 und die von 1871, repräsentieren den Typus einer konstitutionellen Monarchie mit einer aus allgemeinen und gleichen Wahlen hervorgehenden Vertretung des Volkes. Beide Verfassungen entsprachen insofern derjenigen der Vereinigten Staaten: Es handelte sich hier wie dort um Bundesstaaten, in denen die Repräsentanten des Volkes durch allgemeine Wahlen ohne Beschränkungen durch einen Zensus bestimmt wurden. Sie waren auch darin vergleichbar, dass Volk und Gliedstaaten durch eigene Repräsentationsorgane vertreten waren: in Amerika durch Repräsentantenhaus und Senat, im neuen Deutschen Kaiserreich durch Reichstag und Reichsrat. Aber abgesehen davon, dass das Kaiserreich eine Erbmonarchie war und Amerika eine Republik mit einem auf Zeit gewählten Staatsoberhaupt, unterschied beide Bundesstaaten, dass die Verfassung der Vereinigten Staaten auf dem Prinzip der Gewaltenteilung gegründet war, während dies für das Kaiserreich nicht zutrifft. Hier teilte sich der Bundesrat, die Vertretung der Gliedstaaten, nicht nur mit dem Reichstag in die gesetzgebende Gewalt, sondern war er auch das Gremium, das an der Exekutive beteiligt war. In diesem Gremium richtete sich die Zahl der Stimmen, über welche die einzelnen Gliedstaaten verfügten, nach ihrer Größe, und das bedeutete, dass Preußen, dessen Territorium und Bevölkerungszahl durch die Annexionen des Jahres 1866 erheblich gewachsen waren, das Übergewicht im Bundesrat hatte. Der gravierende Unterschied zu Amerika betrifft also nicht nur das Prinzip der Gewaltenteilung, sondern auch das Stimmengewicht der Einzelstaaten. In den Vereinigten Staaten von Amerika verfügen der größte, Kalifornien, und der kleinste, Delaware, jeweils über zwei Sitze im Senat, und so ist es von Anfang an gewesen.

Doch damit nicht genug: Im Unterschied zu den Vereinigten Staaten von Amerika, deren Präsident die exekutive Gewalt innehat, ernannte im Deutschen Kaiserreich der Kaiser, der zugleich König von Preußen war, den Ministerpräsidenten von Preußen zum Kanzler des Reiches. Dieser war als Leiter der Regierungsgeschäfte in Preußen und im Reich nicht dem Reichstag, sondern dem Kaiser und König verantwortlich. Dadurch unterschied sich die Konstruktion der Reichsverfassung von 1871 auch grundlegend von der parlamentarischen Monarchie Englands, wo der Premierminister das Vertrauen des Unterhauses sowohl bei seiner Ernennung durch den König als auch bei seiner Amtsführung besitzen muss.

Noch ein weiterer Unterschied zu den Vereinigten Staaten verdient hier erwähnt zu werden: Zwar besitzen die Gliedstaaten beider Bundesstaaten eigene Verfassungen, aber diese fallen ganz unterschiedlich aus. Während in Amerika die Einzelstaaten wie die Union nach dem Prinzip der Gewaltenteilung und mit Volksvertretungen aufgrund allgemeiner und gleicher Wahlen organisiert sind, war dies in den Bundesstaaten des Deutschen Kaiserreiches nicht der Fall. In den Gliedstaaten des Kaiserreiches, sowohl den monarchischen als auch den Stadtrepubliken, herrschte weiterhin das Zensuswahlrecht in verschiedener Ausgestaltung. Am berühmt-berüchtigtsten im allgemeinen Bewusstsein ist noch heute das preußische Dreiklassenwahlrecht, doch die Unterschiede gingen im Kaiserreich sogar so weit, dass in den beiden Großherzogtümern Mecklenburg-Schwerin und Mecklenburg-Strelitz bis zum Ende des Ersten Weltkriegs als kurioses Erbe des Ancien Régime landständische Verfassungen in Kraft blieben. Von Bürger- und Menschenrechten verlautet in der Reichsverfassung von 1871 kein einziges Wort, ebenso wenig von dem Recht einer Ministeranklage bei Verletzung der Verfassung. Dieses Recht enthielten immerhin die von der Frankfurter Nationalversammlung verabschiedete Reichsverfassung und sogar die landständische Verfassung Kurhessens von 1831. Die Verfassung des Kaiserreichs war eben nur ein bloßes Organisationsstatut. Das Kaiserreich war, trotz des demokratischen Wahlrechts für die Vertretung des Volkes, von einer demokratischen Regierungsform noch weit entfernt.

Anders, und doch in Hinblick auf die Vermeidung einer demokratischen Regierungsform vergleichbar, verlief die Entwicklung in England. Freilich ist immer wieder die Meinung zu hören und zu lesen, dass England die Mutter der Demokratie sei. Dies war das Land gewiss nicht. Aber es war die Mutter des Parlamentarismus, das heißt einer Regierungsform, in der der Premierminister notwendig das Vertrauen der Mehrheit des Unterhauses besitzen muss, um ernannt werden und mit seinem Kabinett Regierungsfunktionen ausüben zu können. Aber das Unterhaus war, wie oben geschildert worden ist, bis tief in das 19. Jahrhundert hinein ein Zentrum der Adelsherrschaft. Die Masse des Volkes war vom Wahlrecht ausgeschlossen. Insofern fehlte dem Parlamentarismus das Element, das ihn zur Regierungsform einer Demokratie gemacht hätte. Immerhin kam es in den fast neunzig Jahren zwischen der Parlamentsreform von 1832 und dem Ende des Ersten Weltkriegs, als allen Männern und dem größten Teil der Frauen das Wahlrecht zuerkannt wurde, zu vorsichtigen Reformschritten, die im Endergebnis die Mehrheit der Unterhaussitze vom grundbesitzenden Adel zur bürgerlichen Elite aus Handel und Industrie und – was die Einteilung der Wahlkreise anbelangt – das Schwergewicht von den ländlichen Bezirken zu den städtischen Zentren verschoben.

Der erste Schritt geschah 1867. Der *Second Reform Act* dieses Jahres milderte das Zensuswahlrecht. In den städtischen Wahlbezirken erhielten nicht nur die Hausbesitzer, sondern auch die Mieter, sofern sie mindestens zehn Pfund Miete im Jahr zahlten, das Wahlrecht, in den ländlichen Wahlkreisen Eigentümer und

Pächter mit geringem Landbesitz. Dadurch wurde die Zahl der Wahlberechtigten mehr als verdoppelt, von etwa einer Million auf mehr als zwei Millionen – was freilich noch immer eine Minderheit der männlichen Bevölkerung Englands war. Die stärkere Berücksichtigung städtischer Wahlbezirke hatte zur Folge, dass bei den Wahlen des Jahres 1867 insgesamt 122 Abgeordnete gewählt wurden, die Handels-, Industrie- und Schifffahrtsinteressen vertraten. Aber noch immer gehörten mehr als 500 der Schicht der Grundbesitzer an. Darüber hinaus waren 360 Abgeordnete der Hocharistokratie verwandtschaftlich verbunden. Auch nach der Reform von 1867 behielt die Einschätzung der Machtverhältnisse, die Lord Palmerston kurz vorher, im Jahr 1864, geäußert hatte, ihre Richtigkeit:

„Nach unseren gesellschaftlichen Gewohnheiten und unserer politischen Organisation ist der Besitz von Land direkt oder indirekt die Quelle von politischem Einfluss und politischer Macht."

Keine zwei Jahrzehnte später kam es unter Führung von Premierminister William Ewart Gladstone (1809–1898) – er gehörte der neuen Liberalen Partei an – unter dem Namen *Representation of the People Act 1884* zu einer Reform der Reform. Das betreffende Gesetz übertrug die Vermögensanforderungen, die das Vorgängergesetz an die Stadtbewohner gestellt hatte, auf die Landbevölkerung, und im folgenden Jahr begünstigte eine Wahlkreisreform die im Wachstum begriffenen Städte, insbesondere die Millionenstadt London. Insgesamt 138 Sitze des Unterhauses wurden neu verteilt, und London erhöhte die Zahl seiner Abgeordneten von 22 auf 68. Die Zahl der Wahlberechtigten stieg auf insgesamt fünfeinhalb Millionen, aber noch immer blieben 40 Prozent der erwachsenen Männer ohne Wahlrecht – ganz zu schweigen von den Frauen, die trotz der spektakulären Auftritte der für das Frauenwahlrecht demonstrierenden Suffragetten weiterhin von der Männerdomäne des Wahlrechts ausgeschlossen blieben.

Mit Recht ist gesagt worden, dass die letzte Reform eine Bresche in die Vorherrschaft des Adels im Unterhaus schlug. Auch litt die wirtschaftliche Vorrangstellung, die der grundbesitzende Adel in der Gesellschaft Englands so lange eingenommen hatte, unter der Industrialisierung und der Agrardepression, die einen sinkenden Getreidepreis zur Folge hatte. In die gleiche Richtung wirkte die Einführung geheimer Wahlen im Jahr 1872. Sie entzog dem grundbesitzenden Adel die Möglichkeit, das Wahlverhalten seiner Pächter und der Bauern zu kontrollieren. Die Folgen des *Representation of the People Act* von 1884 lassen sich an der geänderten Zusammensetzung des Unterhauses ablesen. Die Mehrheit des Hauses verlagerte sich von den landbesitzenden zu den bürgerlichen Schichten der Städte, deren Wohlstand auf Einkommen aus Handel und Industrie beruhte.

Immerhin blieb der Aristokratie das Oberhaus als Bollwerk ihrer Interessenwahrung. Zu Beginn des 20. Jahrhunderts benutzte es das ihm zustehende Vetorecht zur Behinderung der von der liberalen Regierung verfolgten Sozial- und Budgetpolitik. Diese Strategie der Obstruktion gipfelte im Jahr 1909 in der Ablehnung des von der Regierung vorgelegten Budgets, das erhebliche Belastungen für die Besitzenden vorsah. Damit hatte die Aristokratie den Bogen überspannt. Denn nach eingespieltem Brauch hatte sich das Oberhaus aus Steuer- und Budgetentscheidungen des Unterhauses herauszuhalten. Die Reaktion kam zwei Jahre später mit dem *Parliament Act* von 1911: Was vorher Gewohnheit war, wurde Gesetz. Dem Oberhaus wurde durch Verbot die Möglichkeit entzogen, finanzielle Beschlüsse des Unterhauses abzulehnen, und für andere Bereiche wurde ihm nur noch ein aufschiebendes Veto mit zweijähriger Wirkung belassen.

Mit den erwähnten Reformen war England zweifellos auf dem Weg von einem aristokratischen zu einem bürgerlichen Parlamentarismus. Demokratisch war indessen auch dieser nicht. Das Zensuswahlrecht war nicht zugunsten des allgemeinen und gleichen Wahlrechts abgeschafft. Die unteren Schichten des Volkes, etwa 40 Prozent der erwachsenen Männer, von den Frauen ganz abgesehen, wurden noch immer von den Wahlurnen ferngehalten. Die damalige Verfassung Englands entsprach derjenigen, die Johann Caspar Bluntschli als „veredelte Demokratie" bezeichnet hatte: kurzum als eine Demokratie, die keine echte war.

Von der skizzierten Entwicklung war auch das Parteiwesen des Landes betroffen. Die meisten einflussreichen Politiker waren anfangs noch immer Adlige, die sich zu Absprachen in vornehmen Klubs trafen und nicht auf mitgliederstarken Parteikonferenzen um Unterstützung werben mussten. Die Elite der Tories beziehungsweise der Konservativen traf sich in dem renommierten Carlton Club, den kein Geringerer als der Herzog von Wellington begründete hatte (und der noch heute existiert). Auch die Liberalen, eine ursprünglich lockere, von Robert Peel begründete Verbindung reformbereiter Politiker aus Whigs und ehemaligen Tories, dominierten in ihren Anfängen prominente Aristokraten, so etwa Lord Palmerston (1784-1865) und Lord John Russell (1792-1878), der Erste als Führer der Liberalen im Unterhaus, der Zweite als sein Gegenstück im Oberhaus. Beide bekleideten mehrfach das Amt des Premierministers. Erst im letzten Drittel des 19. Jahrhunderts kamen „neue Leute", *homines novi*, wie der Typus des Aufsteigers im Lateinischen bezeichnet wurde, an die Spitze der genannten Parteien: bei den Liberalen der aus einer schwerreichen Händlerfamilie stammende William Ewart Gladstone und bei den Konservativen sein großer Rivale Benjamin Disraeli, ebenfalls aus einer reichen Händlerfamilie stammend und Sohn eines getauften Juden (1804-1881). Ihre Herkunft aus nichtadligen Familien sowie ihr Aufstieg zu Parteiführern und Premierministern sind ein Vorspiel zum *Representation of the People Act* des Jahres 1884 und zum *Parliament Act* von 1911.

Die Ära der bürgerlichen Honoratiorenpartei endete mit der Zuerkennung des Wahlrechts an alle Erwachsenen am Ende des Ersten Weltkriegs. Dieser Sprung in die Demokratie wurde von Angehörigen der Elite als revolutionärer Umbruch empfunden und löste die Befürchtung aus, dass sie die Opfer dieses revolutionären Aktes werden würden. Das oben zitierte Wort des Premierministers Stanley Baldwin ist dafür ein sprechendes Zeugnis. Auch in England trat ein, was Thomas Nipperdey als gesamteuropäisches Phänomen beschrieben hat: „Fast überall in Europa führte der Eintritt von Massen in die Politik, die Demokratisierung, zu einer Krise des Liberalismus. Das allgemeine Wahlrecht wirkte antiliberal" (*Deutsche Geschichte 1866-1918*, Bd. II). In England wurden die Liberalen zu einer Splitterpartei; an ihre Stelle als Rivale der Konservativen trat eine Arbeiterpartei, die Labour Party. Sie ist in England erst zu Beginn des 20. Jahrhunderts als politischer Arm der Gewerkschaftsbewegung gegründet worden, als sich deren Bindung an die Liberalen aufgelöst hatte. Mit der Labour Party betrat die Parteiendemokratie die politische Bühne. Die Partei gab sich im Jahre 1918 ein sozialistisches Parteiprogramm und veranstaltete nach Einführung des allgemeinen Wahlrechts Parteitage, auf denen die Gewerkschaften als kompakte Stimmblöcke einen beherrschenden Einfluss ausübten. Umgekehrt brachten die Konservativen einen großen Teil der Gesellschaft oberhalb der Arbeiterklasse hinter sich und richteten in dieser Rolle als Partei eines neuen Typs (die auch von Arbeitern gewählt wurde) in den zwanziger Jahren ihre Spitze gegen die organisierte Arbeiterschaft (was in England Kompromisse, ja Koalitionen nicht ausschloss). Beide Parteien repräsentierten die beiden großen Segmente der Gesellschaft, deren Grenze an der Bruchlinie zwischen Arbeiterschaft und Bürgertum verlief.

Auch in Amerika änderte sich in der Folge des Demokratisierungsprozesses die Parteienlandschaft. Die Gründerväter waren gegenüber Parteibildungen höchst misstrauisch und betrachteten sie als Gefährdung der Einheit. George Washington warnte, als er im Jahr 1796 aus dem Präsidentenamt schied, in seiner Abschiedsbotschaft vor Parteiungen und Fraktionsbildungen und wies darauf hin, dass sich ihre bedrohliche Wirkung schon beim Streit der Föderalisten und Antiföderalisten in der Diskussion über die Verfassung gezeigt habe. Aber es war angesichts der Größe des Landes und der Vielfalt der Interessen gar nicht zu vermeiden, dass organisierte Parteien entstanden. Unter Präsident Andrew Jackson, der in der Auseinandersetzung mit der etablierten Ostküstenelite sich der Interessen des einfachen Mannes der im Aufbruch nach Westen begriffenen Nation annahm, kam es zur Bildung der ersten organisierten, landesweit operierenden Parteien, der Demokraten und der Whigs – deren Name aus England stammte und die Partei der Gegner der Jackson-Demokraten bezeichnete.

Republikaner und Demokraten nennen sich bis heute die beiden um die Führung des Landes rivalisierenden Parteien.

Die Entstehung der modernen Parteiendemokratie

Sie haben seit ihrer Gründung manche Wandlung erlebt. Von den Einzelheiten kann hier abgesehen werden. Aber hingewiesen sei auf die folgende Konstante: Allen Wandlungen zum Trotz blieb ihr Charakter als Klientelparteien in dem Sinne erhalten, dass sie nicht nur bestimmte Sektionen der Gesellschaft politisch vertraten, sondern auch Schlüsselpositionen in der Verteilung von Ämtern und Würden einnahmen. Es sind die Kandidaten der Parteien, die vom Volk mit Unterstützung der Parteien zu Amtsträgern in den Einzelstaaten, den Bezirken und Gemeinden – Ortssheriffs, Milizoffiziere, Staatsanwälte, Richter und Geschworene – gewählt werden. Nachgeordnete Amtsträger werden von den nach parteipolitischen Gesichtspunkten gewählten Leitern der Administration, dem Präsidenten der Vereinigten Staaten, den Gouverneuren der Einzelstaaten und den Bürgermeistern der Gemeinden, ernannt. In diesem Patronagesystem verstanden sich die Parteien als Organisationen, die Parteimitglieder mit öffentlichen Ämtern und staatlichen Aufträgen versorgen. Korruption spielt dabei keine unbedeutende Rolle. Zumindest in der Vergangenheit entschieden die hierarchisch gegliederten Parteiapparate, vielfach gegen Zahlung von ‚Gebühren', über die Verteilung der zu vergebenden ‚Pfründe'.

Die Entstehung der organisierten Parteien war gewiss eine Notwendigkeit, wenn überhaupt der Wille der Wählerschaft in einer Demokratie der großen Massen sich in Großstaaten artikulieren sollte, aber sie hatte ihren Preis. Die sorgfältigen Vorkehrungen, welche die Verfassung getroffen hatte, damit das Amt des Präsidenten, des Monarchen auf Zeit, nicht in unrechte Hände fiel, wurden mit der Demokratisierung fast gegenstandslos. Die indirekte Wahl des Präsidenten durch Angehörige der Elite, die garantieren sollte, dass der Beste unter den Besten das verantwortungsvollste Amt erhielt, das zu vergeben war, geriet in die Hände der Parteiapparate. Alexander Hamilton, einer der Gründerväter der Vereinigten Staaten, hatte dazu vermerkt:

„Eine kleine Zahl von Personen, die von ihren Mitbürgern aus der großen Masse ausgesucht sind, wird am ehesten die Informationen und das Urteilsvermögen besitzen, derer es bei solch komplizierten Herausforderungen bedarf."

Die jüngste Präsidentenwahl, die Donald Trump in das Amt brachte, hat die Nation gespalten und wurde von den Gegnern des neuen Präsidenten als Menetekel begriffen. Mit Entsetzen prangerte einer der Kritiker diese Wahl als das Ergebnis einer Entwicklung an, in der die Parteiapparate damit begannen, „eigene Wahlmänner zur Wahl zu stellen, die dann nicht mehr ihrem Gewissen verantwortlich waren, sondern Vorgaben hatten – man erwartete von ihnen, nicht mehr ‚abzuwägen' (so Hamiltons Begriff), sie hatten nur noch zu bestätigen". Am Ende heißt es in dem bitteren Kommentar des Autors: „Indem sie Trump wählten ..., haben diejenigen Leute, denen die Gründerväter nie getraut hatten, ihre Revanche genommen: Amerikas gebildete Elite ist überlistet ..."

Der Blick auf Deutschland zeigt, dass hier ebenfalls eine Entwicklung in Richtung einer Parteiendemokratie stattfand. Sie ging wie so vieles in der deutschen Geschichte des 19. Jahrhunderts von Preußen aus. Der Anlass war der preußische Verfassungskonflikt, der sich im Jahr 1861 an der geplanten Heeresreform zwischen König und Regierung auf der einen und der Abgeordnetenkammer auf der anderen Seite entzündete. Dabei ging es zunächst darum, ob die Verstärkung des Heeres der aktiven Truppe oder der Landwehr zugute kommen sollte. Der

Hintergrund der Streitfrage war, dass die aktive Armee dem Kommando des Königs unterstand, während die Landwehr als das Volk in Waffen betrachtet wurde. Das Abgeordnetenhaus bediente sich als Mittel in der Auseinandersetzung mit der Regierung seines verfassungsmäßigen Budget- und Steuerbewilligungsrechts und verweigerte die Zustimmung zur Haushaltsvorlage der Regierung. Diese erhob unter Ministerpräsident Bismarcks Führung eigenmächtig die für die Aufstockung des Heeresbudgets vorgesehenen Steuern unter Bruch der Verfassung.

Daraufhin schlossen sich eine Reihe von Abgeordneten und Vertreter lokaler liberaler und demokratischer Vereinigungen sowie Mitglieder des Deutschen Nationalvereins zusammen und verabschiedeten am 6. Juni 1861 das Gründungsprogramm der Deutschen Fortschrittspartei in Preußen. Dem preußischen Vorbild folgte die Bildung von Fortschrittsparteien in mehreren Staaten des Deutschen Bundes. Vorher hatte es keine organisierten Parteien gegeben. Noch die Frankfurter Nationalversammlung kannte in diesem Sinne keine Parteien, sondern, wie oben ausgeführt wurde, nur verschiedene politische Gruppierungen, deren Namen von ihren Versammlungsorten abgeleitet waren. Das Parteiprogramm erhob die Forderung nach der Verantwortlichkeit der Regierung gegenüber dem Parlament (was die Umwandlung der konstitutionellen in eine parlamentarische Monarchie bedeutet hätte), nach rechtsstaatlichen Reformen wie der Zuständigkeit von Geschworenengerichten in politischen Strafsachen und nach einer Liberalisierung der Gewerbegesetzgebung, damit, wie es hieß, „die wirtschaftlichen Kräfte des Landes gleichzeitig entfesselt werden". Es versteht sich von selbst, dass dieses Programm auch für das künftig geeinte Deutschland Gültigkeit beanspruchte. Denn die Einheit der Nation war zusammen mit der Liberalisierung von Staat und Gesellschaft das große Ziel, das zu erreichen das Grundanliegen aller Liberalen war. Ihr Programm galt nicht einem punktuellen Ziel, sondern einem Anliegen, das auf Dauer vertreten werden sollte. Darin lag der eigentliche Grund für die Entstehung nicht nur liberaler, sondern aller organisierter Parteien seit dem letzten Drittel des 19. Jahrhunderts.

Die Parteiprogramme der liberalen wie aller anderen Parteien des modernen Typs wurden bei Wahlen der Bewerbung der Kandidaten um einen Parlamentssitz zugrunde gelegt. Vorher war es üblich, dass jeder Bewerber sein eigenes Programm verfasste und den Wählern bekannt machte. Was die Organisation der Parteien anbelangt, war sie noch ziemlich lückenhaft. Das für Parteiorganisationen zuständige Vereinsrecht schloss landesweite Pateimitgliedschaften aus, doch erlaubt war ein Zentralkomitee der Fortschrittspartei mit Sitz in Berlin. Später bildeten sich regionale Komitees, die sich aus lokalen Honoratioren zusammensetzten. Die preußische Fortschrittspartei spaltete sich allerdings, als Bismarck nach dem 1866 siegreich beendeten Krieg gegen Österreich die Abgeordnetenkammer mit der sogenannten Indemnitätsgesetzvorlage um eine Heilung des Verfassungsbruchs durch nachträgliche Genehmigung der eigenmächtig erhobenen Steuern ersuchte. Mit der Gründung des Norddeutschen Bundes stellte Bismarck den politischen Kurs der Regierung in Richtung auf die Einheit Deutschlands ein; außerdem verankerte er in der Verfassung des im Jahr 1866 neu gegründeten Norddeutschen Bundes das fortschrittlichste Wahlrecht und verschaffte damit allen erwachsenen Männern die Möglichkeit zu wählen. Unter dem Eindruck dieses Kurswechsels verließ die Mehrheit die alte Fortschrittspartei und gründete die Nationalliberale

Die Entstehung der modernen Parteiendemokratie

Partei zur Unterstützung einer auf die Einheit Deutschlands gerichteten Politik.

Nach der Gründung des Deutschen Reiches im Januar 1871 gewannen die Liberalen einen wesentlichen Einfluss auf die Ausgestaltung einer liberalen Wirtschaftsordnung im Kaiserreich und waren eine Hauptstütze des Staates im Kulturkampf gegen die katholische Kirche. Das Bündnis zwischen monarchischem Staat und Nationalliberaler Partei geriet in eine Krise, als Bismarck im Interesse von Landwirtschaft und Schwerindustrie eine Wende zur Schutzzollpolitik vollzog. Eine der Folgen war die Gründung der linksliberalen Deutsch-Freisinnigen Partei, die diese Wende bekämpfte. Alle liberalen Parteien fanden ihre Anhänger im Wirtschafts- und Bildungsbürgertum. Daraus erklärt sich ihre Gegnerschaft gegen die Arbeiterbewegung und deren politische Speerspitze, die Sozialdemokratische Partei, deren Aufstieg in den siebziger Jahren des 19. Jahrhunderts begann.

Bismarcks Versuche, die Arbeiterbewegung und ihre Partei durch Verbote zu unterdrücken, lehnten zumindest die Linksliberalen ab. Anders als die Nationalliberalen stimmten sie im Reichstag gegen das Gesetz „Gegen die gemeingefährlichen Bestrebungen der Sozialdemokratie" und wandten sich gegen die von Bismarck eingeleitete Sozialpolitik, die das Ziel verfolgte, die Sozialdemokratie zu schwächen. Die Liberalen traten dafür ein, dass alle Formen der Daseinsvorsorge dem Einzelnen beziehungsweise einer genossenschaftlichen Selbstorganisation vorbehalten sein sollten. Alle liberalen Parteien waren als Erben der Aufklärung Verfechter freier individueller Lebensgestaltung, von Wissenschafts- und Religionsfreiheit.

Sie waren damit die entschiedenen Gegner des damaligen Katholizismus. Dieser bekämpfte seinerseits die sogenannten

Irrtümer der modernen Welt, unter anderem Liberalismus, Demokratie und voraussetzungslose Wissenschaft, selbstverständlich auch die historisch-kritische Theologie der Protestanten. Hinzu kam die Ausgestaltung des Dogmas unter Papst Pius IX.; sie gipfelte in der auf dem Vatikanischen Konzil von 1870 verkündeten offiziellen Kirchenlehre, dass der Papst darin unfehlbar sei, was er als Lehre der Kirche verkünde. Damals ging ein Aufschrei durch die auf diese Weise herausgeforderte moderne Welt. Der deutschsprachige Episkopat war mehrheitlich gegen das Unfehlbarkeitsdogma, der führende katholische Kirchenhistoriker Johann Joseph Ignaz Döllinger (1799–1890) verweigerte die Anerkennung des Dogmas und wurde prompt exkommuniziert, ja, es kam im deutschen Katholizismus zu einer Abspaltung in Gestalt der Altkatholischen Kirche. Die Unterstützung Bismarcks im Kulturkampf gegen die katholische Kirche war angesichts ihrer offiziellen Kampfansage an die moderne Welt den Liberalen eine Herzensangelegenheit. Niemand hat diese Haltung der liberalen bürgerlichen Honoratioren so knapp und treffend zur Anschauung gebracht wie Wilhelm Busch in seiner satirischen Verserzählung *Die fromme Helene*:

„Schweigen will ich von Lokalen,
wo der Böse nächtlich prasst
und im Kreis der Liberalen
man den Heiligen Vater hasst."

Die deutschen Katholiken fühlten sich im 19. Jahrhundert aus mehreren Ursachen in die Defensive gedrängt. Der Untergang des Alten Reiches, dessen Oberhaupt der katholische Kaiser gewesen war, hatte das Ende der Reichskirche und die Säkularisation des reichen Kirchenbesitzes der katholischen Kirche gebracht. Auf dem Immerwährenden Reichstag zu Regensburg hatten die katholischen Stände die Mehrheit gebildet; im Deutschen Bund waren außer Österreich und Bayern alle Katholiken unter die Herrschaft protestantischer Herrscherhäuser geraten. In Preußen hatten die in das Rheinland und nach Westfalen versetzten protestantischen Offiziere und Beamten das leidige Problem der konfessionellen Mischehen vergrößert, das in Verbindung mit anderen Streitpunkten zum Kölner Bischofsstreit der dreißiger Jahre führte. Dann folgte der religiösen Selbstvergewisserung des Katholizismus die Absage an die Grundwerte der modernen Welt. Die Reaktion war die Ausgrenzung der Katholiken.

Diese reagierten auf politischer Ebene mit der Gründung einer katholischen Partei, des Zentrums (der Name bezieht sich auf die Sitzordnung in den Parlamenten). Diese Partei setzte sich das Ziel, die Stellung der Kirche zu verteidigen und gegen Benachteiligung von Katholiken in Staat und Gesellschaft anzugehen. Mit Unterstützung des Klerus gelang es der Partei, bis zu 80 Prozent der wahlberechtigten katholischen Männer zu mobilisieren. Mit seiner konfessionellen Ausrichtung war das Zentrum in allen Schichten des katholischen Volksteils verwurzelt: im Adel und in der bäuerlichen Bevölkerung von Dörfern und Ackerbaustädten, unter Handwerksgesellen und Akademikern; selbst in dem katholischen Teil der mit der Industrialisierung entstehenden Arbeiterklasse fasste das Zentrum Fuß. Die Partei war eng verschwistert mit der Geistlichkeit, mit dem katholischen Vereinswesen einschließlich der Görres-Gesellschaft der Akademiker und den im Jahr 1894 gegründeten christlichen (sprich: katholischen) Gewerkschaften. Hinzu kommt, dass zahlreiche Publikationsorgane die Anliegen und Interessen der katholischen Kirche in der Öffentlichkeit vertraten. Eingebettet in dieses Umfeld konnte das Zentrum auf eine differenziert organisierte Parteiorganisation verzichten. Die Partei besaß den Rückhalt im katholischen Volksteil und damit ein großes Wählerpotenzial, das ihr so gut wie sicher war.

Nach Beilegung des Kulturkampfes entwickelte sich das Zentrum zu einer Partei, die in der Parteienlandschaft des Kaiserreichs fest verwurzelt war und in der Weimarer Republik zu einer der wichtigsten Regierungsparteien wurde. Die enge Bindung der Partei an das Interesse der katholischen Kirche verlangte freilich auch Opfer. Sie ließ sich nach Hitlers ‚Machtergreifung' von ihrem Vorsitzenden, dem Prälaten Kaas, dazu bringen, dem Ermächtigungsgesetz der Nationalsozialisten zuzustimmen und ihre Selbstauflösung zu beschließen: Das war der Preis, der für den Abschluss des von der katholischen Kirche gewünschten Reichskonkordats mit dem Deutschen Reich gezahlt werden musste.

Nach dem Zweiten Weltkrieg knüpfte die neu gegründete Christlich Demokratische Union an die Tradition des katholischen Zentrums an – die Partei hat bis zum heutigen Tag ihre größten Wahlerfolge in Gebieten mit katholischer Bevölkerungsmehrheit. Doch öffnete sich die Partei zusehends auch dem protestantischen Volksteil, um der Partei der Arbeiterbewegung, den Sozialdemokraten, den Rang der potenziellen Regierungspartei abzulaufen. Inzwischen ist der Anspruch, eine christliche Partei zu sein, zwar nicht aufgegeben, aber so weit in den Hintergrund gedrängt, dass auch Konfessionslose – in den neuen Bundesländern stellen sie, verursacht durch die kirchenfeindliche Politik der den anderen deutschen Staat, die DDR, regierenden Kommunisten, ohnehin die Mehrheit der Bevölkerung – in der CDU ihre politische Heimat finden können. Neuerdings sind sogar vereinzelt Moslems mit deutscher Staatsange-

Die Entstehung der modernen Parteiendemokratie

hörigkeit in den Reihen der nominell weiterhin christlichen Union anzutreffen.

Eine weitere Besonderheit der deutschen Parteienlandschaft ist die ungewöhnlich frühe Entstehung von Arbeiterparteien, aus denen die Sozialdemokratische Partei, inzwischen die älteste Partei Deutschlands, hervorgegangen ist. Sie entstand schon in der Anfangsphase des Kaiserreichs, während es in England, dem Mutterland der Industriellen Revolution und einer gewerkschaftlich orientierten Arbeiterbewegung, erst im ersten Jahrzehnt des 20. Jahrhunderts zur Gründung der Labour Party kam. In Deutschland bildeten sich nach dem Scheitern der Märzrevolution von 1848 in Anlehnung an lokale liberale Vereinigungen Arbeitervereine beziehungsweise Arbeiterbildungsvereine. Sie lösten sich jedoch wegen mangelnder Unterstützung vonseiten der bürgerlich-liberalen Bewegung aus dieser Bindung. Am 23. Mai 1863 wurde auf Initiative von Ferdinand Lassalle (1825–1864) in Leipzig der Allgemeine Deutsche Arbeiterverein gegründet; dieser setzte sich das Ziel, zur Abhilfe der Not, an der die neu entstehende Arbeiterklasse litt, mit staatlicher Hilfe Arbeiterproduktionsgenossenschaften ins Leben zu rufen. Aus dem angestrebten Bündnis von Arbeiterklasse und Staat wurde jedoch nichts, und im folgenden Jahr kam Lassalle bei einem Duell ums Leben.

Wenige Jahre später wurde in Eisenach auf dem ersten allgemeinen deutschen sozialdemokratischen Arbeiterkongress am 9. August 1869 unter Führung von August Bebel und Wilhelm Liebknecht die Sozialdemokratische Arbeiterpartei (SDAP) gegründet. Hervorgegangen ist auch diese Neugründung aus der Trennung von einer bürgerlich-liberalen Vorläuferorganisation, der Vereinigung Deutscher Arbeitervereine. Schon 1875 vereinigten sich die beiden 1863 und 1869 gegründeten Arbeiterparteien auf einem gemeinsamen Kongress in Gotha zur Sozialistischen Arbeiterpartei (SAP), der unmittelbaren Vorläuferin der Sozialdemokratischen Partei Deutschlands (SPD). Tragende Schicht all dieser Parteien waren zunächst Handwerker, Gesellen und kleine Meister, die sich vom Vordringen des Kapitalismus und der Industrie in ihrer wirtschaftlichen Existenz bedroht sahen. Mit dem Fortschreiten der Industrialisierung kam dann die wachsende Arbeiterschaft hinzu und stellte seitdem die eigentliche Massenbasis der Partei.

Es gibt Stimmen, welche die ungewöhnlich frühe Trennung sozialistischer Parteien vom Mutterboden des Liberalismus für ein Unglück der deutschen Geschichte halten. Thomas Nipperdey hat diese Auffassung in seiner *Deutschen Geschichte 1800–1866* so formuliert:

„Dass die frühe Entstehung der sozialistischen Parteien für die Möglichkeiten der Entstehung einer deutschen Demokratie ein Unglück war, steht außer Zweifel. Die liberal-bürgerlichen Reformkräfte verloren angesichts dieser neuen Frontstellung (gegen die Herausforderung des Sozialismus) an Elan im Kampf gegen die alten Eliten und den Obrigkeitsstaat, die Neigung zum Anschluss nach rechts wuchs."

Thomas Nipperdey betrachtet als Hintergrund dieser Fehlentwicklung, dass in Deutschland die nationale Frage und die Umgestaltung der inneren Verhältnisse im Sinne des bürgerlichen Liberalismus noch ungelöst waren, als der aufkommende Industriekapitalismus die soziale Frage in den Vordergrund rückte. Der Liberalismus geriet so in eine Art Zweifrontenkrieg, einerseits gegen den monarchischen Obrigkeitsstaat, der verhinderte, dass die Regierung dem Reichstag statt dem

Kaiser verantwortlich war, und andererseits gegen den vonseiten der Arbeiterpartei tatsächlich oder angeblich drohenden sozialistischen Umsturz der gesellschaftlichen Verhältnisse. Der Liberalismus wurde auch durch die Einführung des allgemeinen und gleichen Wahlrechts geschwächt. Das geschah, wie Thomas Nipperdey zu Recht feststellt, mit der Einführung des demokratischen Wahlrechts fast überall in Europa. „Das allgemeine Wahlrecht wirkte antiliberal", heißt es bei Nipperdey.

Der Liberalismus war nun einmal die Weltanschauung der Bourgeoisie, der Elite des Wirtschafts- und Bildungsbürgertums; die Nationalliberale Partei und die Fortschrittspartei vertraten deren politische Anliegen und Interessen. Verständlicherweise mussten die Anhänger einer sozialistischen oder gar marxistischen Gesellschaftsordnung Gegner des Liberalismus werden. Als potenzielle Mehrheit gewannen diese durch die Demokratisierung des Wahlrechts erheblich an politischem Gewicht. Demgegenüber waren die Liberalen ursprünglich keineswegs Verfechter eines allgemeinen Wahlrechts, sondern waren Anhänger des elitären Zensuswahlrechts, das, wie sich der liberale Staatsrechtslehrer Bluntschli ausgedrückt hatte, dem Prinzip der „veredelten Demokratie" entsprach.

Die Liberalen hatten sich zur Verwirklichung der nationalen Einheit und zur Abwehr der von der Arbeiterbewegung ausgehenden Gefahr eines gesellschaftlichen Umsturzes mit den alten Mächten des monarchischen Obrigkeitsstaates verbunden. Was den zuletzt genannten Punkt anbetrifft, unterstützten die liberalen Parteien die Politik Bismarcks, die Sozialdemokratische Partei mit den Mitteln staatlicher Repression zu unterdrücken, nur teilweise oder unter Vorbehalten. Das Sozialistengesetz von 1878 verbot die Organisation der Partei sowie die sozialdemokratische Presse, aber das aktive und passive Wahlrecht wurde ebenso wenig angetastet wie die Beteiligung an Wahlkämpfen und die dabei errungenen Mandate. Die Partei reagierte auf die staatlichen Unterdrückungsmaßnahmen mit zunehmender Radikalisierung. Sie negierte den bestehenden Staat, die kapitalistische Wirtschaft und die bürgerliche Klassengesellschaft und machte sich unter dem Einfluss marxistischer Theoretiker die Erwartung eines revolutionären Umbruchs zu einer klassenlosen Gesellschaft zu eigen – August Bebel nannte den erwarteten Umbruch den „großen Kladderadatsch", den niemand verhindern konnte. In diesem Glauben an die Unabänderlichkeit der geschichtlichen Entwicklung enthielten sich die Sozialdemokraten aller revolutionären Aktivitäten.

Diese Einstellung blieb nach der im Jahr 1890 erfolgten Aufhebung des Sozialistengesetzes erhalten: Die Prophezeiung vom gesetzmäßigen Verlauf der Geschichte, vom Ende des Staates und des Kapitalismus sowie die utopische Erwartung einer klassenlosen Gesellschaft als Ziel der Geschichte beherrschten weiterhin die sozialdemokratische Rhetorik. Um ein Beispiel zu geben, zitiere ich aus einem Aufsatz, den der brillante sozialdemokratische Journalist Franz Mehring (1846–1919) zum 25. Jubiläum der Reichsgründung in der Parteipresse veröffentlichte. Darin wurde die historische Rolle der liberalen Bourgeoisie so bestimmt:

„Das Deutsche Reich hat gehalten, was es bei seiner Gründung versprach. Es ist geworden, was es nach den Bedingungen seiner Entstehung werden musste: ein mächtiger Hebel der großindustriellen Entwicklung. Es ist ein goldenes Land der Bourgeoisie, die ihm ihren geschichtlichen Beruf des revolutionären Auflösens und Zersetzens prächtig erfüllt, die so gewaltig aufgeräumt hat unter den feudal-juchtigen Trümmern, welche vor fünfundzwanzig Jahren noch fußhoch den deutschen Boden bedeckten. Sollen wir diese aufräumende Arbeit nicht anerkennen, nicht loben, nicht preisen? Wir wären Toren, wenn wir es nicht täten. Wir sind darin gerechter als die Bourgeoisie, die vor den Folgen ihrer eigenen Taten erschrickt (das heißt: der Entstehung einer Arbeiterbewegung, welche ihr das Ende bereiten wird) und sich am liebsten aus mittelalterlichem Schutt eine neue Burg erbaute, worin sie, sicher für alle Ewigkeit, mit ihren ungezählten Schätzen wuchern könnte. Aus Angst vor ihrem stolzen und trotzigen Kinde (der Arbeiterbewegung) möchte sie sich zitternd in das Grab ihrer längst selig entschlafenen Mutter (des Feudalismus) wühlen."

Das Sozialistengesetz war nicht das einzige Mittel, mit dem Bismarck mit den „gemeingefährlichen Bestrebungen der Sozialdemokratie" (so der Titel des Gesetzes) fertig zu werden gedachte. Hinzu kamen in den achtziger Jahren des 19. Jahrhunderts die Anfänge einer staatlichen Sozialgesetzgebung. Im Einzelnen handelt es sich um drei Gesetze: 1883 wurde eine Krankenversicherung, 1884 eine Unfallversicherung eingeführt, und 1889 folgte eine Invalidenversicherung für den Fall der Arbeitsunfähigkeit. Dieses Gesetz, das die altersbedingte Arbeitsunfähigkeit einschloss, betraf wegen des damals geringen Durchschnittsalters nur einen kleinen Teil der Bevölkerung, aber es war der Ursprung des gegenwärtigen allumfassenden Rentensystems, das einem stark gewachsenen und weiter wachsenden Bevölkerungsanteil eine wie auch immer bemessene Altersversorgung sichert.

Was Bismarck mit der von ihm initiierten Sozialgesetzgebung bezweckt hatte, die Eindämmung des Zulaufs zur Sozialdemokratie, erreichte er nicht; denn zu offensichtlich waren die Gesetze Teil einer Strategie, die mit Zuckerbrot und Peitsche der Sozialdemokratie den Garaus bereiten wollte. Aber es dauerte nicht lange, dass sich trotz des marxistischen Geschichtsdeterminismus der offiziellen Parteilinie die Forderung nach reformorientierten Verbesserungen von gewerkschaftlicher Seite zu Wort meldete. Im Jahr 1899 widersprach der Vorsitzende der Generalkommission der Freien Gewerkschaften, Carl Legien, der orthodoxen Heilserwartung des „großen Kladderadatschs", indem er sagte:

„Gerade wir, die gewerkschaftlich organisierten Arbeiter, wünschen nicht, dass es zum sogenannten Kladderadatsch kommt und dass wir genötigt sind, auf den Trümmern der Gesellschaft Einrichtungen zu schaffen, gleichviel, ob sie besser oder schlechter sind wie die jetzigen. Wir wünschen den Zustand der ruhigen Entwicklung."

Wie diese Einstellung die SPD zu einer Politik praktischer Reformen führte, kann und soll hier nicht weiter verfolgt werden. Nur so viel sei gesagt: Es ist eine Ironie der Geschichte, dass ausgerechnet die Gesetze zugunsten der Arbeiterschaft, die zur Bekämpfung der Sozialdemokratie bestimmt waren, das Einfallstor zu einer staatlichen Politik der verbesserten Daseinsfürsorge bildeten und die Sozialdemokratische Partei auf diesem Wege schrittweise von ihrer marxistisch-revolutionären Orientierung abgebracht wurde.

Diese Entwicklung war kein Zufall. Sie war die Konsequenz der Industrialisierung und des durch sie ausgelösten Wandels der Gesellschaft, in der eine wachsende Zahl von Menschen nicht mehr im ländlichen Umfeld der Heimat von landwirtschaftlichem Kleinbesitz beziehungsweise Heimarbeit oder Handwerk lebte, sondern in den Zentren von Industrie und Bergbau ihre Arbeitskraft verkaufen musste. Davon konnten die Betroffenen mehr schlecht als recht ihr Dasein fristen, aber sie hatten im Allgemeinen nicht die geringste Möglichkeit, sich aus eigenen Mitteln gegen die Risiken von Krankheit, Arbeitsunfall, Arbeitslosigkeit oder Invalidität einschließlich Altersschwäche zu versichern. Eine Altersrente wurde ursprünglich erst mit Vollendung des 70. Lebensjahres gezahlt. Das bedeutete wegen der damals niedrigen Lebenserwartung, dass sie nur ganz wenige erhielten. Aber inzwischen ist die Ausgestaltung des Sozialstaates so weit fortgeschritten, dass etwa ein Drittel der Bevölkerung Altersrenten für die Dauer von durchschnittlich zehn bis zwanzig Jahren bezieht. In der Entwicklung des modernen Sozialstaates hat die Partei der Arbeiterschaft eine Schlüsselrolle gespielt. Andere Parteien konnten sich dem Sog der damit in Gang gesetzten Entwicklung nicht entziehen; denn schließlich entscheidet sich ihre Wählbarkeit in einer Demokratie mit allgemeinem und gleichem Wahlrecht nicht zuletzt an der Frage, was sie bei ansteigender Lebenserwartung betagter Wähler zur Erhaltung beziehungsweise Ausweitung sozialstaatlicher Leistungen beitragen.

Nach Aufhebung des Sozialistengesetzes entwickelte sich die SPD im Kaiserreich zur mitgliederstärksten Partei mit hohem Organisationsgrad und hierarchischer Struktur. Die Basis bildeten die sogenannten Ortsvereine der Mitglieder. Diese finanzierten mit ihren Beiträgen die Partei mit ihrem Apparat und fanden sich nach Möglichkeit in großer Zahl zu den monatlichen Versammlungen ihres Ortvereins ein. Sie wurden in Wahlkämpfen aktiv und beteiligten sich an Demonstrationen; ihre Lektüre waren Parteizeitungen und -broschüren, und sie informierten sich daraus über die Grundlagen des Sozialismus und Marxismus. Die Partei war ihre soziale Heimat, der man Loyalität und Engagement schuldete. Sie war in dieser Hinsicht das getreue Abbild der Gesellschaft, in der sie existierte – und wurde deswegen von intellektueller Seite verspottet, wie Thomas Nipperdey im zweiten Band seiner *Deutschen Geschichte 1866-1918* schreibt:

„Die Mitglieder lebten in der strengen Disziplin der einen großen Partei, das war eine wesentliche Tugend, Disziplinbruch die wesentliche ‚Sünde'. Die Partei wird, so hat Kurt Eisner den verbreiteten Intellektuellenspott bündig formuliert, ‚eine bis zur Karikatur getreue Volksausgabe des Staates, in dem sie lebt', und die Reden vom ‚Kaiser Bebel' oder der preußischen oder militärischen Struktur der deutschen Sozialdemokratie zielen in dieselbe Richtung."

Der hierarchische Aufbau der Partei reichte vom Ort oder Stadtviertel beziehungsweise Wahlkreis über die größeren politischen Gebilde wie Regierungsbezirke, Provinzen und Bundesstaaten bis zur Reichsebene, auf der Parteivorstand und Parteitag die höchste Autorität repräsentierten. Die unteren Ebenen der Organisation waren mit den oberen jeweils in der Weise verbunden, dass sie durch Delegierte in jenen vertreten waren. Die Verquickung einer hierarchischen Organisationsstruktur mit dem Prinzip der innerparteilichen Demokratie brachte die Klasse der Parteifunktionäre als verbindendes Glied hervor. Das Funktionärswesen war gewissermaßen das Alleinstellungsmerkmal der Sozialdemokratie und bildete den Kontrapunkt zur innerparteilichen Demokratie. Utopien nach dem Vorbild der antiken Demokratie wie Ämterrotation oder die Idee der Gleichheit von Führungsbefähigung waren auch in der Partei der Proletarier zum Scheitern verurteilt. Eher herrschte das „eherne Gesetz der Oligarchie", die Herrschaft der Führungselite über die Basis, wie sie Robert Michels in seiner Studie *Zur Soziologie des Parteiwesens in der modernen Demokratie. Untersuchungen über die oligarchischen Tendenzen des Gruppenlebens* vornehmlich anhand der Organisation der Sozialdemokratischen Partei Deutschlands analysierte.

Die beiden Organisationen der Arbeiterbewegung, die Freien Gewerkschaften und die Sozialdemokratische Partei Deutschlands, bildeten vor Ausbruch des Ersten Weltkriegs die größten miteinander verbundenen Massenorganisationen des Kaiserreichs. Die Freien Gewerkschaften hatten rund 2,5 Millionen Mitglieder, die Sozialdemokratische Partei knapp 1,1 Millionen. Die Sozialdemokraten waren mit Abstand die stärkste Partei, was Mitglieder und Wähler anbelangt. Aber ihre numerische Stärke schlug sich nicht in einer entsprechend großen Zahl der Abgeordnetensitze im Reichstag nieder. Das verhinderten das Mehrheitswahlrecht und die Absprachen, die bürgerliche Parteien bei Stichwahlen zur Abwehr der Sozialdemokratie trafen. Die Prozentzahlen der Wählerstimmen und der Mandate standen deshalb in einem Missverhältnis, das freilich allmählich zurückging. Im Jahr 1890 gewann die Partei 19,7 Prozent der Stimmen, doch nur 8,8 Prozent der Mandate, 1903 war das Verhältnis 31,7 zu 20,4 Prozent und 1912 dann 34,8 zu 27,7 Prozent. Eine absolute Mehrheit blieb freilich immer in weiter Ferne, und daran sollte sich auch nichts ändern. Immerhin wurden die Sozialdemokraten zur stärksten politischen Kraft und gewannen in der Weimarer Zeit eine Schlüsselrolle bald als Oppositions-, bald als Regierungspartei – bis sie im Jahr 1930 wegen eines Dissenses, der wegen der Finanzierung der Arbeitslosenversicherung ausgebrochen war, die Regierungskoalition, der sie damals angehörten, verließen. Damit machten sie den Weg frei zur Bildung der präsidialen Notstandskabinette und der Ernennung Adolf Hitlers zum Reichskanzler. Die ‚Machtergreifung' der Nationalsozialisten konnte die zusammengeschmolzene Partei trotz der mutigen Verweigerung, dem sogenannten Ermächtigungsgesetz und dem Ende der Parteiendemokratie zuzustimmen, nicht mehr verhindern.

Parteiendemokratie und Sozialstaat gehören auf das Engste zusammen. Zugrunde liegt dieser Konstellation das Zusammentreffen von Faktoren, die eine große Wanderungsbewegung vom Land in die städtischen Zentren oder nach Übersee auslösten. Da war zunächst der Landverlust, den die Bauern durch die Ablösung der feudalen Lasten erlitten; dann kam infolge der Entstehung der Textilindustrie der Verlust der Absatzmärkte für die Produkte der Heimarbeit hinzu – man denke nur an die schlesischen Weberaufstände und Gerhart Hauptmanns Drama *Die Weber*; und schließlich setzten der Rückgang der Kindersterblichkeit und die allmählich steigende Lebenserwartung eine erhebliche Bevölkerungsvermehrung in Gang. Ein großer Teil der Menschen war dadurch zur Abwanderung in die entstehenden Standorte von Industrie und Bergbau gezwungen, um vom Verkauf ihrer Arbeitskraft zu leben – oder nach Übersee auszuwandern und sich in den Vereinigten Staaten mit ihren gewaltigen Landressourcen die Möglichkeit eines besseren Lebens zu schaffen. In Deutschland bot die entstehende Industrie prekäre, mit hohen Risiken belastete Arbeitsmöglichkeiten in Fabriken und im Bergbau. Die Arbeit zu verlieren infolge von Krankheit, Arbeitsunfällen, wirtschaftlichen Depressionen im

Verlauf der Konjunkturentwicklung und Arbeitsunfähigkeit im Alter bedeutete eine Katstrophe.

Von den Anfängen des Sozialstaates, die in England unter Robert Peel und im Deutschen Kaiserreich unter Bismarck zur Abwehr der revolutionären Arbeiterbewegung geschaffen wurden, war oben die Rede. Die neue Zeit der Republik begann mit dem Abkommen zwischen dem Unternehmerverband und den Gewerkschaften über die Einhegung von Arbeits- und Klassenkonflikten am Ende des Ersten Weltkriegs; es folgte die mit überwältigender Mehrheit im Reichstag beschlossene Einführung der Arbeitslosenversicherung im Jahr 1927. Diese war freilich der Explosion der Massenarbeitslosigkeit in der wenige Jahre später ausbrechenden Weltwirtschaftskrise in keiner Weise gewachsen. Die Leistungen der seit 1883 eingeführten Versicherungen gegen die Risiken des Arbeitslebens waren zunächst verhältnismäßig gering bemessen, aber sie stiegen mittel- und langfristig mit den bis heute andauernden Verbesserungen der sozialen Daseinsfürsorge. Auf diesem Feld der Politik stand die Partei der abhängig Beschäftigten naturgemäß an vorderster Front. Aber keine Partei konnte sich dem Zugzwang zur Ausweitung des Sozialstaates entziehen; denn schließlich kann in der vollendeten Demokratie mit allgemeinem und gleichem Wahlrecht keine Partei den Interessen der Mehrheit des Wahlvolkes offenen Widerstand entgegensetzen. Selbst eine dezidiert antidemokratische Partei wie die Nationalsozialisten setzte, wie schon der Name andeutet, auf die Verknüpfung eines nicht dem Liberalismus verpflichteten rassistischen Nationalismus mit sozialstaatlicher Ausrichtung der Politik.

Nach der Liquidierung des nationalsozialistischen Regimes und der Teilung Deutschlands hat das am 8. Mai 1949 beschlossene Grundgesetz der Bundesrepublik die erneuerte Demokratie im Westteil des Landes auf die Prinzipien der Volkssouveränität, der Repräsentativverfassung, der Sozial- und Rechtsstaatlichkeit einschließlich der Grundrechte, der Gewaltenteilung und der Mitwirkung konkurrierender demokratischer Parteien an der Willensbildung des Volkes gegründet. In Artikel 28 wird ergänzend festgelegt, dass in den Untergliederungen der Bundesrepublik Deutschland diese Prinzipien zur Geltung kommen müssen. Der Text des genannten Artikels lautet:

„Die verfassungsmäßige Ordnung in den Ländern muss den Grundsätzen des republikanischen, demokratischen und sozialen Rechtsstaates im Sinne dieses Grundgesetzes entsprechen. In den Ländern, Kreisen und Gemeinden muss das Volk eine Vertretung haben, die aus allgemeinen, unmittelbaren, freien, gleichen und geheimen Wahlen hervorgegangen ist. In Gemeinden kann anstelle einer gewählten Körperschaft die Gemeindeversammlung treten."

Fragt man nach der Herkunft der das Grundgesetz bestimmenden Elemente, so ergibt sich folgendes Bild: Am Anfang stehen die (theoretische) Begründung aller Staatlichkeit in der Souveränität des Staatsvolkes und die empirische Unterscheidung von monarchischer und republikanischer Staatsform. Die repräsentative Mitwirkung des Volkes an der Ausübung öffentlicher Gewalt geht auf die Monarchien des späten Mittelalters und der Frühen Neuzeit zurück; diese Vertretung war den Eliten vorbehalten, dem Adel, der hohen Geistlichkeit und den Obrigkeiten der privilegierten Städte. Dann kam dank Montesquieu in der ersten Hälfte des 18. Jahrhunderts die Theorie der Gewaltenteilung als des Unterpfands der Freiheit hinzu; dazu

Die Entstehung der modernen Parteiendemokratie

gehörte nicht zuletzt die von einem unabhängigen Richterstand auf gesetzlicher Grundlage ausgeübte richterliche Gewalt. Diese Form der Rechtsstaatlichkeit war in den Grundzügen schon im europäischen Ancien Régime verwirklicht und ist seitdem weiter ausgestaltet worden. Dann brachten die Amerikanische und die Französische Revolution die Erklärung der Bürger- und Menschenrechte sowie die Ersetzung der alten Stände durch eine auf der Grundlage des Zensuswahlrechts gebildete Elite der Besitzenden und Gebildeten. Am Ende dieser Entwicklung stand die Ausweitung des Wahlrechts auf alle Staatsbürger einschließlich der Frauen. Sie war in Deutschland wie in England erst mit dem Ende des Ersten Weltkriegs erreicht; in Frankreich ließ die Einführung des Frauenwahlrechts bis zum Ende des Zweiten Weltkriegs auf sich warten.

All diese Punkte Repräsentativverfassung, Gewaltenteilung sowie der englische Parlamentarismus, das heißt die Verantwortlichkeit der Regierung gegenüber der Vertretung des Volkes, Rechtsstaatlichkeit, Menschen- und Bürgerrechte gelten trotz ihrer Herkunft aus vordemokratischen Zeiten zu Recht als wesentliche Bestandteile einer liberalen Demokratie. Aber damit sie in der Regierungsform einer repräsentativen Demokratie zusammenfinden konnten, bedurfte es des Schlusssteins eines allgemeinen und gleichen Wahlrechts. Zuerst war in den Vereinigten Staaten in der ersten Hälfte des 19. Jahrhunderts eine Vorstufe dieser Demokratie erreicht – nur eine Vorstufe, weil Frauen und Sklaven vom Wahlrecht ausgeschlossen waren –; dann kam mit dem Ende des Ersten Weltkriegs das allgemeine, die Frauen einschließende Wahlrecht auch in den Vereinigten Staaten.

Elemente der direkten Demokratie der Antike sind in der repräsentativen Demokratie der Moderne entweder nicht vorgesehen oder mehr oder weniger nebensächlich. Nirgendwo übt das Volk in Versammlungen die laufenden Regierungsgeschäfte aus, allenfalls kann es zu einzelnen Gegenständen Volksabstimmungen wie vor allem in der Schweiz geben. Auch das Grundgesetz der Bundesrepublik Deutschland oder beispielsweise die hessische Verfassung sehen solche Abstimmungen als Möglichkeit ausdrücklich vor; doch sie bleiben seltene Ausnahmen. In England, dem klassischen Land des Parlamentarismus, war die jüngst erfolgte Volksabstimmung über Verbleib in oder Austritt aus der Europäischen Gemeinschaft ein Verstoß gegen die politische Tradition des Landes und hat bekanntlich zu schwierigen Problemen geführt. Es gibt ernst zu nehmende Stimmen, die sich ablehnend über das Institut der Volksabstimmung in den Großstaaten einer repräsentativen Demokratie äußern. Das aus der Antike bekannte Modell der direkten Demokratie, das heißt der Ausübung der laufenden Regierungsgeschäfte durch das Volk, ist nach der zu Recht bestehenden allgemeinen Überzeugung in modernen Großstaaten nicht praktikabel. Allenfalls ist dies eine Möglichkeit, die im Grundgesetz Artikel 28 (kleinen) Gemeinden der Länder eingeräumt wird.

Wie oben dargelegt wurde, ist die Parteiendemokratie im Zusammenhang allgemein verbreiteter sozialer und politischer Anliegen entstanden, die von organisierten Parteien in den vom Volk gewählten gesetzgebenden Körperschaften vertreten wurden. Die Elite der modernen Parteiendemokratie besteht, kurz gesagt, aus den von den Parteien zur Wahl vorgeschlagenen Kandidaten und in die Parlamente gewählten Volksvertretern. Voraussetzung für die Aufstellung zum Kandidaten sind die Mitgliedschaft in einer Partei, die Bewährung in der Parteiarbeit sowie Sachkunde auf bestimmten Feldern der politischen Arbeit und Fähigkeit zu einer wirksamen Darstellung der politischen Ziele und Anliegen der Partei.

Diese Auswahlkriterien begünstigen bestimmte Berufsgruppen, in erster Linie Juristen, Wirtschaftsfachleute und Politikwissenschaftler sowie Angehörige der verschiedenen Lehrerberufe. Als Beispiel soll der gegenwärtige Bundestag dienen. Von den rund 700 Abgeordneten sind sage und schreibe 377 Akademiker: 152 Juristen, 115 Wirtschaftswissenschaftler, 61 Politologen, 35 Lehrer und 14 Mediziner. Das sind mehr als die Hälfte der Abgeordneten des Bundestags. Hinzu kommt das Heer der Beamten und Angestellten des öffentlichen Dienstes. Verhältnismäßig gering vertreten im Parlament sind dagegen die freien Berufe und fast gar nicht die Arbeiterschaft. Exotische Ausnahmen sind ein Lokomotivführer, eine Bäckerin, die in der DDR zur Betriebswirtin ausgebildet worden war, und ein Pfarrer aus der alten DDR, der im Wendejahr 1989/1990 in die Kommunalpolitik des Runden Tisches geriet und dann nach langer Zugehörigkeit zur CDU, fast möchte man sagen, in letzter Minute von seinen Parteifreunden gefragt wurde, ob er bereit sei, sich als Wahlkreiskandidat für den Bundestag aufstellen zu lassen.

Der Bundestag bietet also kein Spiegelbild der Gesamtbevölkerung. Die Parteiendemokratie bewirkt eine Zusammensetzung der Elite, die nicht weniger einseitig ist als früher die der Privilegierten des Ständestaates oder der Vermögenden und Gebildeten in Bluntschlis „veredelter Demokratie" mit Zensuswahlrecht. Die politische Elite ist anders zustande gekommen und zusammengesetzt als ihre Vorgänger. Tendenziell bildet zumindest die Kernmannschaft der häufig wiedergewählten Abgeordneten eine neue politische Klasse, und es gibt nach dem Urteil eines Bundestagsabgeordneten, der nicht zur Kernmannschaft gehört, „viele Abgeordnete, die ausschließlich in der Politik Karriere machen". Mit anderen Worten: Die Vertreter des Volkes in den Parlamenten werden zumindest teilweise zu Berufspolitikern. Ermöglicht wird dies durch großzügig bemessene Entschädigungszahlungen in Gestalt von Diäten und Aufwendungspauschalen.

Derartige Zahlungen gab es in bescheidenem Umfang, wie oben geschildert worden ist, bereits in der athenischen Demokratie, und auch im 19. Jahrhundert mit der Ausweitung des Wahlrechts auf Nichtvermögende. So enthielt beispielsweise die kurhessische Verfassung von 1831 die Vorschrift: „Die Mitglieder der Ständeversammlung, mit Ausnahme der Prinzen des Kurhauses sowie der Standesherren, erhalten angemessene Reise- und Tagegelder." Hingegen verbot die Reichsverfassung von 1871 in Artikel 32 die Zahlung jedweder Besoldung oder Entschädigung. Das schloss Arme und Geringverdienende praktisch von einem Abgeordnetenmandat aus. Verständlicherweise lief vor allem die Sozialdemokratische Partei dagegen Sturm, aber erst im Jahr 1906 wurde das Verbot durch ein verfassungsänderndes Gesetz aufgehoben. Eine entsprechende Vorschrift in Artikel 40 der Weimarer Verfassung wurde dahingehend konkretisiert, dass Abgeordneten 25 Prozent eines Ministergehalts als Diät gezahlt wurden. In Artikel 48 Absatz 3 des Grundgesetzes heißt es: „Die Abgeordneten haben Anspruch auf eine angemessene, ihre Unabhängigkeit sichernde Entschädigung. Sie haben das Recht der freien Benutzung aller staatlichen Verkehrsmittel. Das Nähere regelt ein Bundesgesetz."

Dieses Gesetz ist mehrfach geändert worden. Zuletzt, im Jahre 2016, wurde die Höhe der Abgeordnetendiäten an der Besoldung der obersten Richter des Bundes orientiert, das sind gegenwärtig etwas mehr als 9500 Euro im Monat. Hinzu kommt die Aufwandsentschädigung. Auch eine Altersversorgung in

Höhe von 2,5 Prozent des Monatsverdienstes wird für jedes Jahr einer Abgeordnetentätigkeit gewährt. Im Höchstfall ist die Altersversorgung auf 67,5 Prozent einer Jahresdiät begrenzt, also gegenwärtig auf etwa 6400 Euro. Der staatlich alimentierte Status eines Abgeordneten kann im Extremfall somit die Höhe einer Pensionszahlung erreichen, wie sie Richter der höchsten Besoldungsstufe beziehen. Hinzu kommt der Skandal, dass die Abgeordneten des Bundestages selbst über die Höhe ihrer Diäten entscheiden. Abgeordnete sind keine Beamten, aber ihr prominenter Teil ist auf dem Weg zu einem Stand von Berufspolitikern.

Die Krise der Demokratie im Spiegel jüngster Reformvorschläge

Wie die krisenhaften Erscheinungen in der heutigen Demokratie zu heilen seien, dazu wurden verschiedentlich Vorschläge unterbreitet – auch unter Rückgriff auf das, was als Kern der antiken Demokratie ausgemacht wird. Hier sollen nun aus der Fülle dieser Veröffentlichungen drei jüngst erschienene Bücher kurz vorgestellt und einer kritischen Prüfung unterzogen werden, nämlich

> David Van Reybrouck, *Gegen Wahlen. Warum Abstimmen nicht demokratisch ist*, Göttingen 2016 (Originalausgabe: *Tegen verkiezingen*, Amsterdam 2013);
> Jason Brennan, *Gegen Demokratie. Warum wir die Politik nicht den Unvernünftigen überlassen dürfen*, Berlin 2017 (Originalausgabe: *Against Democracy*, Princeton 2016);
> Josiah Ober, *Demopolis oder was ist Demokratie?*, Darmstadt 2017 (Originalausgabe: *Demopolis: Democracy before Liberalism in Theory and Practice*, Cambridge 2017).

David Van Reybrouck, Historiker und Ethnologe, der mit einem wichtigen Buch über die belgische Kolonialherrschaft im Kongo hervorgetreten ist, verwirft in seinem jüngsten Werk die repräsentative Demokratie, in der das Volk seine Vertreter in die Parlamente wählt, als undemokratisch und erklärt im Klappentext der Rückseite: „Wahlen sind heutzutage primitiv. Eine Demokratie, die sich darauf reduziert, ist dem Tode geweiht." Dieses Urteil stützt sich auf das Phänomen verbreiteter Wahlenthaltung, die als ein zum Tode führendes „demokratisches Ermüdungssyndrom" gedeutet wird. Tatsächlich ist das Buch dort am überzeugendsten und spannendsten, wo es die mangelnde Beteiligung an den allgemeinen und gleichen Wahlen, dem mühsam errungenen Palladium der modernen Demokratie, mit einem reichen empirischen Material belegt. Von diesem Befund her verwirft der Autor die moderne Demokratie als undemokratisch und stellt seinem Buch das Verdikt voran, das Jean-Jacques Rousseau im 18. Jahrhundert fällte:

„Das englische Volk meint frei zu sein; es täuscht sich sehr: Nur während der Wahlen der Parlamentsmitglieder ist es frei; sobald sie gewählt sind, ist es Sklave, ist es nichts."

Auf Rousseau dürfte sich Reybrouck allerdings am allerwenigsten berufen. Dieser lehnte jede Form einer Repräsentativverfassung ab, weil er der Überzeugung war, dass der Souverän des Staates, das Volk, sich nicht vertreten lassen könne. Deshalb befürwortete er nach dem Vorbild der Antike die direkte Demokratie, in der das Volk die ungeteilte Regierungsgewalt ausübte. Darauf will Reybrouck nicht hinaus, sondern schlägt vor, die Repräsentanten des Volkes durch Auslosung statt durch Wahlen zu bestellen. Für diese Methode beruft er sich vor allem auf das Vorbild des demokratischen Athen (daneben bringt er noch einige Staaten der Frühen Neuzeit ins Spiel, die sich der Methode der Auslosung von Beauftragten bedienten). Vom Standpunkt Rousseaus wäre das nichts anderes als eine Verschlimmbesserung des Repräsentativsystems. Nichts anderes wäre nämlich die Ersetzung von Wahlen durch das Vabanquespiel des Auslosens. Das hieße, von Rousseaus Warte geurteilt, nichts anderes, als den Teufel durch Beelzebub austreiben.

Was das vermeintliche Vorbild Athens anbelangt, so missversteht Reybrouck den Sinn der Auslosungsmethode. Sie diente in Ermangelung eines öffentlichen Dienstes und der Unmöglichkeit, die große Menge der Gerichtsverfahren durch das Volk in seiner Gesamtheit entscheiden zu lassen, der Bestellung von Beauftragten. Die 6000 ausgelosten Geschworenen entsprachen der Zahl nach dem Quorum, welches das Volk als Ganzes bezeichnet. Die Ausgelosten waren also im Prinzip die Volksversammlung. Damit die Masse der Verfahren bewältigt werden konnte, mussten dann für die einzelnen Prozesse Richter, je nach Bedeutung in unterschiedlicher Stärke, aus der Liste der 6000 ausgelost werden. Was also die Bestellung eines öffentlichen Dienstes durch das Los angeht, so handelt es sich um ein System, das die Bestellung von rechenschaftspflichtigen Beauftragten des regierenden Volkes routinemäßig einem Austausch unterwarf.

Einen Sonderfall stellte in Athen das um das Jahr 400 v. Chr. eingeführte Gesetzgebungsverfahren, griechisch: *nomothesia*, dar. Die Einführung dieses Verfahrens stand im Zusammenhang mit der damals vorgenommenen Revision des geltenden Rechts, zu der auch die Verabschiedung neuer beziehungsweise neu gefasster Gesetze gehörte. Diese Regelung erfolgte, weil in der mehrere Tausend von Teilnehmern zählenden Volksversammlung eine genaue Erörterung eines Gesetzesvorhabens nicht möglich war – ein Einwand, den bereits Montesquieu gegen die direkte Demokratie erhoben hatte. Das Verfahren in Athen war dies: Am Anfang stand ein Antrag, die Volksver-

Die Krise der Demokratie im Spiegel jüngster Reformvorschläge

sammlung möge ein Nomothesieverfahren eröffnen; bei Annahme erfolgte die Veröffentlichung des Antrags. Der Rat der Fünfhundert fasste nach Beratung einen Vorbeschluss, ein sogenanntes *probuleuma*. Nahm die Volksversammlung den Vorbeschluss an, wurde eine Kommission von 501 Mitgliedern gebildet, die das *probuleuma* genau zu prüfen und aufgrund des Prüfungsergebnisses einen Beschluss zu fassen hatte. Ein auf diese Weise zustande gekommenes Gesetz konnte mit der Begründung, es sei schädlich, unzweckmäßig oder stehe in Widerspruch zu anderen Gesetzen, vor Gericht angefochten und bei einem Erfolg der Klage aufgehoben werden. Mit anderen Worten: Das komplizierte Gesetzgebungsverfahren sollte verhindern, dass die Rechtslage durch neue Gesetze verändert würde, die ungerechtfertigt oder rechtswidrig erschienen.

Nach dem Urteil von Jochen Bleicken war es wohl so, dass die Athener die Nomotheten, die gesetzgebende Kommission, als das Volk in einem anderen Aggregatzustand ansahen, „sie jedenfalls keinen qualitativen ... Unterschied zwischen ihnen und der Volksversammlung machten". Gleiches gilt für die 6000 Ausgelosten der Geschworenenliste. Im Übrigen ist beobachtet worden, dass die epigraphischen Funde das Gesetzgebungsverfahren als seltenen Spezialfall eines Volksbeschlusses im 4. Jahrhundert ausweisen. In den achtzig Jahren zwischen der Wiederherstellung der Demokratie 403/2 v. Chr. und ihrer Ersetzung durch eine oligarchische Verfassung im Jahre 322 v. Chr. stehen den mehreren Hundert überlieferten regulären Volksbeschlüssen nur sieben Beschlüsse der Nomotheten gegenüber.

Abgesehen von den erwähnten Ausnahmen diente in der Antike das athenische Losverfahren der Rekrutierung eines öffentlichen Dienstes auf Zeit. Das war damals ebenso nötig wie möglich; denn wie Perikles in der Grabrede des Thukydides sagt, besaß jeder Athener eine „gewisse Vertrautheit" mit den öffentlichen Angelegenheiten, die ihn für die zugelosten Aufgaben qualifizierte. Das ist heute völlig anders. Die Zahl und die Komplexität der Politik- und Administrationsfelder haben sich in einer Weise vermehrt, dass niemand mehr auch nur einen Überblick, geschweige denn genaue Kenntnisse des Ganzen besitzt – vielleicht mit Ausnahme weniger Berufspolitiker, die sich des Rates und der Unterstützung vieler qualifizierter Helfer aus dem Heer der Ministerialbürokratie bedienen können. Man mag sich gar nicht vorstellen, welches Chaos einträte, wenn das Volk von den Lotteriegewinnern eines Lossystems vertreten würde. Demokratische Wahlen sichern den Teilnehmern immerhin eine Einflussmöglichkeit auf die Zusammensetzung der Parlamente, und die Parteien geben mit ihren Wahlprogrammen zumindest Hinweise für eine sinnvolle, die Interessen des Wählers und der Gesamtheit berücksichtigende Wahl. Das alles bietet das Lossystem nicht, wie immer es eingerichtet sein mag.

Das schließt nicht aus, dass auch demokratische Wahlen zur Bestellung der Repräsentanten des Volkes Einwänden ausgesetzt sind. Davon wird nun in der Vorstellung des Buches von Jason Brennan die Rede sein. Der Autor geht davon aus, dass die Mehrheit der Wähler für die Teilnahme an den Wahlen unqualifiziert ist, und fordert deshalb, dass dieser Mehrheit das Wahlrecht entzogen wird. Er ist somit ein Gegner der modernen Demokratie, deren Grundlage das allgemeine und gleiche Wahlrecht des gesamten Staatsvolkes ist. Er unterscheidet unter der Masse der Unqualifizierten zwei Gruppen: die Desinteressierten und Meinungslosen, vom Autor „Hobbits" genannt (ein Kunstwort, das wohl von *hobbie*, humpelnd, behindert, abgeleitet ist), und die meinungsstarken, aber uniformierten Fanatiker, denen die auch ins Deutsche übernommene Bezeichnung „Hooligans" beigelegt wird. Dieser zweigeteilten Mehrheit wird die Minderheit der sogenannten „Vulkanier" gegenübergestellt. Ihr attestiert Brennan rationales Denken, Orientierung an empirisch belegten Sachverhalten, politische Kompetenz und das Bemühen, vorurteilsfrei zu denken. Auf diese letztere Gruppe müsste nach Brennans Vorschlag das aktive und das passive Wahlrecht beschränkt werden, damit an die Stelle der Demokratie, der Mehrheitsherrschaft der Unqualifizierten, deren Verderblichkeit an ihren Früchten zu erkennen sei, das Regiment der Wissenden, eine Epistokratie, wie sein griechisches Wort heißt, treten könne.

Sein Modell eines auf die Elite des Landes beschränkten Wahlrechts hatte der Autor in einzelnen Beiträgen schon skizziert, bevor die Liberalen Amerikas bei der Wahl von Donald Trump zum Präsidenten der Vereinigten Staaten einen Schock erlitten, der ihnen das Konzept der Gründerväter, die Besitzlosen und Ungebildeten von der politischen Verantwortung für die Geschicke des Landes fernzuhalten, in einem goldenen Licht erscheinen ließ, und Brennan das hier vorgestellte Buch veröffentlichte. In diesem Sinn kommentierte Joshua Cohen in dem Artikel, aus dem oben schon mehrfach zitiert wurde, das Ergebnis der letzten amerikanischen Präsidentenwahlen:

„Indem sie (gemeint sind die von den Parteien aufgestellten Wahlmänner) Trump wählten oder Clinton nicht wählten, haben diejenigen Leute, denen die Gründerväter nie getraut hatten, ihre Revanche genommen: Amerikas gebildete Elite ist überlistet und die Tyrannei der ‚Einfühlung' während der Obama-Ära überwunden."

Aber jeder Versuch, zum Konzept der Gründerväter zurückzukehren, wäre nach der tief verwurzelten Etablierung der Demokratie mit Sicherheit ebenso zum Scheitern verurteilt wie im 5. Jahrhundert v. Chr. die Umsturzversuche, mit denen die Anhänger einer Oligarchie in Athen die Demokratie durch die Herrschaft der ‚Edlen' ersetzen wollten. Sie scheiterten, weil selbst angesichts der durch Kriegsereignisse eingetretenen schweren Erschütterungen der Demokratie es sich als unmöglich erwies, eine Herrschaft der wenigen über die überwältigende Mehrheit des Volkes zu begründen. Als dies im Jahre 322 v. Chr. in Form einer gemäßigten Oligarchie doch geschah, war der Verfassungswechsel eine der Bedingungen, die das siegreiche Makedonien der Stadt nach ihrer Kapitulation auferlegte. Eine vergleichbare Konstellation, in der ein Sturz der Demokratie durch eine Minderheit möglich erschiene, ist in Amerika nicht gegeben, schon gar nicht unter dem Vorzeichen einer kriegsbedingten Kapitulation. Doch davon abgesehen: Die Spuren der despotischen Regierungsformen, die im vergangenen Jahrhundert schwach entwickelte oder geschwächte Demokratien wie im Russland des Schicksalsjahres 1917 und im Deutschland des Katastrophenjahres 1933 ersetzten, sind abschreckende Beispiele, was unter dem Vorzeichen der Machtergreifung eine neue ‚Elite' anrichten kann.

Die historischen Erfahrungen, wohin die Versuche, die Demokratie zu stürzen und an ihre Stelle eine bessere Regierungsform (was immer das heißt) zu setzen, geführt haben, berücksichtigt Brennan so wenig wie die praktische Frage, wie der Idealstaat der Vernünftigen gegen die Mehrheit der Unvernünftigen zu verwirklichen wäre. Auf die unwiederbringlich vergangene Zeit eines Zensuswahlrechts zurückzugreifen, wäre unter heutigen Bedingungen von vornherein zum Scheitern verur-

Die Krise der Demokratie im Spiegel jüngster Reformvorschläge

teilt. Der Autor hätte sich besser auf die Ursachen konzentriert, die das Desinteresse eines großen Teils der Wähler an einer Ausübung des Wahlrechts oder das irrationale Verhalten wütender Fanatiker hervorgerufen haben. Denn dass damit ein wirkliches Problem angeschnitten ist, steht außer Frage. Es besteht in dem Protest gegen die Politik, die von den Eliten in den Parlamenten und in der Regierung betrieben wird. Brennan wird im Klappentext als Philosoph und Politologe vorgestellt. Tatsächlich erweist er sich in seinem Buch als politischer Philosoph, der wie Platon das Elend der realen Politik beschreibt und einen Idealstaat entwirft, aber der Frage hilflos gegenübersteht, ob und wie sich die vorgestellte Alternative zur Demokratie verwirklichen lässt.

Die dritte der angezeigten Studien, das Buch von Josiah Ober, setzt die vielfach festgestellte und beklagte Krise der liberalen Demokratie voraus. Sein Anliegen ist, den ursprünglichen Kern der Demokratie zu retten; darunter versteht er den inneren Wert der Teilhabe am öffentlichen Leben in einem Gemeinwesen, das ein angemessenes Sicherheits- und Wohlstandsniveau garantieren kann. Dafür findet er in der athenischen Demokratie das Vorbild. Eine Rezension seines Buches, die in der Frankfurter Allgemeinen Zeitung erschien, stand denn auch unter der Überschrift „Die alten Griechen wussten, wie es geht", was heißen könnte: wie es ungeachtet aller Errungenschaften der modernen Demokratie wieder gehen könnte. Diese Errungenschaften sind Gewaltenteilung, Menschenrechte, Freiheit zu einem selbstbestimmten Leben, öffentliche Daseins- und Gesundheitsfürsorge und grenzüberschreitende Solidarität. Nach amerikanischem Brauch subsumiert der Autor auch die sozialstaatlichen Elemente unter die Wesensmerkmale der liberalen Demokratie. Um keine Missverständnisse aufkommen zu lassen: Ober ist kein Gegner der liberalen Demokratie, sondern er reagiert in seinem Buch auf eine Konstellation, in der Herausforderungen wie der sogenannte Populismus und Nationalismus sie infrage stellen, ja beseitigen könnten. Wenn er seinen Rückzug auf das, was er als Kerndemokratie versteht, am athenischen Vorbild der Versammlungsdemokratie orientiert, muss er freilich irgendwie berücksichtigen, dass unter modernen Verhältnissen eine direkte Demokratie, in der das Volk in Versammlungen regiert ungeachtet der Möglichkeit, dass das Volk in einigen Staaten über einzelne Gesetzesvorlagen abstimmen kann , nicht zu verwirklichen ist. Er hilft sich aus der Verlegenheit, indem er erklärt, dass unter Umständen die Merkmale der direkten auch in der repräsentativen Demokratie wirksam werden könnten. Die nähere Begründung bleibt er schuldig. Abgesehen davon beruht das Bild, das er von der athenischen Demokratie zeichnet, auf einer Idealisierung, die mit der Ausblendung ihrer problematischen Züge erkauft ist.

Anhand der ersten sechs Kapitel seines Buches versuche ich, eine Vorstellung von dem Argumentationszusammenhang Josiah Obers zu vermitteln. Im ersten Kapitel wird die sogenannte Kerndemokratie als eine Verfassung definiert, die ganz auf dem inneren Wert einer Teilhabe an der Gestaltung des öffentlichen Lebens in staatsbürgerlicher Würde beruht. Vorausgesetzt wird, dass dieser Musterstaat für ein angemessenes Sicherheits- und Wohlstandsniveau zu sorgen in der Lage ist. Auf welche Weise das geschehen kann, bleibt allerdings offen. Im zweiten Kapitel wird als historisches Vorbild des von Ober konstruierten Musterstaats das demokratische Athen vorgestellt. Im dritten Kapitel wird, fast möchte man sagen, wie in Platons *Gesetzen*, anhand eines theoretischen Gedankenexperiments die Neugründung eines Staates fingiert, der den Postulaten

Die Krise der Demokratie im Spiegel jüngster Reformvorschläge

einer Kerndemokratie entspricht. Das vierte Kapitel verteidigt diese Demokratie gegen den von Thomas Hobbes in seinem *Leviathan* erhobenen Vorwurf, dass die Demokratie von den klassischen Regierungsformen – Monarchie, Aristokratie, Demokratie – die schlechteste sei, weil in ihr der Kampf um Mehrheiten zum Krieg aller gegen alle und schließlich zur Tyrannis des größten Demagogen führe. Die beiden folgenden Kapitel gelten den Gründen, mit denen „die Erzieher zur Demokratie" – wieder eine Fiktion, die im Unklaren lässt, wer dazu in der Lage sein könnte – „einen rational denkenden, skeptischen Einwohner von Demopolis davon zu überzeugen vermögen, die soziale Identität eines Bürgers anzunehmen und bereitwillig die mit dem Bürgersein einhergehenden Pflichten zu übernehmen".

Das siebte Kapitel, das letzte, bevor im achten ein Fazit gezogen wird, erörtert das Problem der Delegation von Befugnissen und des Verhältnisses von fachlicher Kompetenz und Volksherrschaft: „Der Demos muss fähig sein, selbst zu regieren", heißt es dort, und zwar sowohl in der direkten als auch in einer repräsentativen Demokratie wie der modernen. Wie das in der zuletzt genannten möglich sein soll, bleibt ein Rätsel. Josiah Ober entwickelt unter Bezug auf die athenische Demokratie ein Modell politischer Herrschaft, das in dieser Form in der geschichtlichen Wirklichkeit nie existiert hat. Laut Klappentext zählt Josiah Ober „zu den am häufigsten zitierten Altertumswissenschaftlern und politischen Philosophen unserer Zeit". In Wahrheit erweist er sich in seiner *Demopolis* indessen weniger als ein Altertumswissenschaftler mit historischem Erkenntnisinteresse denn als politischer Theoretiker. Diesem Urteil entspricht seine Selbsteinschätzung: „Die Kerndemokratie ist demnach eine *theoretische* (kursiv im Original) Option für

301

eine hypothetische Menschengruppe, die nach einer nicht-tyrannischen und nicht-liberalen Gesellschaftsordnung Ausschau hält", heißt es im Schlusskapitel.

Ob das Konstrukt einer Kerndemokratie ohne liberale Grundlagen unter den historisch gewachsenen Bedingungen unserer Zeit überhaupt möglich wäre, um vom Wünschenswerten ganz zu schweigen, ist von einem prominenten Kollegen des Autors, dem Tübinger politischen Philosophen Otfried Höffe, im Rezensionsteil der Neuen Zürcher Zeitung vom 2. März 2018 zu Recht bestritten worden:

„Trotz manch schönen Argumenten ist Josiah Ober mit seiner Demopolis keine in sich stimmige und zugleich überzeugende Alternative zur liberalen Demokratie gelungen. Zugespitzt: Obers Versuch eines ernsthaften Gegenmodells ist gescheitert."

Diesem Verdict ist nichts hinzuzufügen.

Rückblick und Ausblick

Antike und moderne Demokratie haben, abgesehen vom Namen und der Berufung auf die Volkssouveränität, wenig miteinander gemein.

Das seit dem 5. Jahrhundert v. Chr. belegte Wort bezeichnet im Griechischen die Herrschaftsgewalt des Volkes, die seit dem ausgehenden 6. Jahrhundert in der Regierung Athens durch die Volksversammlung realisiert wurde. Jeder erwachsene männliche Bürger war berechtigt, als Mitglied der Volksversammlung die Stadt mitzuregieren, und verpflichtet, nach Vermögen die Gemeinschaftslasten mitzutragen. Zu diesen Pflichten gehörte für Reiche die Übernahme kostspieliger Lasten, sogenannter Leiturgien; für die Gesamtheit der Bürgerschaft, im Bedarfsfall Kriegsdienst zu Lande oder zu Wasser zu leisten. Anders stand es mit der Heranziehung von Bürgern zu Geschworenenrichtern und zu administrativen Hilfsdiensten. Sie geschah in einem Lossystem, das die Gewähr für einen Wechsel zwischen Dienst und Freistellung bot. Was die Bürgerbeteiligung an der regierenden Volksversammlung anbelangt, so spricht alle Wahrscheinlichkeit dafür, dass in der Regel nur die in der Stadt und ihrem näheren Umfeld wohnenden Bürger an den zahlreichen Versammlungen des regierenden Volkes teilnehmen konnten. Weite Entfernungen und große Zahl der Versammlungstermine bewirkten, dass das Teilnahmerecht und seine Nutzungsmöglichkeiten in einem krassen Missverhältnis standen. Aus diesem Grund ist davon gesprochen worden, dass die direkte Demokratie Athens in Wahrheit die Oligarchie der Ein- und Umwohner der Stadt war. Nur als im Peloponnesischen Krieg die Spartaner das flache Land des athenischen Staatsgebietes besetzt hielten und die Landbewohner in das Festungsdreieck flüchten mussten, das Athen mit dem Meer verband, hatten auch diese die Möglichkeit, an den Volksversammlungen teilzunehmen.

Das demokratische Regierungssystem beruhte auf ökonomischen, gesellschaftlichen und machtpolitischen Voraussetzungen, die in diesem Zusammentreffen einzigartig waren. Wirtschaftlich verlagerte sich das Schwergewicht der Gemeinde vom Land auf die Stadt – anders ausgedrückt: von der agrarischen Produktion zu einem städtischen und maritimen Zentrum von Manufaktur, Handel und Schifffahrt. Damit verbunden war der Wandel von einer Natural- zu einer Geldwirtschaft. Dieser Wandel wurde von zwei Faktoren begünstigt: In Attika gab es reiche Silbervorkommen – Silber war bekanntlich der Stoff, aus dem Geld, von Scheidemünzen abgesehen, damals bestand. Athen zog weitere reiche Einnahmen aus seiner Seeherrschaft durch die Geldbeiträge, mit denen die zahlreichen Bundesgenossen in der Ägäis und an der kleinasiatischen Westküste ihre Verpflichtung ablösten, Schiffe zu der von Athen zum Schutz des Seebundes vor den Persern unterhaltenen Flotte zu stellen. Aus den genannten Quellen, Handel, Silberabbau und Geldbeiträgen der Bundesgenossen, gewann Athen die Mittel, um zur Großmacht aufzusteigen, das Zentrum mit Nutz- und Repräsentativbauten zu schmücken und, zumindest teilweise, durch Umverteilung zugunsten des Volkes das System der Demokratie zu finanzieren und zu stabilisieren. Als im 4. Jahrhundert die Einnahmen aus der Seeherrschaft wegfielen, hatte die Regierung Schwierigkeiten mit dem auf auswärtige Zufuhr angewiesenen Unterhalt des Volkes. In einer Reformschrift zum athenischen

Finanzwesen aus der Mitte des 4. Jahrhunderts v. Chr. heißt es in der Einleitung:

„Ich vertrete immer schon die Auffassung, dass die Verhältnisse in den Staaten so sind wie die Qualität der an der Spitze stehenden Führer. Nun aber pflegten einige von ihnen zu sagen, sie verstünden sich auf Gerechtigkeit nicht weniger als andere, doch wegen der Not der Menge seien sie gezwungen, gegenüber den (verbündeten) Städten ungerecht zu handeln. Deswegen habe ich es unternommen, nachzuforschen, ob es irgendwie möglich sei, die Bürger aus eigenen Ressourcen, woraus zu schöpfen ja auch das Gerechteste ist, zu unterhalten – in der Annahme, dass, wenn dies geschehen könnte, sowohl ihrer (der Bürger) Armut als auch der Abneigung der Griechen (gegen Athen) abgeholfen sei."

Die athenische Demokratie stand nicht nur wegen ihrer maritimen Großmachtpolitik im Kreuzfeuer der Kritik von außen und im Inneren, sie wurde auch von Angehörigen der entmachteten Elite als Klassenherrschaft der Besitzlosen und zur Regierung Unqualifizierten über die Minderheit der Wohlhabenden und Qualifizierten scharf abgelehnt. Mehr noch: In dieser Minderheit gab es nicht nur den Willen, die Demokratie gewaltsam zu beseitigen, sondern auch die Bereitschaft, zu diesem Zweck mit den Kriegsgegnern Athens zu kooperieren. An die Ablehnung der Demokratie durch ihre Gegner knüpfte die antike Staatstheorie an und stellte ihr alternative Staatsentwürfe gegenüber, die dazu bestimmt waren, der an der Demokratie vermissten Gerechtigkeit in der Politik zum Durchbruch zu verhelfen.

In der Antike wurde die direkte Demokratie Athens fast durchweg von ihren Gegnern und Feinden als die schlechteste der drei Staatsformen verworfen, welche die politische Theorie unterschieden hatte: Monarchie, Aristokratie und Demokratie. In der Frühen Neuzeit wurde das negative Urteil fast durchweg übernommen. Martin Luther sprach abwertend von den „Herren Omnes"; denn dass alle ohne Unterschiede herrschten, erschien widersinnig in einer Welt, in welcher Kaiser, Könige und Fürsten als gottgegebene Obrigkeiten galten. Diesen Obrigkeiten standen als Repräsentanten des Landes die privilegierten Stände gegenüber. Sie galten in der Theorie der Staatslehre als die Vertreter des Volkes. Ausgeschlossen blieb die überwältigende Mehrheit der auf dem flachen Land lebenden Bevölkerung, Bauern, Kätner, Knechte. Sie alle waren unfrei, der Grundherrschaft oder, in den ostelbischen Gebieten Deutschlands, der Gutsherrschaft unterworfen und deshalb nicht in der Lage, sich selbst, geschweige denn die Edelfreien und Freigeborenen in den Versammlungen der Stände zu vertreten. Desgleichen hatten alle Stadtbewohner, die mit ihrer Hände Arbeit mühsam ihr Leben fristeten, an der Repräsentation des Bürgerstandes keinen Anteil. Noch Montesquieu schloss im 18. Jahrhundert alle diejenigen von der Wahl der Repräsentanten des Volkes aus, „die in einem solchen Elend leben, dass man ihnen keinen eigenen Willen zutraut".

Die moderne repräsentative Demokratie, die auf dem gleichen Wahlrecht aller Staatsbürger beruht, ist das Ergebnis einer mehrere Jahrhunderte dauernden Entwicklung. Ihre Vollendung erfuhr sie erst, als alle Bürger, unabhängig von Herkunft, Vermögen, Bildung und Geschlechtszugehörigkeit, das Recht erhalten hatten, in allgemeinen, gleichen und geheimen Wahlen die Parlamentsabgeordneten zu wählen beziehungsweise selbst als gewählte Abgeordnete das Volk zu repräsentieren. Erreicht war dieses Stadium, wenn auch in unvollkommener Wei-

Rückblick und Ausblick

se, in den Vereinigten Staaten, in Frankreich und der Schweiz nach der Revolution von 1848, in den übrigen Staaten Europas erst nach dem Ersten Weltkrieg – doch entgegen der Prophezeiung Tocquevilles keineswegs in weltweitem Umfang. Davon abgesehen war der Weg zur Demokratie überall langwierig und mühsam. Die erste wichtige Etappe war die Beseitigung des Ständestaats und der Feudalordnung durch die Französische Revolution sowie die in der Unabhängigkeitserklärung der Vereinigten Staaten erfolgte Neubestimmung des Staatszwecks, das individuelle Streben nach Glück und freier Lebensgestaltung zu fördern und zu garantieren.

Bürgerliche Rechtsgleichheit und Menschenrechte, beides Errungenschaften des Zeitalters der Aufklärung, sind feste Bestandteile repräsentativer Demokratien geworden, aber als sie entstanden, geschah dies nicht in der Absicht, die Grundlagen für eine Demokratie zu legen. Im Gegenteil: Das Bild, das von der direkten Demokratie der Antike überliefert war, entfaltete im 18. Jahrhundert eine abschreckende Wirkung. Die große Ausnahme unter den politischen Theoretikern, Jean-Jacques Rousseau, bewunderte die Demokratie, hielt sie aber für eine Verfassung, die für Götter, nicht für Menschen geschaffen war. Die Gründerväter der Vereinigten Staaten wollten von einer Demokratie nichts wissen; ihnen ging es um eine Republik. Diese war auch in Kants Augen die beste Staatsform, deren Vorzüge nach seiner Auffassung auch in einer Monarchie wirksam sein könnten, während er die Demokratie für die schlechteste aller Regierungsformen hielt, weil eine Mehrheitsherrschaft Despotismus in seiner schlimmsten Form bedeute.

Ein anderer großer Staatstheoretiker des 18. Jahrhunderts, Montesquieu, war ebenfalls ein Kritiker der Demokratie, doch entwickelte er aus der Betrachtung der politischen Verfassung

Englands eine Theorie, die bis auf den heutigen Tag als eine der Grundlagen der Demokratie gilt: die Lehre von der Gewaltenteilung. Sie besagt, dass die drei Staatsgewalten Exekutive, Legislative und Judikative getrennt sein müssen, damit in einem Staat Freiheit gewahrt bleiben könne. Diese Lehre fiel schon im 18. Jahrhundert sowohl in Amerika als auch in Europa auf fruchtbaren Boden. Die polnische und die französische Verfassung, beide aus dem Jahr 1791, waren ebenso nach dieser Lehre konzipiert wie die amerikanische von 1789. Während sich die beiden europäischen Konstitutionen als ephemere Schöpfungen erwiesen, ist die amerikanische bis heute in Geltung. Gewaltenteilung wurde im 18. Jahrhundert nicht als Erfordernis einer Demokratie betrachtet, sondern ganz im Gegenteil als Voraussetzung einer nichtdespotischen, freiheitlichen Regierungsform, die nach damaligem Urteil die Demokratie – gemeint war die direkte – nicht war. Heute gehört Gewaltenteilung zu den grundlegenden Prinzipien, auf denen eine repräsentative Demokratie beruht. Ein Verstoß gegen dieses Prinzip – ein tatsächlicher oder ein vermeintlicher – kann heute in Europa zur Androhung von Sanktionen seitens der Europäischen Union führen, wie die Reaktionen der Europäischen Union auf die der polnischen Regierung vorgeworfenen Verletzungen der richterlichen Unabhängigkeit lehren.

Es ist eine Ironie der von Montesquieu vorgenommenen Ableitung der Gewaltenteilung aus der Verfassungswirklichkeit Englands, dass dieses Vorbild nur bedingt die aus ihm abgeleitete Theorie zu stützen vermag. Denn gerade in England, der Mutter der parlamentarischen Regierungsform, setzte sich der Brauch durch, dass der jeweilige Premierminister zwar vom König ernannt wurde, doch in aller Regel nur unter der Voraussetzung, dass er die Unterstützung des Unterhauses besaß und diesem für sein Tun und Lassen verantwortlich war. Das Parlament konnte ihn unterstützen oder stürzen, und umgekehrt konnte die Regierung mithilfe von sogenannten Einpeitschern mit Erfolg versuchen, das Abstimmungsverhalten im Unterhaus, dem Gremium, dem die gesetzgebende Gewalt oblag, zu kontrollieren und nach ihrem Willen zu bestimmen.

In England war der Parlamentarismus bis tief in das 19. Jahrhundert hinein kein Hort der Demokratie, sondern blieb die Hochburg der Adelsherrschaft unter Beimischung von Elementen eines Zensuswahlrechts. Dies war in Polen zur Zeit der Verfassung von 1791 ähnlich, aber die Motive waren andere als in England. Die verarmten Teile des Schwertadels sollten wegen ihrer Anfälligkeit für Bestechung seitens auswärtiger Mächte und hochadliger Magnaten von den Wahlen zur Landbotenstube, dem polnischen Unterhaus, ausgeschlossen werden. Ein Zensuswahlrecht gab es auch in den Verfassungen, die aus Revolutionen unterschiedlicher Art hervorgegangen waren: der amerikanischen von 1789 und der französischen von 1791. Hier wie dort war der Grund, dass die politischen Mitwirkungsrechte denjenigen vorbehalten bleiben sollten, denen man aufgrund ihres Besitzes und ihrer Bildung charakterliche Vorzüge sowie das notwendige Wissen und eine Orientierung am Gemeinwohl zutraute.

Das demokratische Zeitalter siegte zuerst in den Vereinigten Staaten. Hier geriet die Gesellschaft durch die rasante Ausdehnung nach Westen in Bewegung und brachte eine Nivellierung der Sitten und Umgangsformen hervor, die um 1830 Alexis de Tocqueville faszinierte und zu seiner brillanten Analyse *De la démocratie en Amérique* inspirierte. Zu den politischen Folgen dieser Demokratisierung gehörte, dass die Bundesstaaten die Beschränkungen des Wahlrechts durch Zensusvorschriften zwischen 1791 und 1856 schrittweise aufhoben, sodass schließlich alle erwachsenen weißen Männer an den Wahlen teilnehmen konnten.

Auch in England kam es zu einer demokratischen Bewegung. Sie war jedoch nicht in der Lage, die parlamentarische Adelsherrschaft aus dem Sattel zu heben. Allerdings erhoben die Anhänger einer radikalen Reform ihre Stimme in der Öffentlichkeit. Selbst die athenische Demokratie verwandelte sich in dem bedeutenden, zwischen 1846 und 1856 erschienenen zwölfbändigen Geschichtswerk *History of Greece* des liberalen Bankiers George Grote (1794–1871) vom Schreckbild zum Vorbild. Insbesondere verbanden sich in der Bewegung der Chartisten die Forderungen nach politischer Demokratie und sozialen Reformen zugunsten der im Zeitalter der Frühindustrialisierung ausgebeuteten Arbeiterklasse. Die Chartisten erreichten ihre Ziele nicht; doch der Verknüpfung von demokratischer Repräsentation und dem angestrebten Staatsziel einer Verbesserung der materiellen Lebensverhältnisse für die arbeitende Bevölkerung sollte in Europa eine große Zukunft beschieden sein.

In Deutschland war fast alles anders. Hier hatte in napoleonischer Zeit eine Revolution besonderer Art stattgefunden. Das Heilige Römische Reich Deutscher Nation war untergegangen. Es gab keinen Kaiser, keinen Reichstag und keine geistlichen Fürsten mehr; die territoriale Zersplitterung war von knapp 2000 Landesherrschaften (unter Einrechnung von Reichs- und Freien Städten sowie Reichsrittern) auf 26 Monarchien und vier Stadtrepubliken reduziert. Auf dem Wiener Kongress, der nach dem Ende der napoleonischen Herrschaft für Europa eine Neuordnung schuf, wurden die deutschen Staaten mit denjenigen Territorien, die dem Alten Reich angehört hatten, in einen lockeren Staatenbund zusammengeschlossen, dessen Zweck die militärische Eindämmung des nach damaliger Befürchtung potenziell aggressiven Frankreich und die Aufrechterhaltung der restaurativen Ordnung im Inneren des Bundes waren.

Der Artikel 13 der Wiener Schlussakte bestimmte, dass in den einzelnen Staaten „landständische Verfassungen stattfinden" sollten. Aber die beiden größten Staaten, Österreich und Preußen, und der größte Teil der kleinen Staaten Norddeutschlands umgingen diese Bestimmung. Anders die süddeutschen, von Napoleon stark vergrößerten Staaten: Sie schufen zur Stärkung ihrer inneren Einheit repräsentative Verfassungen unter besonderer Berücksichtigung des landsässigen Adels und der sogenannten Standesherren aus den ehemals regierenden Häusern des Alten Reiches. Auch die Repräsentativorgane der Verfassungsstaaten waren von einer Vertretung aller Staatsbürger ohne Rücksicht auf ihre Herkunft und ihr Vermögen weit entfernt. Schlimmer noch: Der Adel verfügte noch immer mehr oder weniger über Vorrechte aus dem Zeitalter des Feudalismus. Außerhalb Preußens (das sich seinen monarchischen Absolutismus bewahrte) herrschte nach den Worten Heinrich von Treitschkes weiterhin „altständisches Stilleben in Norddeutschland". Erst die Nachwirkungen der Revolution von 1848 hatten zur Folge, dass, um mit Franz Mehring zu sprechen, „unter den feudal-juchtigen Trümmern, welche ... noch fußhoch den deutschen Boden bedeckten" begonnen wurde aufzuräumen.

Selbst die Unruhen, die 1830, nach der Julirevolution in Frankreich, in Deutschland ausbrachen, hatten gegen die beiden Pfeiler, auf denen die innere Ordnung im Deutschen Bund beruhte, monarchisches Prinzip und landständische Verfassung, keinen durchschlagenden Erfolg. Was bestenfalls möglich war, zeigt die kurhessische Verfassung von 1831, die – auch wenn Metternich sie „sehr demokratisch" nannte – einen Kompromiss zwischen modernen liberalen Reformideen und Festhalten an den Vorgaben des fürstlichen Obrigkeitsstaates und der vordemokratischen Zusammensetzung der als Ständehaus bezeichneten Volksvertretung darstellte.

Die großen Mächte der Reaktion, das zaristische Russland und im Deutschen Bund Österreich und Preußen, versuchten aus Furcht vor den „Fluten der Demokratie" ihr Möglichstes, Deiche zu errichten, um einen Dammbruch zu verhindern. Doch die Revolution von 1848 riss die Dämme in Mitteleuropa ein. Die Frankfurter Verfassungsgebende Nationalversammlung ging aus allgemeinen, freien und gleichen Wahlen hervor und war damit ebenso ein demokratisches Repräsentationsorgan wie das Repräsentantenhaus in den Vereinigten Staaten. Die Mehrheit der Versammlung setzte sich die revolutionären Ziele, den Deutschen Bund in einen Bundesstaat mit einem Kaiser als Oberhaupt zu verwandeln und die innere Einheit auf ein demokratisches Wahlrecht und eine liberal-bürgerliche Ordnung zu gründen; sie arbeitete eine entsprechende Verfassung aus – worauf die Vereinigten Staaten als einziges Land den neu geschaffenen deutschen Bundesstaat anerkannten. Doch die Einigung Deutschlands zu einem monarchischen Bundesstaat scheiterte bekanntlich an äußeren und inneren Hindernissen (die hier zu erläutern zu weit vom Thema abführen würde). Nichtsdestoweniger wurden Entwicklungen in Gang gesetzt, die fast überall den Ständestaat zugunsten einer Repräsentation des ganzen Volkes und alte Standesvorrechte des Adels zugunsten bürgerlicher Gleichheit beseitigten, ohne allerdings die gleichberechtigte Teilnahme aller Bürger an den Wahlen zuzulassen. Am Zensuswahlrecht wurde in den Staaten des Deutschen Bundes und seit 1871 des Deutschen Reiches ebenso festgehalten wie in England.

Auf den ersten Blick könnte es erstaunlich erscheinen, dass Bismarck für die Vertretung des Volkes auf das Vorbild der Frankfurter Verfassung von 1848/49 mit ihrem demokratischen Wahlrecht zurückgriff. Einer seiner Gründe war die Gegnerschaft gegen die Liberalen; denn das Zensuswahlrecht hatte sie als Honoratiorenpartei des Wirtschafts- und Bildungsbürgertums begünstigt, während das demokratische Wahlrecht ihnen fast überall in Europa, wie Thomas Nipperdey feststellte, das Wasser abgrub. Im Übrigen war in der Verfassung des Kaiserreichs dafür Sorge getragen, dass dieses allgemeine und gleiche Wahlrecht nicht die konstitutionelle Monarchie infrage stellen konnte.

Die Liberalen befürworteten die Verantwortlichkeit der Regierung gegenüber der Vertretung des Volkes, traten für rechtsstaatliche Reformen und eine freiheitliche Gestaltung der Wirtschaftsgesetzgebung ein, damit, wie es im Gründungsmanifest der Preußischen Fortschrittspartei hieß, „die wirtschaftlichen Kräfte des Landes gleichzeitig entfesselt werden". Die liberalen Parteien förderten so den Siegeszug des modernen Industriekapitalismus und waren Anhänger jenes Modernismus, den der Bannstrahl Pius' IX. in Gestalt des päpstlichen *Syllabus errorum* getroffen hatte. Zu den dort genannten Irrtümern zählten Demokratie, Liberalismus und Sozialismus. Aus innerster Überzeugung waren die Liberalen unter den genannten Voraussetzungen Gegner des Katholizismus und Verbündete des Staates in dessen Konflikten mit der katholischen Kirche sowie der entstehenden Arbeiterbewegung. Sowohl die Katholiken als auch die Arbeiterbewegung gründeten eigene Parteien, um ihre Interessen in doppelter Frontstellung gegen

Staat und Liberalismus auf der Bühne von Presse und Parlament vertreten zu können.

Die Gründung organisierter Parteien geschah im letzten Drittel des 19. Jahrhunderts. Das Zusammentreffen mehrerer Faktoren begünstigte die Entstehung der Parteiendemokratie. Liberale und Demokraten gewannen aufgrund einer Politisierung und Demokratisierung des Nationalbewusstseins die Zustimmung weiter Schichten zu ihren Zielen, Fremdherrschaft zu beseitigen und im Falle der Spaltung einer Nation in mehrere Staaten deren Einheit zu erreichen. Wo ein mächtiger etablierter Staat unter Ausnutzung einer günstigen Mächtekonstellation in Europa und der von den Liberalen dominierten öffentlichen Meinung sich an die Spitze von Einigungsbewegungen setzte, gewannen diese die Chance der Realisierung ihrer Ziele. Anderenfalls waren sie zum Scheitern verurteilt. Letzteres gilt vor allem für die geteilte polnische Nation, deren staatliche Existenz von den Teilungsmächten vernichtet worden war. In Dänemark scheiterte das von der liberalen Partei der sogenannten Eiderdänen verfochtene Konzept eines dänischen Nationalstaates unter Einschluss von Schleswig bis zum Grenzfluss der Eider an dem Konflikt mit dem deutschen Nationalismus, der Anspruch auf das dänische, aber mehrheitlich von Deutschen besiedelte Herzogtum Schleswig erhob und von Bismarck zur Stärkung Preußens zum Krieg mit Dänemark genutzt wurde.

Dagegen gelang es in Italien und Deutschland, die staatliche Einheit mit Unterstützung einer liberalen Öffentlichkeit durch Kriege zu erreichen, deren jeweiliges Ergebnis anschließend durch Parlamentsbeschlüsse oder Volksabstimmungen bestätigt wurde. Im Bündnis mit Frankreich beendete das Königreich Sardinien unter Führung Cavours 1861 die österreichische Vorherrschaft in Italien und erreichte mithilfe von Volksbewegun-

Rückblick und Ausblick

gen die Einigung des größten Teils der italienischen Halbinsel. Vollendet wurde die Einheit des Landes durch die Ausnutzung des Krieges, den Preußen 1866 gegen Österreich und den Deutschen Bund führte, sowie des Deutsch-Französischen Krieges von 1870/71, in denen es sich zuerst Venetien und dann den päpstlichen Kirchenstaat einverleibte. In ähnlicher Weise brachte Preußen unter Führung Bismarcks in den drei Kriegen mit Dänemark (1863/64), Österreich und dem Deutschen Bund (1866) sowie mit Frankreich (1870/71) die Vereinigung der deutschen Staaten zustande. Dort konnten die Liberalen zwar nicht das parlamentarische Regierungssystem durchsetzen, doch immerhin eine innere Ordnung, welche die wirtschaftlichen Kräfte des Industriekapitalismus förderte und dafür eine Rahmenordnung schuf.

Was die Parteien der Arbeiterbewegung in Deutschland anbelangt, so verbanden sie einen hohen Organisationsgrad mit politischen und gesellschaftlichen Anliegen, entweder dem revolutionären Sturz des Industriekapitalismus, unter dem die Arbeiterklasse litt, oder der Verbesserung ihrer Lage durch schrittweise durchgesetzte Reformen zugunsten der arbeitenden Bevölkerung. Diese Anliegen waren von elementarer Durchschlagskraft; denn sie trafen auf ein Massenelend. Die wachsende Klasse der Arbeiterschaft hatte bekanntlich einen hohen Preis für die industrielle Entfaltung der Produktivkräfte zu zahlen: Entwurzelung aus dem Schutz ländlicher Familienbindungen, Verkauf der Arbeitskraft zu Hungerlöhnen, Wohnen in städtischen Elendsquartieren, unfallgefährdete und gesundheitsschädliche Arbeitsbedingungen, Arbeitsunfähigkeit wegen Unfall, Krankheit oder Altersschwäche und Arbeitslosigkeit aufgrund von Konkursen der Arbeitgeber oder konjunktureller Krisen, um nur diese Ursachen zu nennen. Sowohl in

England als auch in Deutschland war es anfangs von Staats wegen zu ersten Schutzbestimmungen zugunsten der Arbeiterschaft gekommen; dann begann unter dem Einfluss von Gewerkschaften und reformorientierten sozialistischen Parteien ein langer Prozess, in dessen Verlauf das Bündnis zwischen Demokratie und Sozialstaat geknüpft wurde. Dessen Anforderungen konnte und kann sich keine Partei mehr entziehen, ob sie nun die Erwartungen der Wählerschaft um jeden Preis bedienen will oder wegen des Anstiegs der damit verbundenen Kosten eher zu begrenzen sucht – und damit vielleicht den Staatshaushalt auf Kosten ihrer Wahlchancen rettet.

Jedenfalls ist es das unentrinnbare Schicksal der Demokratie geworden, dass sie Anwalt und Motor sozialstaatlicher Versorgung ist. Dies kann und braucht hier nicht im Einzelnen abgehandelt zu werden. Erwähnt sei nur, dass wegen der demographischen Entwicklung die Zahl der Rentner steigt, die der arbeitenden Bevölkerung aber sinkt, sodass die Finanzierung der Altersversorgung mittel- oder langfristig zu einer fortschreitenden Belastung des Staatshaushalts führt. Schon längst ist der Etat des Sozialministeriums der mit Abstand größte im Bundeshaushalt. Entsprechend zusammengeschmolzen sind die Ausgaben für das Militär. Vor der Zeit des Sozialstaates pflegten diese den Löwenanteil des Staatshaushaltes zu beanspruchen. Der wahrhaft beklagenswerte Zustand der Bundeswehr hat in den wachsenden Kosten des Sozialstaates, zu denen in Deutschland auch die Ausgaben für das Millionenheer der Asylbewerber, Flüchtlinge und Armutszuwanderer gehören, eine seiner Hauptursachen. Es ist bezeichnend, dass vor einiger Zeit die Forderung des amerikanischen Präsidenten, Deutschland möge seine Rüstungskosten entsprechend einem Beschluss der westlichen Verteidigungsorganisation der *NATO* von 1,2 auf 2 Prozent seines Bruttosozialprodukts erhöhen, von Regierungs- und Parteikreisen mit dem Argument zurückgewiesen wurde, dass Deutschland schon hohe Beiträge zur Entwicklungshilfe für den Zweck aufwende, das Ansteigen der Flüchtlingszahlen in Europa zu begrenzen.

Die Notwendigkeit, den Herausforderungen zu begegnen, die sich aus den modernen Veränderungen von Demographie, Wirtschaft und Gesellschaft ergeben, ist freilich nicht die einzige Ursache für das Bündnis von Demokratie und organisiertem Parteiwesen. Daneben gab und gibt es auch andere Anliegen, deren sich Parteien in einer Demokratie annehmen. Um hier von partikularen Interessenvertretungen abzusehen, die sich bestimmten Feldern der Ökonomie wie Landwirtschaft oder Schwerindustrie widmen oder die sich der Bewahrung konservativer Werte in einer Welt der Veränderung verschrieben haben, muss hier eine dieser Parteien doch erwähnt werden, die beides in einem war: eine konfessionelle Interessenvertretung, die zugleich das gesamte gesellschaftliche Spektrum der betreffenden Religionsgemeinschaft abdeckte. Dies war das Zentrum, die Partei zur Verteidigung des Katholizismus im Konflikt mit der Staatsgewalt und der von Liberalismus und Sozialismus dominierten öffentlichen Meinung. Unter diesem Vorzeichen erfolgte die Integration aller Schichten und Gruppierungen innerhalb des katholischen Volksteils. Doch engte die katholische Prägung der Partei die Möglichkeiten stark ein, bei Wahlen vor der Partei der Arbeiterbewegung eine relative Mehrheit zu erringen, von der absoluten ganz zu schweigen. Zur Verbesserung der Wahlchancen haben sich bei der Neugründung von christlichen Parteien nach dem Zweiten Weltkrieg, der Christlich Demokratischen Union und in Bayern der Christlich-Sozialen Union, diese für beide Konfessionen geöffnet und den programmmatischen Anspruch erhoben, neben den christlichen Wurzeln auch die Traditionen der Aufklärung, des Liberalismus und der sozialen Orientierung der Demokratie zu vertreten.

Beide Parteien, sowohl die CDU/CSU als auch die SPD, verstehen sich als konkurrierende Volksparteien, die Wähler in großer Zahl aus allen Schichten des Volkes zu rekrutieren in der Lage sind und somit zur politischen Führung prädestiniert sind.

Bis in die jüngste Zeit waren die beiden christlichen Schwesterparteien und die Sozialdemokraten als Partei von Arbeitnehmerinteressen die stärksten politischen Kräfte und lösten einander in der Führung der Regierung ab. Sie sind Konkurrenten im Sinne der realistischen Demokratietheorie von Joseph Schumpeter (1883–1950), der zufolge Wahlen unter anderem die Funktion erfüllen, eine gewaltlose Ablösung einer regierenden Partei und ihre Ersetzung durch eine rivalisierende zu gewährleisten. Doch seit Beginn dieses Jahrhunderts ist diese Funktion insofern zunehmend gestört, als die beiden Volksparteien nur noch vereint eine Regierungsmehrheit gewinnen können. Die Gründe sind hohe Wahlverluste und eine Ausdifferenzierung des Parteiensystems, die andere Regierungsbündnisse als die sogenannte Große Koalition zwischen den bisherigen Rivalen SPD und CDU/CSU bis auf Weiteres nicht mehr zulassen.

Bei den letzten Bundestagswahlen im Jahr 2017 haben die genannten Parteien insgesamt 13,7 Prozent ihrer Wähler im Vergleich zu den Wahlen des Jahres 2013 eingebüßt, kommen jedoch immerhin noch auf 53,2 Prozent der abgegebenen Stimmen, sodass sie, wenn auch widerwillig, ihre Koalition mit stark geschrumpfter Mehrheit fortsetzen können. Stimmengewinner sind Parteien, die entweder als koalitionsunwürdig ausgegrenzt werden (Alternative für Deutschland und Die Linke) oder mit denen die von der CDU/CSU angestrebte Ampelkoalition (mit FDP und Grünen) wegen Verweigerung der FDP nicht zustande gekommen ist.

Vergleicht man das Wahlergebnis mit der Gesamtzahl der Wahlberechtigten von circa 61,5 Millionen, so ergibt sich ein noch dramatischeres Bild: 23,8 Prozent nahmen ihr Stimmrecht nicht wahr und blieben den Wahlen fern; von den etablierten Altparteien gewannen CDU/CSU 25,1, SPD 15,6, FDP 8,6 und Grüne 7,2 Prozent der Wahlberechtigten für sich, das sind insgesamt 56,5 Prozent; die ausgegrenzten Protestparteien, AfD und Die Linke, die in Fundamentalopposition zu der Phalanx der Etablierten stehen, gewannen zusammen 17 Prozent. Geht man davon aus, dass die Nichtwähler größtenteils aus Protest gegen bestimmte Aspekte der von den etablierten Parteien vertretenen Politik der Wahl ferngeblieben sind, so ergibt sich ein für das Erscheinungsbild der repräsentativen Demokratie beunruhigendes Ergebnis: Der Anteil der Nichtwähler und der Wähler der beiden ausgegrenzten Parteien ist fast ebenso groß wie der Anteil derjenigen, welche die Parteien der Regierungskoalition mit ihrer Stimme unterstützt haben. Die zum etablierten Parteienspektrum zählende Opposition (FDP und Grüne) hat nur einen Anteil von knapp 16 Prozent der Wahlberechtigten überzeugen können. Dieses Bild wird noch beunruhigender, wenn man das Ergebnis der jüngsten Landtagswahlen in Bayern und Hessen auf die kommenden Bundestagswahlen hochrechnen wollte. Die CSU verlor in Bayern ihre absolute Mehrheit, und in Hessen erlitt die führende Regierungspartei, die CDU, dramatische Verluste, sodass sie mit ihrem bisherigen Koalitionspartner, den Grünen, die allerdings ihren Stimmenanteil verdoppeln konnten, gerade noch eine Regierung bilden kann, die über die geringstmögliche Mehrheit von einer Stimme im Hessischen Landtag verfügen würde.

Nicht zu Unrecht wird vermutet, dass das hessische ebenso wie das bayerische Wahlergebnis den zunehmenden Protest gegen die in Berlin regierende Große Koalition widerspiegelt. Dafür spricht auch, dass die in Hessen in der Opposition stehende SPD ebenso abgestraft wurde wie die Regierungspartei CDU: Diese verlor 11,3, jene 10,9 Prozent der Stimmen im Vergleich zur vorangehenden Landtagswahl.

Dem Stimmenverlust der alten Volksparteien liegen, wie es scheint, sowohl der Meinungsstreit über aktuelle Probleme der Politik als auch strukturelle Ursachen zugrunde.

Was die tieferen Gründe anbelangt, so spielen sicherlich Erscheinungen eines Auflösungsprozesses, in dem sich die traditionelle Klientelen der Parteien befinden, eine wichtige Rolle. Das gilt für die SPD offenbar stärker als für die CDU/CSU; denn das Arbeitermilieu, mit dessen Verbreitung und Mentalität die Stärke der Arbeiterpartei verknüpft war, ist mit dem Wandel der modernen Arbeitswelt im Schwinden begriffen. Auch hat der Zustrom linker Intellektueller aus Lehrerschaft und Universitäten, den die SPD nach 1968 erlebt hat, der Kommunikation zwischen Basis und Parteiführung wohl eher geschadet als genutzt. Schon in der Zeit der 1968er Revolte wurde die Grenze deutlich, die Arbeiterschaft und intellektuelle Vorhut eines sozialistischen Umsturzes voneinander trennte. Die Versuche der studentischen Linken, ihre revolutionären Vorstellungen von einer anderen Gesellschaftsordnung in die Arbeiterschaft zu tragen, scheiterten vollkommen.

Der CDU/CSU blieb hingegen die Verwurzelung im katholischen Milieu trotz Erosionserscheinungen im Wesentlichen erhalten, wie an den Wahlergebnissen abzulesen ist. Abgesehen davon haben die Schwesterparteien CDU/CSU noch immer einen Rückhalt in einem breit gefächerten bürgerlichen und regionalen Milieu. Doch aufgrund der Politik der gegenwärtigen Partei- und Regierungsführung hat sich der Schwerpunkt der Partei nach links verschoben, sodass auf der Rechten ein Vakuum entstanden ist. So wurde Raum geschaffen für eine neue Partei: die „Alternative für Deutschland", ein Auffangbecken für Protestwähler, die sich im etablierten Parteienspektrum nicht vertreten finden.

Das Hauptthema des Protests ist der an den Grenzen unkontrollierte Zustrom von Asylbewerbern und Flüchtlingen, vornehmlich aus dem muslimischen Kulturkreis, der im Herbst 2015 zur Ausrufung einer Willkommenskultur und zu einer Spaltung der Gesellschaft in Befürworter und Gegner führte. Dieser Konflikt droht seitdem den Grundkonsens aufzulösen, auf den eine Demokratie angewiesen ist. Nicht, dass es in einer Demokratie keine Meinungsverschiedenheiten geben dürfe. Das Gegenteil ist der Fall. Es ist eine Voraussetzung der Demokratie, dass zu politischen Themen kontroverse Standpunkte in Parlament und Öffentlichkeit vertreten werden – und um Kompromisse gerungen wird, sodass der Dissens zum Schluss überwunden werden kann. Doch eine Debattenkultur, wie sie den englischen Parlamentarismus und die englische Presse schon seit vordemokratischen Zeiten auszeichnet, sowie die prinzipielle Bereitschaft, gegensätzliche Positionen am Ende in Kompromissen aufzulösen, haben es in Deutschland schwer.

Insbesondere die Asyl- und Flüchtlingsproblematik hat seitdem im Herbst 2015 gefassten Entschluss der Bundeskanzlerin, die deutschen Grenzen dem Flüchtlingsstrom nicht zu verschließen, zunächst zu einem Dissens innerhalb der Schwesterparteien CDU/CSU und dann zum Aufstieg der „Alternative für Deutschland" geführt. Diese bekämpft den Konsens der etablierten Parteien, den Flüchtlingsstrom durch Vereinbarungen mit Herkunfts- oder Transitländern zu bremsen und doch die Grenzen prinzipiell offen zu halten, auf das Heftigste unter Billigung oder Duldung rechtsradikaler Stimmen, die sich der Ideologie und der Sprache des Nationalsozialismus bedienen oder so gedeutet werden können. Noch ist unklar, ob sich die „Alternative für Deutschland" dieser Stimmen entledigen wird und sich ähnlich wie die „Grünen" von einem geächteten zu einem akzeptierten Teil der etablierten Parteienlandschaft entwickeln wird. Voraussagen sind beim gegenwärtigen Stand der Dinge nicht möglich, schon gar nicht für den Historiker, der nach dem zutreffenden Wort von Friedrich Schlegel ein rückwärts gekehrter Prophet ist.

Die gegenwärtige Situation ist dadurch gekennzeichnet, dass die etablierten Parteien und die ihnen nahestehenden Medien in Presse und Rundfunk mit fundamentaler Ablehnung und totaler Ausgrenzung auf die unwillkommenen Störenfriede reagieren. Zwischen beiden Seiten gibt es keine sachliche Gesprächsbereitschaft; vielmehr wird keine Gelegenheit zu gegenseitiger Verdammung ausgelassen. Das Ergebnis ist eine vergiftete Atmosphäre, in der die legitime Streitkultur einer lebendigen Demokratie nicht mehr gedeihen kann. An die Stelle des Austauschs sachlicher Argumente, beispielsweise bei der Abwägung des Verhältnisses von Gesinnungs- und Verantwortungsethik in der Flüchtlingspolitik und anderen aktuellen Konfliktfeldern – Max Weber ist bekanntlich diesem für politisches Handeln konstitutiven Verhältnis in seinem Vortrag *Politik als Beruf* nachgegangen –, tritt eine gelegentlich bis zur Hysterie gesteigerte Polemik und sprachliche Verwahrlosung. Insofern steht die repräsentative Demokratie in Deutschland gegenwärtig unter keinem glücklichen Stern. Doch gültig bleibt, frei nach einem Wort von Winston Churchill: Die repräsentative Demokratie, das Produkt einer jahrhundertelangen Entwicklung, ist zwar keine ideale, doch immerhin die beste aller existierenden, notwendig mit Schwächen behafteten politischen Verfassungen.

Hinweise zu Quellen und Literatur

Vorangestellt seien dem Verzeichnis der Quellen und wissenschaftlichen Literatur zwei Vorbemerkungen, die in der gebotenen Kürze Rechenschaft darüber geben, was von der unten stehenden Liste nicht erwartet werden darf und auf welche Bedürfnisse von Lesern, die keine Spezialisten sind, sie zugeschnitten ist.

Es handelt sich nicht um ein auf Vollständigkeit angelegtes Verzeichnis. Ein solches Unterfangen würde auf eine endlose Aneinanderreihung von Namen und Titeln hinauslaufen. Diese pflegen meist in der bequemen, doch unsinnigen Anordnung nach den Anfangsbuchstaben der Verfassernamen aufgelistet zu werden. Sinnvoller wäre ein kritischer Forschungsbericht, wie er manchmal selbst Spezialisten, die alles Geschriebene über den Gegenstand zu wissen glauben, von Nutzen ist. Doch in einem Buch, das die Entwicklung der Demokratie von der Antike bis zur Moderne nicht bis in alle Einzelheiten und Verzweigungen verfolgen kann und will, würde dies den vorgegebenen Rahmen völlig sprengen.

Demgegenüber orientiert sich die folgende Liste an den einzelnen Stationen und Schwerpunkten des Buches und schreitet jeweils an diesen Stationen vom Allgemeinen zum Besonderen fort. Genannt werden Werke, die der Verfasser herangezogen hat und die nach seinem subjektiven Urteil dem Leser, der nicht

Hinweise zu Quellen und Literatur

Fachmann ist, zur Erweiterung des Umfeldes, in das die Geschichte der Demokratie gehört, und zur Vertiefung des historischen Verständnisses dienen können. Die Auswahlbibliographien zur antiken und zur modernen Demokratie sind jeweils in Quellen und Sekundärliteratur untergliedert.

Zur Einführung

Hans Vorländer, Die Verfassung. Idee und Geschichte, Beck'sche Reihe Nr. 2116, München 1999, dritte überarbeitete Auflage 2009
Hans Vorländer, Demokratie. Geschichte, Formen, Theorien, Beck'sche Reihe Nr. 2311, München 2003
Hans Vorländer, Demokratie, in: Informationen zur politischen Bildung 332, 1/2017
Moses I. Finley, Antike und moderne Demokratie. Mit einem Essay von Arnaldo Momigliano, übersetzt und herausgegeben von Edgar Pack, Reclams Universal-Bibliothek Nr. 9966, Stuttgart 1980, zweite durchgesehene Ausgabe 1987 (Originalausgabe: Democracy Ancient and Modern, New Brunswick, N.J. 1973)
Paul Nolte, Was ist Demokratie? Geschichte und Gegenwart, München 2012

Zur antiken Demokratie

a. Quellen in Übersetzungen

Klaus Stüwe/Gregor Weber, Antike und moderne Demokratie. Ausgewählte Texte, Reclams Universal-Bibliothek Nr. 18314,

Stuttgart 2004. (Die Auswahl betrifft antike Texte und neuere seit dem 16. Jahrhundert.)

Ernst Kalinka, Die pseudoxenophontische *Athēnaiōn Politeia*. Einleitung, Übersetzung, Erklärung, Leipzig/Berlin 1913

Pseudo-Xenophon, Die Verfassung der Athener. Griechisch und Deutsch, herausgegeben, eingeleitet und übersetzt von Gregor Weber, Texte zur Forschung Bd. 100, Darmstadt 2010

Thukydides, Geschichte des Peloponnesischen Krieges, 2 Bde., herausgegeben und übersetzt von Georg Peter Landmann, in: Bibliothek der Alten Welt, Zürich/München 1960, Nachdruck in dtv text-bibliothek 1973 (Im zweiten Buch des thukydideischen Geschichtswerks findet sich die Grabrede des Perikles mit dem Lob der athenischen Demokratie.)

Platon, Sämtliche Werke, in der Übersetzung von Friedrich Schleiermacher mit der Stephanus-Numerierung, herausgegeben von Walter F. Otto, Ernesto Grassi, Gert Plamböck, 6 Bde., Rowohlts Klassiker, Hamburg 1956–1959. (Zitiert und berücksichtigt sind der Dialog Gorgias und die staatstheoretischen Werke Politeia/Staat und Nomoi/Gesetze; die bei Rowohlt erschienene Übersetzung ist wegen der wissenschaftlich üblichen Paginierung nach der Ausgabe von Stephanus [3 Bde., Paris 1578] hier zugrunde gelegt.)

Xenophon, Vorschläge zur Beschaffung von Geldmitteln oder Über die Staatseinkünfte, eingeleitet, herausgegeben und übersetzt von Eckart Schütrumpf, Texte zur Forschung Bd. 38, Darmstadt 1982

Aristoteles, Der Staat der Athener, übersetzt und herausgegeben von Martin Dreher, Reclams Universal-Bibliothek Nr. 3010, Stuttgart 1993

Aristoteles, Politik I–III, übersetzt und erläutert von Eckart Schütrumpf, in: Aristoteles, Werke in deutscher Übersetzung, begründet von Ernst Grumach, herausgegeben von Hellmut Flashar, Bd. 9/Teile I und II, Berlin 1991

Aristoteles, Politik IV–VI, übersetzt von Eckart Schütrumpf, erläutert von Eckart Schütrumpf und Hans-Joachim Gehrke, in: Aristoteles, Werke in deutscher Übersetzung, begründet von Ernst Grumach, herausgegeben von Hellmut Flashar, Bd. 9/Teil III, Berlin 1996

Polybios, Geschichte, Bd. I, eingeleitet und übertragen von Hans Drexler, Zürich/München 1961, ²1978

b. Wissenschaftliche Literatur

Christian Meier, Entstehung des Begriffs „Demokratie". Vier Prolegomena zu einer historischen Theorie, edition suhrkamp 387, Frankfurt 1970

Christian Meier/Paul Veyne, Kannten die Griechen die Demokratie? Zwei Studien, dritte überarbeitete Auflage, Stuttgart 2015

Klaus Bringmann, Antike und moderne Demokratie. Eine Antwort an Christian Meier und Paul Veyne, in: Politica Antica VI, 2016 (2017), 137–149

Jochen Bleicken, Die athenische Demokratie, 2. völlig überarbeitete und wesentlich erweiterte Auflage, Paderborn 1994

Konrad H. Kinzl (Hrsg.), Demokratia. Der Weg zur Demokratie bei den Griechen, Darmstadt 1995

Peter Funke, Athen in klassischer Zeit, Beck'sche Reihe Nr. 2074, München 1999

Angela Pabst, Die athenische Demokratie, Beck'sche Reihe Nr. 2308, München 2003

Zur modernen Demokratie

Die Entstehung der modernen Parteiendemokratie hat eine lange Vorgeschichte, die im Text an ausgewählten Beispielen dargestellt wurde. Die Bibliographie folgt der chronologischen Entwicklung anhand der Staatstheorien, Unabhängigkeits- und Freiheitsdeklarationen sowie der Verfassungen einzelner Staaten und Epochen.

a. Literarische Quellen

Thomas Hobbes, Leviathan oder Wesen, Form und Gewalt des kirchlichen und bürgerlichen Staates. In der Übersetzung von Dorothee Tidow mit einem Essay „Zum Verständnis des Werkes", einem biographischen Grundriss und einer Bibliographie herausgegeben von Peter Cornelius Mayer-Tasch, Rowohlts Klassiker Nr. 187–189, Hamburg 1965, ²1969

John Locke, Zwei Abhandlungen über die Regierung, herausgegeben und eingeleitet von Walter Euchner, suhrkamp taschenbuch wissenschaft Nr. 213, Frankfurt 1977, 13. Nachdruck 2008

Charles de Montesquieu, Vom Geist der Gesetze, 2 Bde., übersetzt und herausgegeben von Ernst Forsthoff, UTB 1710/1711, Tübingen 1992 (Eine dritte, durchgesehene Auflage ist für März 2019 angekündigt.)

In einer auf das Wesentliche verkürzten Ausgabe ist das Werk auch in Reclams Universal-Bibliothek Nr. 8963, Stuttgart 1965, Nachdruck 1994 verfügbar: Charles de Montesquieu, Vom Geist der Gesetze. Auswahl, Übersetzung, Einleitung von Kurt Weigand.

Jean-Jacques Rousseau, Du contrat social ou Principes du droit politique/Vom Gesellschaftsvertrag oder Grundsätze des

Staatsrechts. Französisch/Deutsch, Reclams Universal-Bibliothek Nr. 18682, Stuttgart 1977, Nachdruck 2010

Alexander Hamilton, James Madison, John Jay, Die Federalist Papers, herausgegeben und übersetzt von Barbara Zehnpfennig, Darmstadt 1993, Beck'sche Reihe Nr. 1734, München ²2007

Emmanuel Joseph Sieyès, Was ist der dritte Stand, herausgegeben von Timm Genett, Schriften zur europäischen Ideengeschichte Bd. 3, Berlin 2010, 109–176 (aus dem Französischen übersetzt von Eberhard Schmitt und Rolf Reichardt nach der 3. Auflage vom Januar 1789 in der textkritischen Edition von Roberto Zapperi, Qu'est-ce que le Tiers état?, Genf 1970)

Immanuel Kant, Zum ewigen Frieden. Ein philosophischer Entwurf, Königsberg 1795: Wortgetreuer Nachdruck der Erstausgabe (im Zweitdruck von 1795), herausgegeben mit Bibliographie der Drucke und Nachwort von Julius Rodenberg, Bremen 1946

Alexis de Tocqueville, Über die Demokratie in Amerika. Beide Teile in einem Band, herausgegeben von Jacob B. Mayer in Gemeinschaft mit Theodor Eschenburg und Hans Zbinden. Aus dem Französischen übertragen von Hans Zbinden, dtv-bibliothek Nr. 1480, München 1976

Alexis de Tocqueville, In der nordamerikanischen Wildnis. Eine Reiseschilderung aus dem Jahr 1831, übertragen und mit einer Einführung versehen von Hans Zbinden, Reclams Universal-Bibliothek Nr. 8298/99, Stuttgart 1960. (Originalausgabe: Quinze jours dans le désert, herausgegeben von Gustave de Beaumont, Oeuvres et correspondance inédites d'Alexis de Tocqueville Bd. I, Paris 1861)

John Stuart Mill, Betrachtungen über die Repräsentativregierung, herausgegeben von Hubertus Buchstein und Sandra Seubert, suhrkamp taschenbuch wissenschaft Nr. 2067, Frankfurt 2013 (Originalausgabe: Considerations on Representative Government, London 1861)

b. Verfassungstexte

Die Deutschen Verfassungen. Reproduktion der Verfassungsoriginale von 1849, 1871, 1919 sowie des Grundgesetzes von 1949, herausgegeben und eingeleitet von Jutta Limbach, Roman Herzog und Dieter Grimm, München 1999

Die übrigen Dokumente sind am leichtesten im Internet zugänglich: die amerikanische Unabhängigkeitserklärung von 1776, die Verfassung von 1787/89 und die Gettysburg Address von Abraham Lincoln aus dem Jahr 1863; die polnische Verfassung vom Mai 1791 und die französische vom September 1791 sowie die kurhessische Verfassung von 1831, die in diesem Buch als Beispiel einer Verfassung im Spannungsfeld zwischen Ständestaat und Repräsentativsystem dient.

c. Wissenschaftliche Literatur

Friedrich Hermann Schubert, Volkssouveränität und Heiliges Römisches Reich, in: Historische Zeitschrift 213, 1971, 91–122

Das Standardwerk zur deutschen Verfassungsgeschichte hat Ernst Rudolf Huber verfasst: Deutsche Verfassungsgeschichte seit 1789, 8 Bde., Stuttgart 1957–1991

Zu Adelsherrschaft und Parlamentarismus in England seit der Glorious Revolution von 1688/89 ist auf eine vorzügliche, knappe und inhaltsreiche Darstellung zu verweisen, die auch den Zugang zur modernen Forschung erschließt:

Hinweise zu Quellen und Literatur

Hans-Christoph Schröder, Englische Geschichte, Beck'sche Reihe Nr. 2016, München 1995, siebte aktualisierte Ausgabe 2017

Meisterhaft ist auch ein den Adel Englands betreffender Aufsatz desselben Verfassers:

Hans-Christoph Schröder, Der englische Adel, in: Armgard von Reden-Dohna/Ralph Melville, Der Adel an der Schwelle des bürgerlichen Zeitalters 1780–1860, Veröffentlichungen des Instituts für Europäische Geschichte Mainz, Beiheft 10, 1988, 21–88
Gotthold Rhode, Kleine Geschichte Polens, Darmstadt 1965
Peter C. Hartmann, Geschichte Frankreichs. Vom Mittelalter bis zur Gegenwart, Beck'sche Reihe Nr. 21–24, München 1999, ^{5}2015
Ernst Schulin, Die Französische Revolution, München 1988, vierte überarbeitete Auflage 2004
Horst Dippel, Geschichte der USA, Beck'sche Reihe Nr. 2051, München 1996, zehnte, überarbeitete und aktualisierte Auflage 2015
Horst Dippel, Die Amerikanische Revolution, 1763–1787, Frankfurt 1985
Hans-Christoph Schröder, Die Amerikanische Revolution. Eine Einführung, Beck'sche Elemntarbücher, München 1982

Zu Tocquevilles Analyse der Demokratie in Amerika ist vor Kurzem ein umfangreiches Buch erschienen:
Skadi Siiri Krause, Eine neue Politische Wissenschaft für eine neue Welt. Alexis de Tocqueville im Spiegel seiner Zeit, suhrkamp taschenbuch wissenschaft Nr. 2227, Berlin 2017

Heinrich von Treitschke, Deutsche Geschichte im Neunzehnten Jahrhundert, 5 Bde. (Originalausgabe 1879–1894), Leipzig

1927 (mit einem ausführlichen Personen- und Sachregister im fünften Band)

Dieter Hein, Die Revolution von 1848/49, Beck'sche Reihe Nr. 2019, München 1998

Thomas Nipperdey, Deutsche Geschichte 1800–1866. Bürgerwelt und starker Staat, München 1991

Thomas Nipperdey, Deutsche Geschichte 1866–1918. Erster Band: Arbeitswelt und Bürgergeist, München 1990, ²1991. Zweiter Band: Machtstaat vor Demokratie, München 1992

Als Beispiel für die Epoche zwischen ständischer und Repräsentativverfassung im deutschen Vormärz ist im Text Kurhessen gewählt. Siehe dazu:

Hellmut Seier, Das Kurfürstentum Hessen 1803–1866, in: Handbuch der hessischen Geschichte, herausgegeben von Walter Heinemeyer, Bd. IV.2, Marburg 2003 (zur kurhessischen Verfassung von 1831 vgl. S. 60–70)

Nicht viel anders als in dem großen und mächtigen England war auch in dem kleinen und armen Kurhessen der Adel, von dem es nur ein paar Dutzend Familien gab, die führende, auf Grundbesitz basierende Klasse, deren Vertretung im Kasseler Ständehaus ein Drittel der Abgeordneten ausmachte. Die beste sozialgeschichtliche Arbeit über das Überleben dieses Adels im 19. Jahrhundert hat ein Amerikaner verfasst:

Gregory W. Pedlow, The Survival of the Hessian Nobility 1770–1870, Princeton 1988

Gregory W. Pedlow, Der kurhessische Adel im neunzehnten Jahrhundert – eine anpassungsfähige Elite, in: Armgard von

Reden-Dohna/Ralph Melville, Der Adel an der Schwelle des bürgerlichen Zeitalters 1780–1860, Veröffentlichungen des Instituts für europäische Geschichte Mainz, Beiheft 10, 1988, 271–284

Der Durchbruch zur Demokratie hängt auf das Engste mit der Politisierung der Völker und dem Engagement für die großen Anliegen der Zeit zusammen: Mit- und nacheinander ging es um die politische Einheit von Nationalstaaten und die Liberalisierung von Staat, Wirtschaft und Gesellschaft, dann kam, bis heute das Schicksal der Demokratie, der Sozialstaat – ob ein übernationales Gebilde wie die Europäische Union das Potenzial zu einem demokratischen Bundesstaat besitzt, steht dahin. Und was den Wechsel der politischen Eliten anbelangt, der ebenfalls mit dem Prozess der Demokratisierung verbunden war, so löste zuerst das Besitz- und Bildungsbürgertum in Gestalt sogenannter Honoratioren den Adel ab, dann folgte das Führungspersonal der organisierten Parteien, das sich heute vornehmlich aus Absolventen von Universitäten und Hochschulen rekrutiert. Die Elite der modernen repräsentativen Demokratie bildet, wie längst deutlich geworden ist, der Typus des Berufspolitikers. Zwei Arbeiten herausragender Gelehrter verdeutlichen wesentliche Aspekte der genannten Tendenzen:

Joseph A. Schumpeter, Kapitalismus, Sozialismus und Demokratie (Originalausgabe 1942), Tübingen ^{8}2005

Max Weber, Politik als Beruf (zweiter Vortrag im Rahmen einer Vortragsreihe „Geistige Arbeit als Beruf" gehalten im Revolutionsjahr 1918/19), in: Gesammelte politische Schriften, herausgegeben von Johannes Winckelmann, Uni-Taschenbücher Nr. 1491, Tübingen ^{5}1988, 505–560

Hinweise zu Quellen und Literatur

Inzwischen gibt es eine Unmenge an literarischen Bestrebungen, der vielfach gefühlten Krise der Demokratie mit Versuchen der Diagnose und Therapie beizukommen. Drei dieser Vorhaben sind Gegenstand des Kapitels II.8 dieses Buches: „Die Krise der Demokratie im Spiegel jüngster Reformvorschläge". Dort finden sich die einschlägigen bibliographischen Nachweise.

Drei weitere Titel, in denen es um den Zustand postdemokratischer Verhältnisse, um Volksgesetzgebung als Erscheinungsform direkter Demokratie und um den Zusammenbruch demokratischer Formen der politischen Auseinandersetzung in Deutschland geht, sollen erwähnt werden:

Colin Couch, Postdemokratie, edition suhrkamp Nr. 2540, Frankfurt 2008, ^{13}2017
Frank Decker, Der Irrweg der Volksgesetzgebung. Eine Streitschrift, Bonn 2016
Frank Richter, Hört endlich zu! Weil Demokratie Auseinandersetzung bedeutet, Berlin 2018

Den Abschluss dieser *bibliographie raisonnée* soll ein in der Krise der Weimarer Republik geschriebenes Büchlein bilden, das seine Stimme für die Demokratie in der Zeit ihrer Begründung in Österreich und Deutschland sowie der Zeit ihrer Gefährdung bei Ausbruch der Weltwirtschaftskrise von 1929 erhebt:

Hans Kelsen, Wesen und Wert der Demokratie, Tübingen 1920, ^{2}1929; wieder aufgelegt mit dem Nachwort von Klaus Zeleny, Reclams Universal-Bibliothek Nr. 19534, Stuttgart 2018

Wissen verbindet uns

Die wbg ist eine Gemeinschaft für Entdeckungsreisen in die Welt des Wissens. Wir fördern und publizieren Wissenschaft und Bildung im Bereich der Geisteswissenschaften. So bringen wir Gleichgesinnte zusammen und bieten unseren Mitgliedern ein Forum, um sich an wissenschaftlichen und öffentlichen Debatten zu beteiligen. Als Verein erlaubt uns unser gemeinnütziger Fokus, Themen sichtbar zu machen, die Wissenschaft und Gesellschaft bereichern.

In unseren Verlagen erscheinen jährlich über 120 Bücher. Als Vereinsmitglied fördern Sie wichtige Publikationen sowie den Austausch unter Akademikern, Journalisten, Professoren, Wissenschaftlern und Künstlern.

Jetzt Mitglied werden und ein Buch aus unserem Sortiment im Wert von 25,- € auswählen

Mehr Info unter www.wbg-wissenverbindet.de oder rufen Sie uns an unter 06151/3308-330

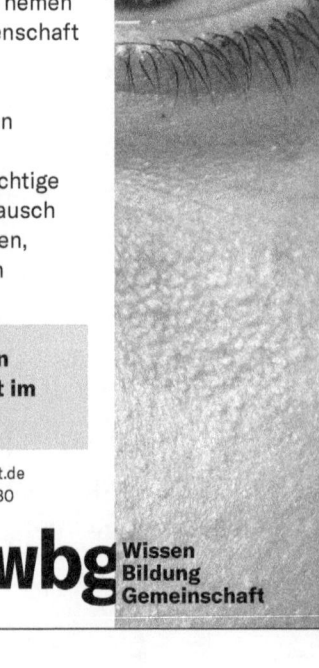

wbg Wissen Bildung Gemeinschaft